[美] 马克梦（Keith McMahon） 著

辛兆坤 译

从宋到清的后宫生活与帝国政事

Imperial Wives and Concubines in China from Song to Qing

天女临凡

九州出版社
JIUZHOUPRESS

CELESTIAL
WOMEN

中译本序

我选择这本书的题目作为研究主题是很偶然的。我喜欢每晚睡觉前看点闲书,先是翻看《三国志》的后妃传,之后又往前看了《史记》《汉书》《后汉书》的外戚传与后妃传。无意中发现了一个很有意思的新题目——中国历代后妃传研究。将《史记》《汉书》《后汉书》这些古籍的后妃传串起来读,好像是一部漫长的、多人写作的长篇小说;众多主人公便是历代皇帝与他们的后妃。读完之后,不仅可以了解后妃们的生活情况,也为研究皇帝提供了新的视角——他不只是帝国的最高领袖,也可以看到他作为儿子、丈夫、情人、父亲的各种样子。

在写作本书的过程中,有时有点像在研究八卦流言,甚至像读野史一样。后妃传常常加进谣言般耸人听闻的内容。因此,必须尽量做考证,多看材料,看看能否找好旁证。但即使找不到旁证与事实根据,虚构的内容还是很有趣的,可以告诉我们当时对皇室成员的行为期望与标准。后妃传的内容,无论是史实还是虚构,也可以给我们很多启发,比如:皇帝如何选择对象,该按照哪些标准与手续,在哪些情况下可以逃避礼仪的各种制约?逃避时,尽管他是最有权力的人,是否还是不能完全自由?作为多妻者,他该受到什么样的制约,历史上有什么例外与意外的情况?在众多皇后中,有哪些获得了相当的权利,哪些皇后与妃子对皇帝有什么样的"好"或"坏"的影响?多数皇帝由妃子诞下,这意味着什么?为什么那么多皇帝甚至连一个继承人都没有?生育合格的继承人有多难?

我很荣幸后浪出版拙作,也感谢译者辛兆坤与编辑林立扬那么努力地将英文译成汉语,也让我参与翻译过程,对疑难之处多有讨论,尽量找恰当词语。翻译与编辑工作总是漫长与艰巨的,一般人不够重视,不够尊重。翻译工作对我来说也是很好的挑战,已经完成的研究又必须下新功夫。重新审视原书,我觉得很多英文句子是多余的、费解的,可以删去。同时又有许多地方颇难翻译,让人很伤脑筋。英语与汉语的词汇和语法离得太远,概念系统也太不一致,让译者头疼,我只好重新思考如何说得更清楚,更高效沟通,更有意义。希望我的下一本书能够表达得更流畅、准确。辛兆坤做得非常好!

最后一点,本来写这个题目只准备写中国历代后妃。但后来不得不参考其他帝国、王国关于皇后的研究,比如拜占庭、英国、法国、俄罗斯、印度、蒙古等。这些比较给我很大的启发,引出了新的问题:比如,哪些地方跟中国一样也有一夫多妻制?哪些地方亦有太监?哪些地方禁止一夫多妻,但私下或公开拥有情人是允许的?拜占庭绝对是一夫一妻,但有太监。蒙古是一夫多妻,甚至同时有几个皇后,但没有太监,但建立元朝之后一般只有一个皇后,也有太监了。英国、法国、俄罗斯等基督教国家,跟拜占庭一样,绝对是一夫一妻,但私下可以拥有情人。情人生的儿子又是一个问题:他可不可以继承王位?王后死了,情人可不可以当王后？还有另一个重要问题：国王死后，王后可不可以当上最高领导者？英国可以，拜占庭可以，俄罗斯有一段时间也可以。中国呢？严格说来不行，但确实有许多皇后实际上是最高领导者，只不过只有一人真正当过皇帝，即武则天。诸如此类的问题都需要考虑，而这样的比较研究工作是无穷无尽的，越来越丰富我们对古代王国的当政者的社会角色的了解与认识。

马克梦，堪萨斯大学
2020 年 8 月

序　言

自从阅读汉代及之后的后妃传以来,我逐渐观察到不同作家在两千年间所讲述的一个连续的故事。每一部正史中都有一两章《后妃传》,这些史书以汉代司马迁(公元前145？—前90？)《史记》中首次出现的相关章节为范本。此项研究的上卷《牝鸡无晨：汉代至辽代皇帝的后与妃》(Women Shall Not Rule: Imperial Wives and Concubines in China from Han to Liao)从传说及汉朝之前的历史记录开始,继而检阅司马迁《史记》,并依次概览每朝每代,至辽(907—1125)为止。上卷的读者对宫廷生活、皇室一夫多妻的体制与价值取向,以及后妃的生活和面临的问题饶有兴味。在上卷中,我讨论了女性统治、宫女的选拔及品阶、宦官的征召,以及临幸与挥霍的本质等相关话题,并纵观两千年的历史,参考其他文化中的女王统治及皇室婚姻进行观察。下卷以类似的方式检视宋朝至清朝,处理的时段与我的学术训练与研究经验更为契合。我的原则是一以贯之地标明文献出处,同时避免晦涩的学术术语,从千头万绪却重复、有限的大量叙述中整理出简单的故事,并将其讲好。

最初吸引我的是从朝代建立,经历复杂的皇位更迭,直至皇室衰落进入下一朝代这个过程中皇室生活及其内部组织如何变化。我的主要课题包括：存在过哪些婚姻？一位皇帝有多少位后妃？他们诞下多少皇子公主？这些孩子何时降临人世？哪些后妃地位煊赫？她们怎样如日中天？都有哪些关系类型形成、消散？总而言之，尽管诸如色欲诱惑、宠幸不均、后妃争宠、继任者无能甚至缺失等问题在皇家一夫多妻制中比比皆是，但历朝历代怎样维持自身存续？亨利八世或路易十四等欧洲君主实行的一夫一妻制众所周知，并时常为人叙写、搬演。从中国的视角观察，这些君王也是一夫多妻者，只不过他们有自己的一套方式，并非像中国那样将其合理化、制度化。中国君主们如何以一夫多妻者的身份扮演儿子、父亲、夫君的角色则讨论甚少，不过近年来一些电影、电视剧、学术及普及书籍正在弥补这一缺失。正如《牝鸡无晨》所表明的，纳娶妃嫔是朝代自我存续的核心策略，相关礼仪、先例及预期都已广为人知，这一传统也在文史记录中得以延续。该传统总是反观自我，遗忘与记忆并存，并试图规避先前的过失。

写作此书令我感到至少两种愉悦：其一是阅读文献过程中对细节的整理及谜题的解答，尤其是当那些引人入胜的故事需要从矛盾重重、并不连贯的叙述中拼凑出来的时候，更是如此；其二则是需要我不断从资料中抽身出来，寻找合适的视角，这是从历朝历代体察这一宏阔的历史跨度时所必需的。每一个朝代都比我预期的要有趣得多。由于皇室婚姻的历史在数百年后往往呈现相似的模式，我本来觉得是它们都大同小异。不过，我总是能够发现惊喜。其他学者关于宋元时期的丰富研究成果深深影响了我的研究，明清时期亦是如此。不过不可避免的，关于明朝的章节比其他几章更长，因为我对明朝，尤其是最后百年最为了解，这一时期也的确充满了引人入胜、奇异诡谲的故事。除此以外，在撰写下卷的同时，我又展读了一系列有关世界各地皇室宫廷的新的学术研究。尽管我花费在这些研究上的能力、时间、精力有限，它们还是提供了有益的视角。

我要特别感谢身旁及远方的亲人、朋友、同事，有很多人我是因其出色的研究成果相识的。在教授中文的过程中，黛博拉·彼得森（Deborah Peterson）既是家人又是同事，我们一同阅读，讨论皇后、君主及其他皇室人物。迈亚（Maija）、泰亚（Teija）在我开始这一项目时也离家踏上了自己的旅途，她们也是此项目的荣誉成员。我要感谢堪萨斯大学（University of Kansas）的同事们给予我的友谊及支持，尤其是荣休教授窦德士（John Dardess）与我分享了他关于明世宗研究的宝贵资料；北京大学的孟繁之教授为我提供了极有帮助的文献及信息；巴黎的弗朗索瓦·维尔特（François Wildt）在大多数人止步的地方能够生发洞见；法国国家科学研究中心（CNRS）的达明·肖桑德（Damien Chaussende）已将本套书上卷译为法文，书名为 *Sexe et pouvoir á la cour de Chine: Épouses et concubines des Han aux Liao*（巴黎：Les Belles Lettres 出版社，2016），这令我非常高兴。我也要向邀请我去巴黎讲授此书议题的巴黎高等研究实践学院中国研究教授蓝碁（Rainier Lanselle）表示深挚的谢意，并感谢他与萨宾·拉罗克（Sabine Laroque）对我的热情款待。我还请教了其他学者，他们是彼得·布兰德（Peter Brand）、陈怡君（Janet Chen）、杰罗恩·杜丹（Jeroen Duindam），以及陆于平（Luk Yu-ping）。感谢编辑苏珊·麦凯宜琴（Susan McEachern）对整个项目长期以来的全程支持。感谢堪萨斯大学华生图书馆东亚图书管理员傅玉波（Vickie

Fu Doll）孜孜不倦地帮我寻找文献及图像资料。我还要感谢美国国家人文学术基金会于2009—2010年给予我一年的奖助，使我能够致力于此项目。堪萨斯大学亦给予我一系列辅助性奖助。除此以外，我还要感谢以下学刊允许我将以往文章的部分重新发表于此，这包括：《中国皇宫的一夫多妻制》（"The Institution of Polygamy in the Chinese Imperial Palace"），原载《亚洲研究期刊》（*Journal of Asian Studies*）72.4（2013）：917—936；《帝制中国的女性统治者》（"Women Rulers in Imperial China"），原载《男女：早期与帝制中国的男性、女性与性别问题》（*Nan Nü: Men, Women and Gender in Early and Imperial China*）15.2（2013）：179—218；《强大的宦官：魏忠贤故事探微》（"The Potent Eunuch: The Story of Wei Zhongxian"），原载《中国文学与文化》（*Journal of Chinese Literature and Culture*）1.1—2（2014）：1—28。

目 录

中译本序　i

序　言　v

绪　论　武则天之后 1
　　自宋至清，过往千年　3
　　一妻多夫的女王与皇后　6
　　宫廷，一夫多妻制与女性居所　10
　　十一世纪至十三世纪欧亚大陆其他地域的女性统治者　17

01
宋、金、元

第一章　宋　朝 23
　　无致祸之女　23
　　北　宋　29
　　南　宋　49
　　结论：宋朝后妃的角色　59

第二章　金朝与元朝 65
　　金　朝　65
　　窃妇者海陵　67
　　元　朝　83
　　推举儿子的母亲们　88

ix

02
明　朝

第三章　自开国之君至 1505 年 101
　　无女称制　101
　　来自社会底层的朱元璋　104
　　张皇后非正式临朝称制　117
　　保姆变宠妃　124

第四章　自 1506 年至 1572 年的三位君主 133
　　喜游之君　133
　　宫女试图刺杀的皇帝　141
　　"毋徇无涯之欲"　149

第五章　明朝最后的皇帝们 153
　　严母与宠妃　153
　　宦官与乳母　165
　　命皇后自杀　175
　　结语：君主任性　179

03
清　朝

第六章　清朝建立 187
　　满族社会体系及皇族家庭　187
　　两位悲恸的皇帝　195
　　五十四位后妃，五十六个孩子，掖庭无乱　201

第七章　从雍正到咸丰 ········ 213

勤政之君抑或篡位夺权　213
并无宠妃，但有男宠　217
慈禧太后之前最后的皇帝们　226

第八章　慈禧太后 ········ 231

帝制中国最后的女性统治者　231
面上无影：慈禧太后的画像、照片与传记　245
有关慈禧太后的小说与逸闻　251
结论：杰出子嗣的匮乏　258

第九章　定义女性统治者 ········ 265

变量与因素　265
皇帝的床笫安排　279
假如再无女性统治者　282

注　释　287
附　录　345
部分参考文献　349
出版后记　367

绪 论

武则天之后

唐朝（618—907）武则天退位之后，中国君主制的一项中心任务就变成了如何确保没有其他女性像她那样独揽朝政、威权煊赫。自此，中国历史上再没有其他女性独当朝政，或称自己为"九五之尊"。武则天之后唐朝的十七位皇帝中，只有两位皇后大权在握，但却没有一个临朝称制，有十一位君王根本未立皇后。[1] 在武则天之后，男人们好像达成了共识，要将女性从王朝最有影响的位置上赶下去。五代及宋朝恢复了正常立后的传统。宋朝有九位皇后临朝称制，不过考虑到武则天的前车之鉴，宋朝采用了新的、更为严格的政策来规范后妃们的角色。元朝见证了最后那些执掌重权的皇后们，之后的明清时期，她们的权利则大大削弱。明朝通过完全取消皇后临朝称制来实现这一目标，纵观明朝，只有一位皇后非正式地临过朝。而清朝大部分时间男性君主能力卓越，女性既没有需要也没有机会积极参与朝政。不过清朝末期，中国历史上最具威权的女性之一慈禧太后出现，三次临朝称制，并成为中国采用共和制之前最后一位权倾一朝的皇室成员。

《牝鸡无晨：汉代至辽代皇帝的后与妃》讲述了从传说时代至

1125年一夫多妻的君主及其后妃之间的历史。尽管题目稍异，本卷则继续讲述宋（960—1279）、金（1115—1234）、元（1279—1368）、明（1368—1644）及清代（1644—1911）的相关历史。关注焦点主要集中在两方面：皇帝不仅仅是统治者，也是一夫多妻的夫君与父亲；另一方面则关注后妃的生活，包括女性作为礼仪与政治主体的角色，以及她们与君王、其他妃嫔、其他宫廷生活参与者（诸如宦官、大臣等）之间的关系。与此平行还有两个主题。首先，尽管皇帝理论上可以临幸很多女性，一夫多妻制却具有特定组织机构及社会环境，其规则与预期则对皇帝的行为实行监控、限制。其次，尽管女性在一夫多妻制中力量分散且备受限制，但她们的言行还是有产生影响的渠道，不论这些影响是建设性或毁灭性的，是长期或短期的。该主题的关键结论在于，尽管朝廷根本上反对女性统治，可是她们仍能常常在男性君王孱弱无能或不理朝政时获得权力，在皇帝驾崩、继承者年幼甚至缺失时更是如此。

王朝规范女性在政治中的角色与其如何定义、规范帝王身份有关。中国与世界其他国家一样，国王或皇帝的位置都具有神性特质。他们不仅是国家事务的领袖，也与宇宙中四季运行、土地昌盛有密切关系。他们还担当着继往开来、联结天人的重任。其正常的礼仪祭祀与宇宙秩序相呼应。可是皇帝也是人，只不过由于统治者的位置是高度仪式化、神圣化的，他们便象征性地与凡人世界分隔开来。然而，要客观扮演皇帝的角色则需要一位适应力极强的人来担任率土之滨的象征。可是日常生活，尤其是面临有关婚姻、家庭等问题时，帝王身份则会受到严峻考验。[2]

这既关系到此种亲密关系在王朝统治中扮演什么角色，又与他人如何看待这些关系对男性统治可能产生的影响有关。尽管统治者的性行为受人观察并载于史籍,其周遭的人也对此加以关注并谏言,但事实上统治者可以避开这些监督者,而后者关于前者性行为的意见也未必统一。皇帝可以私下建立超越礼法限制的联系,他们所受的教育提醒其不要偏宠、纵欲或与他人过从甚密,强调这些行为的种种恶果,并告知其有义务使多位后妃怀上龙种,从而诞下尽可能多的子嗣,以确保神圣龙脉的延续。问题在于,皇帝的繁殖重任如何与其个人意志交互或龃龉?女性则应表现得谦虚谨慎、不争不竞,并将自己限定在睿智母亲及贤淑妻子的角色之中。然而,她们却介入皇帝的婚约及感情生活,并参与重大决策。正如一位研究中古欧洲女王统治的学者所说,尽管女王们通常不享有执政权,但她们仍能"通过自身的影响与建议,施展巨大的权力"。一方面,母亲与妻子的角色之间的差异极为关键,另一方面,其作为妻子与性伴侣的角色之间又有一道鸿沟。作为母亲与祖母,这些女性赢得赞誉及正当地位,在宫中事务上通常享有发言权;另一方面,一旦她们越界,或人们认为她们越界,批评诽谤的压力就会随之而来,这通常包括指责她们性生活不检点,或说她们用性手段达成阴谋,可是她们通常是无辜的。不过有时候,这些女性也会参与密谋,因为那是她们唯一施展威权、达成目的的可行方式。[3]

自宋至清,过往千年

自宋至清是中国朝代史的最后千年,但这段时期并未见证皇室一夫多妻制规则与预期的重大改变。不过,一夫多妻行为远非一成不变，某些受人仰慕或为人不齿的角色还将陆续登场。宋朝内廷相对而言未经历大的动荡，并见证了九位太后临朝称制，她们在内廷及外廷政治中都发挥了重要作用。她们既安排皇帝联姻，又镇压政治改革。金朝并无太后临朝，而一位君主的放荡行径比宫中女性的行为更加引人注目。元代皇帝更迭迅速，且规律不定，女性对他们产生了巨大影响。明朝完全废除了女性临朝称制的制度，但无论品阶高低，女性仍持续扮演着重要角色。明朝亦呈现出关于皇室生活最为引人入胜、稀奇古怪的故事，尤其是那些无视本应规范君主行为的"仪礼茧缚"的皇帝们。[4] 其中一位皇帝纳自己的保姆为妃，而这位妃子直至去世前，实际上掌握皇后之权；另一位皇帝则令人憎恶，几乎被妃子们所刺；还有一位拒不割断对乳母的依恋，而其乳母则与宦官联手，统治内廷。清朝在拒绝给予女性权力方面与明朝有异曲同工之妙。清朝的皇帝执政勤勉，大多数时间不受内廷政治影响，可是他们最终在十九世纪势弱，后妃数量减少，子嗣更是稀少，甚至断绝。此时，慈禧太后登场，并统治清朝直至其覆灭。

尽管自宋至清期间，皇室一夫多妻制完整存续，但性别价值和女性统治的条件则发生了重大变化。我将在接下来的章节中展开详细论述。简而言之，宋朝为临朝太后定下了更为严格的限制。太后与朝臣会见时，中间需用垂帘隔开，并禁止太后于大殿升朝。元朝出现了最为重大的变化，那时蒙古族与汉族价值观融合，对于女德，尤其是孀妇守贞，有了更为狭隘的褒扬型阐释。相较宋元的大量有影响力的妇女而言，明清则见证了这一数量的骤减。皇后的光环不如前代那样耀眼，其政治角色也受到限制。不过，妃嫔们的待遇发生了受人争议的变化，最值得注意的是诞下皇子的妃子备受尊崇的新习俗,如果她是皇帝的生母,则更是如此。明中期以后,作为皇帝生母的妃子与皇帝、皇后同穴埋葬,此举虽史无前例,却为后世效法。这些变化承接了宋元时期妾妇于家庭中地位逐渐稳定的趋势。

本卷的文献数量与上卷相比更为丰富,尤其是明清时期。最近,一些学者已为宋朝女性史的研究做出了重大贡献。关于宫廷中女性参与文化、政治活动,鉴赏艺术品,为皇帝代笔的新史料已然出现。法律史及价值观历史的进一步研究,使我们对于宋元女德及孀妇守贞等概念的理解更为细腻,而这些概念则影响了之后的王朝历史。正史及相关史料为我的核心叙述持续提供资料,但是与往常一样,它们并非主导,也不是故事的唯一版本。有必要参照与其相互矛盾及互为补充的资料,尤其是涉及例如宋朝刘皇后在祭祖仪式中有可能身着龙袍、明宪宗有可能突然发现自己的秘密继承者等一些重要的戏剧性时刻,更是如此。一些片段由于知名度高、饱受争议而有必要仔细考察,例如清乾隆帝放逐其第二任皇后,以及关于慈禧太后派人谋杀自己男宠的夸大其词的虚假传言。至于几乎为妃嫔刺杀的明世宗(嘉靖帝)及对郑贵妃一往情深以致延迟立嗣的明神宗(万历帝),文献中则充斥着猜测与矛盾。不过,皇帝的后妃数,皇子公主的数量,皇帝大婚日期、生死之时及其在皇家陵园中的下葬安排等简短细节,文献记录通常比较可靠。这些细节时常为人忽视,但却有助于重构趋势的发展,不论对评价皇帝作为一夫多妻的夫君及父亲所进行的活动,还是对观察刚刚提及的诞下皇子的妃嫔地位上升的情况,都大有裨益。

一妻多夫的女王与皇后

自宋朝以后，正史中再未提及女性统治者畜有男宠或有婚外恋情，但其他文献中则仍有传闻。其中关于一位辽国皇后的故事颇为可信，不过其他叙述却都模模糊糊或明显失真。交互参照汉代至宋代的正史与其他文献，可以发现至少有十一位皇后及一位公主可以笼统地称为"一妻多夫"。她们与夫君之外的男性发生性关系，有两位还纳男人为妾。[5]虽然撰写者有可能捏造或夸张了自己的叙述，提供的证据亦值得怀疑，可是我认为这些女性的权势足够煊赫，即便她们纵欲淫乐也能全身而退，何况此时反对此类关系的呼声还没有后来朝代那样强烈。简而言之，不论是记录方式、用语修辞，还是价值观念，都发生了变化。而这些变化与宋元时期更为严格的妇德闺范及对妇女忠贞的进一步强调齐头并进。我将在元朝相关章节中对此更深入地探讨。

我所说的"一妻多夫的皇后"需要进一步定义与引证史料。这个非传统的暂定术语指称那些有多于一位性伴侣的后妃们。传统意义上的一妻多夫——一位女性嫁给多于一名男性——有其本身的历史，简短的跨文化参照对比能使其脉络更为明了，也可以澄清这一术语对于中国皇室婚姻史及女性统治的意义。这还有助于我们将其与皇室一夫多妻制对比，以进一步了解其意义。一妻多夫与一夫多妻不同，前者常常伴随着家庭贫困和女性缺乏而发生，后者则通常是财富与地位的体现。一位地位较高的男性既有钱又有权以迎娶三妻四妾。因此，一妻多夫与一夫多妻并非平衡对应，因为一位地位较高的女性通常不会像地位较高的男性那样，有权拥有多于一位夫君——除非她是宋朝之前那十一位皇后之一。可是即便如此，她们仍比一夫多妻的男人更为受限。

事实上，一妻多夫有两种主要形式：兄弟型与非兄弟型，不过两者都未见于皇室成员之间。兄弟型一妻多夫中，兄弟们不仅共享一位妻子，还从父母处共同继承财产，并避免财产分割。然而，如果每个兄弟各有一位妻子，他们就会分家。共享一位妻子使得他们可以保持家庭财产完整，从而汇聚资源。如果兄弟们分摊了财产，每份则数量过少，不足以维持生计。兄弟型一妻多夫往往出现在保持财产完整至关重要的区域，尤其是在贫困的农耕地区，或男性长期在外做苦力或当兵的情况下。非兄弟型一妻多夫中，男性由于生活贫困、劳力短缺、土地匮乏、女性较少而共享一位妻子。这是古代中国主要的一妻多夫制，俗称"找夫养夫"。人们定下契约，例如规定何种情况下丈夫及妻子允许外来男子加入家庭以贡献劳力、增加收入，而外来男子既可以只待一段时间，也可以终身入家。一妻多夫在世界各地均可见到，例如希腊及欧洲其他地区、前伊斯兰时代的阿拉伯半岛及伊朗、印度及喜马拉雅山区。一些情况下，一妻多夫只是暂时的，例如其中一位丈夫最终能够独立养活妻子，或无法生育的男子将妻子外借给另一位男性以产下子嗣。一妻多夫也可以指夫妻同意妻子可以与外人发生性关系，从而赚取钱财，这也形成了一种卖淫。一些一妻多夫行为的参与者并不以为耻，尤其是在部分喜马拉雅山区，因为富裕家庭也参与其中。然而在波斯及中国，一妻多夫通常为非参与者不齿，而参与者也不会公然宣谈。首先，一妻多夫者多数住在偏远贫困的地区，他们在那儿受到波斯伊斯兰教及中国政权机构干扰较少，而这些机构视一妻多夫为邪门歪道。[6]

这就是历史上真实发生的一妻多夫制。女王及皇后们的一妻多夫实际上是想象中的构建,虽然世界历史中她们有一些人的确相继或同时拥有多位夫君或男宠。至于皇后纳男妾,古代中国只有一个不甚明晰的例子(南齐王宝明太后)。在中国的后妃中,部分男宠仅仅是私人的秘密伴侣,而有些男宠则亦扮演政治顾问的角色(包括北魏的两位皇后)。在皇帝夫君驾崩以后,武则天畜养了两名男宠,其中一名在宫廷政治中扮演了微小的角色,并且一段时间内,两名男宠同时侍奉武则天。后来武则天七十岁之后又豢养了两名男宠,他们是兄弟,并且一同取悦武则天。一场政变结束了武则天的统治,之后她自然死去。可是,其他大部分步其后尘的女性则不得善终。[7]后世小说将武则天描绘成性欲极强的女性,一个故事甚至描述那对兄弟曾与其同时交欢。[8]武则天与汉朝皇后赵飞燕成为明清小说中性欲旺盛女性的原型。像武则天与赵飞燕这样一妻多夫的女性,其相关描写只有负面的,不过作者们仍喜欢把她们刻画成极尽欢愉之事。

中国还有另一位女王本质上似乎也是一妻多夫的,关于她的描写则没有那么不堪,只不过她并不是一位历史人物。这就是西王母,一位统治着位于中国西部自己仙域的古代女神。传说古代帝王不远千里造访她,与其宴饮,之后满载智慧与不老之药还归中土。她曾在唐朝一部偏僻的房中术文献中出现,该文献说她并无夫君,喜欢与年轻男性交媾以增强活力,而之后这些男子则精神枯竭,身患病症。[9]尽管这部文献并不像其他文献那样广为人知,但它仍反映出中国的性传说中对于女性性能力的基本信仰,除非男性掌握了房中术,这种能力便能使她从男性处偷取生命力。西王母是虚无缥缈的超自然女性的原型,她总是决定与男性相遇的条件,但却不会跟一名男子厮守永久。尽管提及西王母的性能力时有一种威胁的意味,但一般来说她并非人们谴责的对象。她的神话地位使其能够抽身出来,成为唐朝最为重要的女神,并在之后仍然受人膜拜。作为女性,她不需要夫君就能独自统治领地,而男性则需要非常幸运才能拜访她。

与神话中西王母有许多相同特点的历史人物则是所谓"名妓"。她们接受教育,有艺术修养,通晓音律,擅长写作,自唐朝就广为人知,为男性追捧。这些男性并不在乎她们还与其他男性有染。事实上,正是因为其他男性的追求才使得她们更加宝贵,而名妓也可以在主顾中拣选。一些主顾只是与她们共享时光,却从未与其同床共枕。由名妓所写及与其相关的文献存世丰富,并与关于皇室后妃的文献有一定交集,其中以有关宠妃、被对手整垮的女性,以及被毫无忠诚、有眼无珠的男性抛弃的女性之文献尤为突出。名妓与西王母形成了两极差异,名妓依靠男性生存,而主顾们有可能通过纳妾的方式使她们脱离妓院。在名妓中,有至少两类对应的负面人物,这两类人也常有交集:一者是唯利是图、欺诈不诚的娼妓,她们蛊惑主顾,榨干其钱财;另一类则是淫妇,文献中将她们描绘为疯狂宣淫、饥渴至极之人,以致与任何男性都能交媾,例如仆人、和尚、乞丐,甚至雄性动物。本卷将继续列举有关与皇帝以外男性有染的后妃的叙述,并主要阐明自宋以来发生的变化,至清代慈禧太后为止,男性从过往历史、传说及偏见中举例,将女性刻画成淫妇,但是没有确证可以证明这一论断。

宫廷，一夫多妻制与女性居所

撰写中国内廷历史通常需要进行跨文化的对比参照，尤其是考虑到中国是世界上诸多男性君主一夫多妻的地域之一。提及一夫多妻君主的后妃及她们居住的区域，阿拉伯语外来词 harem（内室）就会浮现于我的脑海。内室及类似空间的历史悠久，至少可追溯至公元前两千多年的美索不达米亚平原及公元前一千多年的埃及与中国。然而，由于历史上世界各地风俗不一，且长久以来存在着种种成见，"内室"这一用语仍富争议。它不但暗示女性被畜养、孤立，甚至监禁，并且令人联想到专横暴虐、荒淫无度的君主形象，仿佛他们随时都可以与性感女性狎昵。至少两千年以前，这种形象就已在希腊及罗马人的臆想中定型了，并长久以来为近东及远东提供想象堕落放纵的阴柔男性之素材。与此同时，几个世纪的中国史官们将肆意挥霍的君主描绘成荒淫无度、拜倒在"倾国"女子的魅惑之下的形象。关于君王及其内室的成见存在现实根源，但是将内室想象为充斥着对君王性需求百依百顺的女子，则需要进一步思辨论证。首先，如果"内室"仅存在于隔绝妇女并限制其行动的政权，那么该词就不适用于那些女性可以与君王一道或独自参与皇室会见活动的政权。甚至在像中国这样隔离女性的政权中，女性居所也未必只有后妃。在近东、远东及中亚、南亚，母亲、祖母、姑姨、姐妹、女儿、年幼的儿子、奴隶、奴仆、乳母、宦官及其他人等都居住在内室。除此以外，在使用"内室"一词的地区，这个词是敬语，指称受到保护且有神圣感的区域，一般外来者是不允许进入的。皇室女性声誉的衡量标准在于她有多不显眼。君王的居所具有建筑及秩序之美，由等级、行为规范及礼节协调治理，这里还有行政机构。在中国，后妃通常是整个帝国中受教育程度最高的女性。一位女性的受教育程度是被选为妃嫔的关键所在，尽管这未必与其升迁或受宠有必然联系。妃嫔通常能歌善舞；后妃们有时习学绘画书法，并收藏文玩。尽管有时为了方便，我会使用"内室"一词，中文大略与其对应的则是"内宫""后宫"。综上所述，古代近东并没有哪个词与"内室"完全对应，尽管埃及法老拉美西斯二世（前1303—前1213）的宫廷、波斯阿契美尼德王朝（前550—前330），以及此前此后的其他王国和那些出现在《圣经》中的国度，君王都有很多妻子，而她们中的一些似乎就住在特殊的居所之中。[10]

我关于中国后妃研究的议题包括如下几点：中国与其他王朝，尤其是那些君主实行一夫多妻制的王朝有哪些共同习俗？皇廷之间有何不同？[11]这些问题的答案可以相当冗长，不过我将只从少数抽样案例中列举出关键变量，尤其是在欧亚大陆范围之内。我将从后妃的品阶与数量开始讨论，并在结论中再次回顾这些变量。正如上卷《牝鸡无晨》中解说的那样，中国的一夫多妻制中，皇帝通常只有一位皇后，不过却有许多妃子。后者的品阶等级森严，总体说来绝对位于皇后之下。皇帝很少同时拥有超过一位皇后，多于一位皇后的情况只发生在明代以前，并且通常是"征服王朝"中，即北方游牧民族建立的朝代。他们的一夫多妻制中，一名男子可以娶多位妻子及多位妾妇。征服王朝统治的时间越长，其统治者遵从汉人习俗的程度就越高，皇后数量最终也限制为仅有一位。中亚突厥化的蒙古人皈依伊斯兰教，而伊斯兰教法规定一名男子只能有四位妻子，其中一位是主妻，不过其纳娶妾妇的数量则没有限制。不过，统治者及其他男性未必遵从这项规定，例如帖木儿（1336—1405）及其继承者便是如此，帖木儿后裔建立的莫卧儿帝国的统治者们亦有多于四名妻子的情况。例如阿克巴（1542—1605）就有成百上千位妻子。他曾经询问过伊斯兰教法将奈他何，一番迂回之后，他的顾问告诉他"临时婚姻"不仅合法，而且允许一名男子拥有数量不限的"临时"妻子。在这种情况下，一般的婚姻律条可以灵活松弛。直至十五世纪，奥斯曼帝国的统治者们既有很多妻子，又有奴隶妾妇，后来则只拥有后者，不过统治者们有可能将一名宠妾晋升为合法妻子。后汉及魏晋南北朝时期的一些中国皇帝曾有成千上万的妃嫔，但正常情况下，皇帝的后妃数量则少得多，有时少于一百，也有只有几位后妃的。不论是皈依伊斯兰教之前还是之后，近东、中亚及其他地区的统治者们拥有的妻妾数量相似，在我看来，成千上万的后妃只是个别现象，不过的确存在过。有时我们只能对相关数量进行猜测，例如拉美西斯二世的孩子在一百个左右，但只有两位妻子为人所知，其他的则都青史无名。[12] 类似的是，中国关于妻妾数量的记录甚至在晚近时期也不完全，与例如族谱及葬礼记录中的数量亦不一致，因为后者倾向于记载那些产下子嗣并有其他可圈可点之处的女性。信仰伊斯兰教的政权多数将女性排除在历史记录之外，一位女性究竟是妻是妾，往往语焉不详。"妾妇"与"次妻"这样的称谓在不同的文化与时代中并非一成不变，"临时妻子"便是明证。因此，它们也产生了一些复杂的问题。我暂时笼统使用这些术语，不加以细分。[13]

其他变量则包括如何纳娶妻妾，她们的社会地位、种族构成有何特点，出身何处（还有结婚年龄、是否为处子、信奉什么宗教等）。对于这些更大的议题，我亦仅援引少许中国以外的例子。在中国，聘娶引荐是娶妻的主要方式，妾妇有可能是统治者们接受的朝贡。还有一些婚姻则基于政治、军事联盟。一般而言，妻妾均应为处子，但朝代的开国君主往往纳娶手下败将（包括前朝国君）的妻妾。阿契美尼德及其他古代近东国家的统治者从被他们取代的前朝皇室迎娶妻子，在某些地区甚至迎娶其父之妻，以使其政权合理化。[14]中亚突厥化的蒙古政权则实行转房婚，即亡夫的弟弟、侄子或儿子迎娶该遗孀（儿子是遗孀亲生的除外。辽、金、元的皇室女性们抵制此种习惯）。汉族人对此习俗深恶痛绝，在他们看来，娶自己父亲的妻妾是乱伦之举，不过也有一些皇帝甘冒天下之大不韪。至于妻妾的社会地位，截至元朝，皇帝所娶的皇后通常都地位崇高，而妃嫔的出身阶级则跨度较大。然而到了明代，不论是皇后还是妃嫔，其社会地位都较低，因为出身寒微的女性夺取或觊觎权力的可能性较小。突厥化的蒙古政权则形成了有趣对比。帖木儿有意迎娶成吉思汗家族的女性，从而增强自己的皇家气质。其他突厥化蒙古政权的统治者亦非常看重妻子的世族出身。然而，同为突厥系的奥斯曼帝国则最终放弃了这种习惯，而同明朝统治者一样，迎娶社会地位较低者为妻，不过他们更进一步，只娶奴隶为妾，上文对此已有提及。妻妾的种族构成是另一个变量。在中国，汉族皇帝的皇后通常是汉人，而非汉族政权的皇后则出身皇帝本族或其他联盟部族，有时甚至只能从一个或几个较为重视的部族中选取皇后。不过，汉族与非汉族政权的皇帝都可以从其他族裔中纳娶妃子。例如，一些明朝皇帝对朝鲜妃子情有独钟，而满族皇帝的妃嫔中便有满族人、蒙古人、汉族人、朝鲜人及突厥人。

在一夫多妻政权中，妃嫔的主要功能是诞下子嗣。一夫多妻的统治者较一夫一妻的统治者有一定优势,因为后者必须使正妻受孕产子,如果她未产下皇子,则必须从其他渠道获得子嗣。一夫多妻制政权是否因生殖优势而持续时间更长,则仍有待探讨,[15]但有一点是清楚的:从宋朝至清朝,大部分皇帝是由妃子所生。在基督教的一夫一妻制下,国王可能会废黜原配,以便再娶新王后,但这会招致宗教权威的谴责;统治者也可能赋予私生子合法地位,但通常不能让他们继承王位。而上述一夫多妻制地区则几乎不受此种限制,因为他们既是宗教权威亦是政治权威,不仅有一夫多妻的特权,而且需要满足一夫多妻君主的预设。妃嫔所生之子并不被视为私生子,并常常继承皇位。与一夫一妻制的君主相比,一夫多妻制君主的延嗣成功率令人叹为观止。中国有几个最值得注意的例子,包括南陈(六世纪)第四位皇帝育有四十二位皇子,唐玄宗(八世纪)有三十位皇子,宋徽宗(十二世纪)则有三十一位(退位后又有更多),而清朝的康熙帝(十七至十八世纪)有三十六位皇子——不过我们应该注意,在南陈第四位皇帝之后,只有一位多子皇帝的统治处于王朝即将覆灭的时刻。玄宗与一位妃子(本为其子之妻)的灾难性情事几乎使其失掉了整个王朝;徽宗在外族入侵、中国北方陷落的浩劫中退位;康熙在决定继承人之前多年问题不断。许多皇帝一夫多妻的程度有限,他们只宠幸几位女性,限制自己在内室中的活动。如上所述,种种考虑及规条限制了这些皇室一夫多妻者不能够最大限度地广施龙种,亦不能随心所欲地与后妃交欢。一些皇帝没有皇子,还有一些根本连孩子都没有。皇子常常在其他皇子诞生前便夭亡了。无论如何,皇位继承危机仍然存在。一些中国以外的政权通过性欲节制来控制生育。莫卧儿帝国的阿克巴采取避免过度食用肉类、饮用酒品、进行房事的方法,他坐拥三百后妃,却只有三子两女。[16]这可能是极端个例,但是根据莱斯利·皮尔斯(Leslie Peirce)的研究,十五世纪以降的奥斯曼统治者"在一些儿子健康度过童年之后就停止继续造人"。除此以外,从十五世纪中期开始,奥斯曼统治者规定每个奴隶妃嫔只可以有一个儿子,产下儿子之后这些妇女便不再生育。[17]中国皇帝主要在礼仪规定为过世父母戴孝及发生自然灾害期间实行禁欲(尽管一些皇帝并不遵守这些规定)。许多皇帝好像很少甚至从未与皇后发生性关系,相反,他们主要或完全通过妃嫔实现传宗接代。[18]

然而,儿子多也有不利之处。横跨整个欧亚大陆的突厥化蒙古政权允许皇子们竞争继承者之位,这常常导致长期的暴力争夺。奥斯曼帝国最终采用了嫡长子继承制,才使此种争斗减少。中国的汉族政权通常实行嫡长子继承制,从而使皇位继承得以有序进行,但冲突与不确定仍时有发生。诸如金朝的女真人、元朝的蒙古人及清朝的满族人统治的时期,与中亚突厥化的蒙古政权一样,所有皇子都有成为继承人的可能,不过一些情况下还是采用了嫡长子继承制。或者如康熙帝之后的清朝皇帝那样内定继承人,直至前任皇帝驾崩时才公之于众。战乱时期,大量的皇子意味着他们会成为潜在的刺杀目标,即使是蹒跚学步的小皇子也不例外。无论和平年代或是动荡时期,皇子都有可能成为浪荡公子或挥霍纨绔,从而不能胜任统治者之位。不过其中一些还是当上了皇帝,并最终遭到废黜或刺杀。[19]

不论是一夫多妻还是一夫一妻制,本研究中与后妃生活最为有关的因素,是将婚姻及性生活的亲密无间与治理国家分离的困难,如果这种分离仍有可能。这也是上述关于帝王身份与反对女性统治的讨论出发点。后妃有亲近皇帝的特权,能攀升至权力的高位,尤其在皇帝患病或驾崩时,她们便成为决策者或临时统治者。在关乎增加自己儿子利益的情况下,这些女性更是坚定不移。不同政权给予女性的参政自由度不一。在突厥化蒙古政权中,上层女性在政治及军事事务中极有发言权。帖木儿帝国(1370—1507)的女性参与议政会,在王朝仪式中扮演重要角色,并在与敌国及外交使节的谈判中占有一席之地。作为帖木儿的后裔,印度的莫卧儿帝国保留了这些传统。帖木儿时代的内室仍没有宫墙,而自莫卧儿帝国第三任君主阿克巴之后,内室越来越保密、封闭,不过受人敬仰的女性依旧是重要决策者,成为君王在社会、政治事务中的伴侣。一个突出的例子是莫卧儿帝国第四任君主贾汉吉尔(1605—1627年在位)的妻子努尔汗(1577—1645)。北魏、辽及元朝的中国也有相似的情况。这些朝代则均起源于游牧民族。汉族王朝没有此种习俗,可是在很多情况下也给予女性很大的话语权,尤其是太后。其他诸如波斯萨菲王朝(1501—1736)、奥斯曼帝国(1299—1923)等与突厥化蒙古人有关的亚洲政权,起初保留了一些相关传统,可是后来则变得渐趋保守。所有皇廷中,一位重要女性如何以及为何获得权力取决于种种条件。奥斯曼帝国的女性权力与诞下男嗣及超过生育年龄息息相关。在中国,诞下男嗣亦是关键一步,可是如果正妻无子,她可以从妾妇处收养儿子,据为己有,如果那个儿子是太子则更是如此。女性长辈的意见,尤其是在婚姻与继承方面,受到他人的高度重视。莫卧儿帝国的女性不论年龄或有无子息都很有权力,这主要归功于其家世血统。在中国,女性的家世血统直到宋元时还起到一定作用,不过之后则影响日减。最终,皇室妇女的活动领域及利益关系超出了生养孩子的范畴。她们赞助艺术、文学及宗教活动，并参与经济事务，尽管最后对有些的活动参与程度较小。这一切都促进了王朝荣光的创造与进一步展现。[20]

十一世纪至十三世纪欧亚大陆其他地域的女性统治者

本书以女性仍在朝代政治中扮演重要角色的宋元时期为开端。同处于十一世纪至十三世纪的欧亚大陆其他地区亦见证了女性对权力的掌控，从而令我能够加以比较，并集中一些问题与变量，对我所谓的"女性统治"这一概念进行定义。一些信奉基督教的女王从其父王那里直接继承了统治权，这在世界范围内相对少见，在中国则毫无可能。十二世纪时，黑海东岸的格鲁吉亚国王吉奥尔基三世膝下无子，通过加冕其女塔马尔、共同称王的方式解决了继承难题。吉奥尔基三世在1184年去世时将皇位传给了女儿。塔马尔镇压了叛乱，并权倾教宗元老，成为"王中王"，更是"女王中的女王"。塔马尔只赐予她那位被迫嫁与的俄国公爵"国王"封号。后来，她宣告婚姻无效——他们没有子嗣——并嫁给了一位信奉基督教的奥塞梯人，后来他们育有两个孩子。塔马尔的统治直到1213年去世为止，其一生的主要事迹包括镇压前夫参与的叛乱及击退威胁要娶她为妻的伊斯兰苏丹。那位苏丹扬言，如果她不成为穆斯林，那么她就得当小妾。在塔马尔的统治下，格鲁吉亚王国增长至最大规模，之后王位由塔马尔的儿子继承，他成为格鲁吉亚历史上最为人称颂的君王。[21]

另一位直接继承皇位、名正言顺统治的女性是拜占庭的狄奥多拉女皇。她与姐姐佐伊1042年时共同执政七周时间，并于

1055—1056年单独执政。如同八世纪的伊琳娜女皇一样，狄奥多拉和她姐姐都自称"皇帝"，她们被视为合法继承人。无独有偶，耶路撒冷王国、信奉基督教的梅丽桑德亦在其父1131年死后直接继承王位，实行统治，直至1160年去世。据说她摧毁了其夫夺权的企图，并在儿子成年时拒绝让权。大致同一时期的穆斯林女性统治者，还包括1074—1138年统治也门的萨伊达·胡拉。虽然她的丈夫是名义上的统治者，但退出了政治舞台，而她则成为国家首脑，还在一段时间内出任最高宗教权威。印度的拉迪亚·宾特·伊图迷施（亦称拉齐娅）被其父任命为德里苏丹，她于1236—1240年在位。据说她"抛去女装，步出深闺，骑上大象出现在公众场合"。[22] 十三世纪时，成吉思汗任命他的女儿们在中亚担任自己领地的女王，并在战争与外交事务中依靠她们，不过有关她们的历史后来被抹去了。最后，十世纪宋朝的刘太后临朝之时，毗邻的契丹则由两位女性相继统治。一百年后，毗邻的党项西夏亦为两位女性治理。

我们研究的案例越多，变量就更为多样复杂，但与本研究最为有关的（根据上述案例）是一位女性能否名正言顺地成为直接继承人，通过正式临朝或非正式听政来施行统治这一问题。另一关键问题则是她们的社会地位及家庭出身。十八世纪的欧洲，一国皇室之女有可能成为另一国的女王。联姻是皇室政治的一种重要策略，其中女性参与决策的程度很高，其女王或公主的身份对婚姻影响重大。[23] 在中国，家族联姻直至宋朝都在政治中有着极重的分量，但大部分情况下（不过并非绝对）仅在王朝内部。可是明朝除了开始的几年，家族联姻政治几乎无足轻重，到了清代则更是如此。其他变量包括：女性统治者怎样及何时学习治理？她们如何选择顾问？都有哪些顾问（例如父亲、叔伯、兄弟、连襟、官员、其他女性、宦官或别的宫廷侍从）？在最后这群人中，宦官在中国扮演了重要角色。当权的皇室女性往往利用皇室与宦官间的主仆关系。由于宦官们被阉割，他们就免除了与宫中女性私通的嫌疑（尽管这并不绝对），而且宦官们还有可能与满朝文武建立广泛的联系。与此同时，宦官还可以绕开大臣，提供幕后消息，但这也有可能对女性统治者不利。

尽管女性能否名正言顺地统治、成为直接继承人或临朝称制在评估其权力运用上是关键问题，但这并不是唯一问题。不论是在中国还是其他国家，大多数女王与皇后都只是配偶，也就是说，她们的主要角色是男性统治者的妻子及皇位继承人的母亲——在中国，她们常常是妃嫔诞下的太子的养母。不过，即便她们不临朝或并非统治者，她们仍能参与统治，这与她们是否主持攻城略地、征收税赋或兴起改革无关。一位女性有可能已经成为受人敬重的太后，为人仰仗来任命继承人，但仅此而已；她也有可能把持朝政，至死才交出大权；她亦有可能像太后及正式临朝听政者那样合理合法地运用权力，但也有可能像宫中乳母那样非法篡权，滥用威势；她有可能通过资助宗教、艺术活动，在宫内宫外建立联系，并从事正当或不正当的经济活动以产生影响；她还有可能在一位候选人是否能够胜任职务或者适合婚嫁上给予宝贵意见，不过这可能私下进行，除了皇帝没有其他人知道。历史学家常常忽略女性的角色，因为她们并未处于国家政治的核心。有的历史学家则轻描淡写地处理她们在社会、文化、宗教领域的活动，然而这些活动对于朝代荣光与合理性的构建是至关重要的。即便是与议会分享权力的皇廷或女性并不如欧洲与突厥化蒙古帝国那么显眼的朝廷亦是如此。有时，证据的缺乏仅仅是因为女性并未留下只言片语或缺少关于她们的故事。在许多情况下，留存下的资料吉光片羽，只是一些不足以重构故事的细节罢了，例如一位女性何时出生、去世，其入宫年份，经历哪些仪式，其地位如何（例如本是侍从或者正式婚配），出身什么背景，何时及是否晋升，何处及如何下葬，等等。尽管这些细节讲述的故事极其微小，还是可以把它们精心拓展，不过我还是会常常保持其简略。我的假设是，这些故事之所以重要，是因为它们是一夫多妻制皇室如何自我存续的内在组成部分。

01

宋、金、元

(960—1368)

第一章

宋　朝

（960—1279）

无致祸之女

《宋史》的编纂者曾自豪地宣称，宋代没有像武后与韦后那样的女性招致的灾祸。然而，皇太后在北宋曾五次垂帘听政，南宋时亦有四次，所以她们仍然扮演了重要的角色。尽管皇后与其他皇室女子保留了很多唐朝先驱的行为模式，但她们必须严加小心，以防看上去如武后或韦后一般。一部晚明小说称，宋朝皇家之所以优于汉唐的统治者，是因为其男子更善于控制他们对女子的色欲。该小说讲述了宋朝开国皇帝赵匡胤（927—976）拯救一名被绑架女子并护送其千里还乡的故事。途中赵匡胤谨言慎行，与该女子保持适当的距离，甚至在她想要以身报恩时仍毫不动心。不幸的是，其他人传言他们两人肯定已在路上同床共枕，致使该女子名誉受辱。当她的兄弟试图将其嫁与赵匡胤时，赵愤然拒绝，而该女子也悬梁自尽，以示清白。[1]

的确，宋朝的皇帝皇后倾向于优雅持身——至少正史与野史是如此描述的。宋朝皇家亦有不入流之辈，但却不像前代那样严重，也好过同时代的金朝及后来的明朝。人们将徽宗（1100—1126年在位）描绘成一位挥霍放纵的君王，但即使他坐拥上百妃嫔，并在中国历史上养育了最多的子女，宋徽宗仍然富有同情心，是优雅持身的典范。最不堪的光宗也并非骄奢，而只是精神不正常；在位五年后，光宗与其皇后——《宋史》中唯一标明"妒悍"者——被迫退位。宋理宗由于在内廷挥霍无度而备受訾议。宋朝的最后一位成年皇帝宋度宗更是被指夜驭三十女，虽然他与前代及后代那些无心朝政、骄奢淫逸的帝王最为接近，但不论是宋度宗还是宋理宗，其事迹都不到耸人听闻的极致。

历史上的赵匡胤是五代末朝后周的一员大将，960年他废黜了后周七岁的小皇帝。作为宋朝的第一位君王，赵匡胤又称"太祖"，此乃开国帝王之常用称谓。976年赵匡胤驾崩之前，他已经统一了分裂几十年的中国大部汉族及非汉族的区域邦国，而他的后妃则鲜被提及。如唐朝一样，宋朝皇室是汉人。宋朝的一大特点是皇帝更直接地掌控中央政府及地方的官僚机构，这也为后世所效法。另一关键变化则是非贵族精英阶层的扩张，这得益于宋朝倚重科举制度，取士的标准是才华，而非家族影响或世系出身。自九世纪至十四世纪，精英阶层从相对自我封闭的贵族集团发展为更加开放的群体，他们通过科举、出任官职，以及经商取利，提高自身社会地位。新精英阶层的扩张与性别价值及性别关系的重大变化齐头并进，从缠足的兴起、纳妾的流行、妇女贞洁操守闺范的出现就可见一斑。2

与唐朝形成鲜明对比的是，尽管宦官在宋朝宫廷政治中仍然十分重要，但他们的影响已经远不如前，并且不能在中央政府中担任职务。唐朝武后与韦后之后的很长一段时间，宋朝的皇后与太后才再度兴起，不仅临朝称制，也为皇帝选择妃嫔，与其他宫廷女性——包括她们为皇帝拣选的伴侣——结成联盟，还指定皇位继承人。她们最引人瞩目的活动之一是参与艺术创造，赞助艺术活动，尤其是书法与绘画。一些妃嫔成为她们皇帝夫君的代笔，还有一些皇后则影响了皇室政策。本章相关文献的一个微小变化在于《宋史》省略了很多有关皇帝及其后妃之间亲密关系的信息，而前代正史中对此并不讳言。然而，其他文献填补了这些留白，例如司马光《资治通鉴》的种种续书及当时人们编纂的史书、日记。1935 年排印的丁传靖《宋人轶事汇编》广选三百部宋代及其以后的文献，对相关信息多有网罗。[3]

宋朝男性及女性特质的发展趋势

如前文所述，以缠足为首的一些主要与性别有关的变化在宋元两朝已开始出现，并自此延续下来。缠足行为的起源神秘莫测，但是宋朝结束以前，缠足已根深蒂固。早在十或十一世纪，此种行为已经开始流传，并一直持续至二十世纪初叶。这种习俗首先在伶人之间出现，随后传播至精英阶层，在明代已扩展至平民，但是缠足并未无处不在。至明清时期，缠足的明显目的是确保女儿的婚姻前景——脚越小，前景越好。宋代精英阶层的妇女们有可能也曾模仿名妓与伶人，尽管我们只能对此进行猜测。伊佩霞（Patricia Ebrey）推测宋朝的精英女性想使自己更加美丽动人，并借此与在宋朝官吏、富商巨贾及其他男性精英中日益流行的名妓相抗衡。随着时间的流逝，缠足逐渐常态化，其情色起源尽管始终存在，但却受到抑制，而缠足也成为定义贤女淑媛的标志。这种行为由女性自行实施，男性并未插手。缠足定义了女性的节操，并为其提供了创造潜力，尤其表现在女鞋的制作与设计上。妃嫔们最初何时采纳这一习俗并不明了，但是南宋理宗的嫔妃们似乎已经缠足了。缠足的方法与足形随地区与历史时段而变化，但是如同高彦颐（Dorothy Ko）考证的，起先缠足的目的是"让脚更窄，脚尖更尖"，脚趾或上卷或下弯。宋朝时女鞋鞋底仍是平的，然而截至十六、十七世纪，一种新样式开始出现，使脚急剧缩短、扭曲，并在脚面中部形成鼓起。[4]

长期以来，皇帝并不是唯一纳妾的男子，但是理想状态是地位较为低下的男性应该纳更少的妾，而大部分男性则根本不应有妾。然而，柏文莉（Beverly Bossler）指出，在宋朝，纳妾在男性精英中蔚然成风。早前，政府明文规定哪些品阶的男性可以纳妾及可以纳多少妾，从而试图将这一风俗限制在从皇室到官僚的社会最高阶层。宋朝取消了此类反奢侈法规，因为越来越多的小官吏与富商开始纳妾。成为妾妇的女性也有很多类型。有的曾是名妓伶人，并有可能重操旧业；还有一些则是侍女或家奴。部分男性纳妾就是为了生子，随着朝代发展，这些儿子的地位也逐步正常化，与正妻所生之子渐趋平等，尽管纵观纳妾的历史，这两类儿子从未完全平等过。妾妇签订一系列婚契是常见现象，她们在一个家庭中服务期满，就可以和另一个家庭签订契约。十三、十四世纪时，一股逆流兴起，旨在稳定小妾的地位，并鼓励家庭挽留她们，给予她们母亲的名份。纳妾象征了男性及其家庭的社会地位，即便所纳之妾曾经是名妓或伶人。[5]

中国社会的另一显著变化与纳妾制度的传播平行发展，那就是人们在各个阶级与身份角色间更为自由的移动变换。正如平民可以变为奴仆，奴仆也可以摆脱其身份，名妓伶人则可以变为小妾，这种流动性即为显证。两位宋朝皇后就来自行院人家，她们曾身隶贱籍，并不是平民良人。严格说来，她们应该永远不能摆脱贱民的身份。与社会界限松懈同时发展的还有女性的商品化。饥荒及其他种种苦难迫使家庭卖掉妻女，男人们甚至连他们自己和儿子都卖掉。中人捎客既进行永久性的交易，也有暂时性的。市场对于女性，尤其是女仆、小妾及妓女需求的增加，成为中国社会的一个稳定部分，并一直持续至二十世纪之后。另一方面，宋朝经济的日益繁荣也意味着在不通文墨的社会下层中，女性通过纺织品买卖等活动获得收入的机会更大。[6]

宋朝也与一系列更为严格的女德观联系在一起。一方面，上层女性的识字率在这一时期有所提高。另一方面，上层阶级更加注意自古已有的谨守闺门之风，要求得体的女性除了其近亲，不应被他人看到身形或听到声音。只有上层阶级才能够负担得起这样的习俗，这也将上层女性与市场对女仆、小妾与妓女的需求部分地隔离开来。除此以外，孀妇继续待在已故夫婿家中而不改嫁成为新的强调重点，尽管实际遵行孀妇不改嫁的限制直到元朝才根深蒂固，下一章将进一步探讨这一问题。与此同时，人们对于女性持家与教子的角色更为敬佩有加。与这些转变齐头并进的是上层男性的理想形象逐渐转变得更文弱、更文雅，倾向于久坐冥思。文人成为理想的男性形象，他们熟知文学，亲身创作，喜好沉思，品位优雅。他们既是诗人，又是画家，还是艺术鉴赏家。在皇帝中，北宋徽宗就是典型一例。与徽宗类似的男性与北方的突厥、契丹、女真及蒙古人的形象大相径庭，这些北方族裔放牧、狩猎、捕鱼，并对他们的强健体魄与军事才能引以为傲。

宫廷女性服务机构的六尚与后妃之头衔

历朝历代,未册封为后妃的宫廷女性在皇宫中也担当职务,成为完全由女性任职运作的宫廷女性服务机构的一部分。在北宋,这一机构由六尚与一名独立的宫正组成。生活在宫廷中的女性最终多达两三千人(开国皇帝治下仅有二三百人),其中超过两百人担任职务。[7]

宫廷服务机构效法男性官僚机构中的六部。尽管女官可以调至后宫,但宫廷服务机构仍与后宫有别。秦家德指出,北宋超过百分之八十的后妃实际上出身六尚。每个尚局中,有一位主事,下辖两位主管。尽管不同朝代的行政结构与诸如女性、宦官及奴仆的职务分配不尽相同,可是其职责类型直至帝国末期都颇为相似。在宋代,有的局属负责通信与薪酬记录等书面事务,有的负责礼仪,有的负责服饰、珠宝及其他饰物,有的负责御膳、御药,有的负责修缮和维护生活区、花园及苑囿,还有的则负责为宫女裁制服装。宫正负责监督宫女的行为,并对不当行径提出处罚建议。女性例行入尚,获得提升,增加薪饷,退局后常常能领到一笔妆奁以便其婚嫁。尽管她们仅占宋代人口的一小部分,她们却是一批才华横溢、训练有素的在职女性。

册封后妃的头衔分为五品。和过去一样,这些封号反映了理想后妃的出众品质与德行。最高封衔包括贵妃、淑妃、德妃及贤妃。[8]昭仪、昭容这些封号自古有之,但品阶未必一成不变。[9]昭仪在汉代曾为最高品阶,在宋代却只是正二品之首,较最高级别的贵妃低了十一阶,而贵妃的封号在五世纪的刘宋时才出现。[10]

北　宋（960—1127）

在儒家史官笔下，一个朝代定然以德而兴。女性被视为最能真实反映时代道德水准的棱镜，因此《宋史》中最早两位帝王的慈母及赵匡胤的贤妻们也随之产生。她们的卓尔不群为宋朝的其他后妃设立了标杆。最早两位帝王的母亲杜太后是《宋史》中第一位立传的女性，史家对其赞誉有加，尤其是据说其临死前与赵匡胤进行的一番重要对话。杜太后问赵匡胤是什么使其荣登皇位，赵深沉慨叹，无以为答，其母则坚持让赵给予答复。最终，赵匡胤回言是其父母累积的功德。"不然。"杜太后回复道，他之所以成为皇帝是因为后周皇帝死后，七岁幼子继位。她继续说道，如果后周继位者年龄更长，才能更强，"天下岂为汝有乎？"因此，她建议赵匡胤令其弟而非其幼子继位，赵亦赞同。这样，她就确保了政权在动荡时期的延续。杜太后薨于961年，而赵匡胤于976年驾崩。之后其弟赵光义（939—997）继位，庙号太宗。在中国传统中，哥哥传位给弟弟非同寻常，所以许多史学家认为赵光义伪造出其母兄之间的对话以使自己的即位名正言顺。事实上，赵匡胤突然驾崩，并未指定继承人，尽管当时其四子中仍有两人在世，一个十八岁，一个二十六岁。我们缺乏确凿的证据指明赵光义如何成为继任国君，而关于其继位的叙述更是矛盾重重，一些叙述几近荒唐。下面我们就检阅几例。[11]

试图毒害太祖的花蕊夫人传说

《宋史》并未记录赵匡胤的任何妃嫔。他曾有三任夫人，前后相继。《宋史》对她们叙述简略，但却赞誉有加，好像是在强调宋朝伊始，就德行斐然。赵匡胤的三任妻子都是高级武官之女，显示了朝代初期常见的一种联姻形式。前两位妻子死后，赵匡胤四年未娶，最后迎娶了宋皇后（951—995）。史家精炼地称其"性柔顺好礼"，却并无生育。在《宋史》未叙的一段颇富戏剧性的故事中，宋皇后在赵匡胤临死时召唤赵德芳前来继位，史书并未写明德芳的生母为谁。然而，她派出的信使反召来了赵光义。赵光义前来之后，宋皇后立即承认其为下一任国君——此为赵匡胤之死与之后皇位继承的矛盾叙述之一。[12]

关于赵匡胤之死最不同寻常的故事指称其弟光义谋害了亲兄。此处有必要介绍一下花蕊夫人，她是十国时期后蜀末代皇帝的宠妃。尽管《宋史》并未记录赵匡胤的任何妃嫔，也未对此加以解释，但《宋人轶事汇编》讲到赵匡胤沉迷于花蕊夫人，而她则出于对前夫的忠诚试图毒害赵匡胤。赵光义提醒兄长小心提防，而赵匡胤却充耳不闻。一日，赵光义于田猎之时本欲射杀一头野兽，不想却误将花蕊夫人射死。另有两则故事提及谋杀，但却是有关赵光义如何谋害赵匡胤。第一则故事说，一天晚上趁其兄卧病熟睡时，赵光义调戏花蕊夫人，赵匡胤中途醒来，赵光义以斧斫之。后来宋皇后与赵德芳突然赶到，而赵匡胤已命悬一线。赵光义立即潜逃，赵匡胤则在次夜驾鹤西归。第二则故事并未提及花蕊夫人，只是说兄弟二人雪夜同饮，赵匡胤向赵光义展示一斧，并模棱两可地让其弟用之。赵匡胤睡去之后，次日一早人们便发现他已驾崩。这些矛盾的叙述表明争论的存在，而人们也极尽混淆视听之能事——由此可以想见，这些奇思异想的荒诞怪异填充了缺失的历史真相。[13]

记录后妃的一种与众不同的方式

赵光义治下,宋代征服了五代十国末朝之北汉,并将其纳入版图,但却在试图进攻北方辽土的过程中遭遇惨败。赵光义的军队并非承天太后(953—1009)领导下的契丹将领的对手。承天太后于其子圣宗继位初期临朝称制,以非凡的信心与权威统领文武两班。尽管赵光义的统治受到重创并屡遭质疑,但皇位仍由其子嗣一脉相承,直至1162年嗣统重归赵匡胤一支。

阅读《宋史》中有关后妃的章节时,我们会有感于其不同于以往的记传方式。如上所述,赵匡胤并无妃嫔有传。其弟赵光义有十四位后妃,十六个孩子,《宋史》却只为四位后妃立传,且信息有限。赵光义成为皇帝前曾有两位妻子,但只有他的第三任主妻李氏成为皇后。传说她待皇帝的所有儿子及其他妃嫔甚厚。可是,另有文献记载,她试图在真宗继位时以真宗长兄取而代之,不过她并非两人生母。我们无法确定该说法真实与否。赵光义的十六个孩子中有九个儿子,但《宋史·后妃传》只提及两位母亲,其中一位是真宗生母李贤妃,她也是传说中李皇后试图用来替代真宗的皇子之母。先前的正史对皇帝的后妃言之更详,也会提及她们的孩子是谁。我们在赵光义最宠爱的一位皇子的传记中获悉另一位后妃的名字,因为这位皇子对她的死悲伤不已。其他文献则提到赵光义的一位妃子来自南唐后主李煜的后宫,这也表明开国之君常常从其手下败将那里掠夺妃嫔。直到978年李煜逝世,赵光义才召这位妃子入宫,之后她产下一子三女。尽管《宋史》编纂者们不可能缺乏相关资料,但他们似乎认为没有必要记录这些女性的存在。仿佛一项新标准规定,除了皇帝的母亲,其他妃嫔不必有传,而为例如李煜妃子这样的女性立传——甚至是召她们入宫——都是轻率浮夸的。[14]

伶人出身的刘太后之崛起

宋代历史中权力最大的女性之一刘太后崛起于下一位皇帝治下,她也是武则天之后三百年来首位大权在握的汉族女性。她还是宋朝九位临朝称制的太后中的第一人,并开启了三位太后连续临朝的时代。由于其夫真宗(968—1022)抱恙,刘氏于1020年掌权。1022年真宗驾崩时,她便与年幼的仁宗(1010—1063)临朝,尽管有人对此颇有微词。刘太后临朝期间大权在握,并享有盛誉,即便还政之后仍是如此。由于没有宦门大族的娘家做后盾,刘太后与汉唐的先驱们不同。但与她们一样,她也常常碰到关于礼仪规范与先例存否的问题。官僚们坚持认为她只是暂时临朝,并屡屡要求她下台还政,但刘太后及其支持者则掌权直至驾崩为止。甚至在临死时,刘太后还试图指定另一位女子临朝称制,从而延续其统治,但是经人劝说,年轻继任者婉拒了刘太后的提议。刘太后是宫廷女性如何效法武则天但却有所节制的关键例证。[15]

刘太后出身行院人家,《宋史》对如此低贱的出身讳莫如深。她的传记反而说刘太后乃宦家之女,早年丧亲,之后被一个四川的银匠送至都城开封。该银匠在刘氏十五岁时将其举荐给还是皇子的真宗。由于其父赵光义不允,真宗将她安置于宫苑别所。赵光义驾崩之后,真宗将其召回,并封其为美人。此时,真宗的前两任妻子已经亡故。[16]尽管大臣们反对出身如此寒微的女子成为皇后,但真宗仍一意孤行,于1012年封其为后,此时刘氏四十三岁。尽管《宋史》仅仅隐约提及刘氏出身低微，其他资料却提供了更多相关信息，并称其擅长手鼓。有的资料说她曾委身那名银匠，有的则称她曾是名妓伶人。真宗对她宠爱有加，但是真宗的乳母憎恶她，与此同时，赵光义也注意到真宗萎靡不振。当他询问最近谁服侍其子时，真宗乳母答曰刘美人。赵光义因此下令将其逐出东宫。[17]

这样一位女子能够见到皇太子，则与宋朝继承唐与五代的名妓制度有关。自八世纪唐玄宗朝以降，这一制度已然存在，负责训练称为"官妓"的女性伶人。她们能够弹奏乐器，载歌载舞，表演娱乐，并在宴会及其他庆典活动中陪伴皇帝与大臣，是宫廷生活中正常且必要的一部分。她们的身影甚至出现在国家政府的高级机构中。当赵匡胤鼓励手下将领退隐、与歌儿舞女相伴相依时，他曾隐约提到官妓制度的存在。赵匡胤及其继任者承袭唐制，设立教坊司，为皇室提供出入宫禁的伶人，不论是皇宫之中、御舫之上，抑或是室外庆典，都能见到她们的身影。官妓在宋代日益流行，甚至辐射精英阶层家中，有些精英男性会纳其为妾。至南宋，官妓制度已渗透至县级官员、富商巨贾及地方乡绅之中。尽管当时的道德话语不鼓励过度消费，且不时声讨控诉过度奢侈的官员，但这项习俗最终还是变得根深蒂固。[18]

帘分乾坤

刘太后第一个具有深远影响的举动是接管真宗长子，也就是未来的仁宗的抚养权。仁宗的生母是一位妃子，1010年诞下其子，她本是刘太后的一位侍女。《宋史》并未提及刘太后自己是否生育。她精通朝政，同皇帝一起阅读奏章至深夜。真宗治下最值得注意的事件是 1005 年与辽签订协约，为长达一个多世纪的和平奠定了基础。之后真宗懒于朝政，尤其在 1010 年以后精神状况每况愈下。刘氏临危受命，初为妃嫔，后为国母，在 1022 年真宗驾崩之后临朝称制。尽管刘太后用权审慎，她临死时却仍坚持保有国家领袖的身份，虽然此时仁宗早已成人。她赐予娘家人优厚的待遇，使他们与重要官员联姻，以弥补其在朝廷缺乏政治同盟的不足。[19] 值得注意的是，刘太后临朝称制期间，北方的辽亦由两位女性相继统治。一位是二十年前率领契丹军队击败赵光义的承天太后，另一位则是 1031 年辽圣宗死后执掌大权的钦哀皇后。刘太后正式承认了后者的地位，尽管事实上这样做僭越了皇帝及其顾问的特权。[20]

由于宋朝此前并未有女性临朝称制，官员们必须仔细考虑，慎重决策。一些重要政策得以及时制定，并对整个宋朝及之后产生影响。一名官员提议刘太后只是"权"为统治，但这一提议遭到反对，"权"字也在刘太后及其后继者的任命中保留下来。另一个问题是刘太后如何上朝，最终决定是她每五天听政一次，但不能单独临朝，须有仁宗陪伴。仁宗坐于左方尊位，面向大臣，而真正的统治者刘太后则坐于右方，垂帘听政。据我所知，尽管此前的女性统治者也用过各种分隔方式，这却是垂帘之制首次成为官方规定。除此之外，刘太后不能以男性帝王的第一称谓"朕"自称，因为大臣们了解先前的摄政后妃及武则天曾使用过这一称谓（而辽则明确允许承天太后以"朕"自称）。[21] 至于刘太后如何显荣其先祖，大臣们决定，与男性君王一样，刘太后的祖父及父亲的名字需要避讳。然而，其试图效法武则天、为刘氏宗族建立祖庙的提议则充满争议，最后不了了之。这个提议的潜在威胁在于，它暗示了另一条皇室血统,这也正是武则天曾经试图创造建立的。有一次,刘太后询问一位大臣如何看待武则天,这位大臣回答,"'唐之罪人也,几危社稷。'后默然。"此后不久,在朝庙途中,太后想让自己的銮舆先于皇帝,还是这位大臣援引"三从"女德的经典闺范——先从父,后从夫,两者亡过则从子——坚持太后銮舆随后。最终刘太后的銮舆紧随皇帝儿子的车驾。另一个充满戏剧性的故事是,当一名谄媚官员进献《武后临朝图》时,刘太后将画掷之于地,从而展现了她拒绝成为武后的得体行为。[22]

1033年,刘太后生命的最后一年,最具争议的一件事发生了。刘太后决定在祭祀太庙时身着龙袍,头戴冕旒。此乃庄严大礼,通常由皇帝主导。尽管有人反对,她还是穿上了龙袍。从理论上讲,没有人会在这种情形下出面阻止刘太后,但官员们还是毫不犹豫地发出了反对的声音。刘太后最后一次政治上的自作主张是推荐一位女性继任者杨淑妃(1036年去世)。996年,十二岁的杨淑妃入宫,那时真宗还是皇太子。尽管杨淑妃是真宗最为宠幸的妃子之一,刘氏也对她赏识有加,将其视为继任者,在仁宗孩提时就让杨淑妃照顾他。只要刘太后一得迁升,她就设法提拔杨淑妃,可是她让后者延续临朝称制的计划却泡了汤。仁宗的大臣们认为太后的遗诏不可接受,而已经长大的仁宗也只是封杨淑妃为太后,并赏赐巨额金银。不过,杨淑妃仍有影响力。仁宗的三位皇子去世之后,杨太后劝说仁宗领养一位皇子,这就是后来的英宗。[23]

被隐藏的母亲

几个世纪以来,围绕着刘太后如何过继仁宗及仁宗生母的情况，产生了一些逸闻。正史记载，刘太后从夫君的妃嫔那里过继了一个婴孩并视为己出，这也是皇后们可以做的。但她却从未向仁宗透露其生母的身份，这则是不寻常的。仁宗生母姓李，正史描述她持重寡言。真宗在她服侍刘氏时与其相遇，之后她产下仁宗及一女。仁宗称帝时封她为顺容，并让她和真宗的其他妃嫔一起生活。她1032年去世，享年四十六岁，死前被封为宸妃。知情者惧怕刘太后，不敢告知仁宗李宸妃是谁。起初，刘太后想按一般宫廷女子的礼仪将其下葬，但一位大臣说服她以皇后礼葬之，并以水银护其尸身。这位大臣保证刘太后以后会感激他的建议。当太后次年驾崩后，终于有人告知仁宗其生母是谁，并称其死于非命，尽管对此语焉不详。仁宗悲恸不已，离朝数日，开棺验尸，见"妃玉色如生"，身着太后袍，仁宗因而释然，相信她不是死于非命，并感激刘太后如此厚葬其生母。

《宋人轶事汇编》中的一则故事提供了更多真宗初遇李宸妃的信息。那时李宸妃还是刘皇后宫中的一名侍女，真宗恰巧路过并想洗手。李宸妃端着御盆给真宗洗手时，皇帝注意到她的纤纤玉手——这令人想到有关皇子或皇帝如何与女子偶遇的典型故事。随后他们交谈起来，李宸妃告诉真宗，前一晚她曾梦见赤脚羽仙告诉她，自己不久将会降生成为她的儿子。那时真宗无子，听了这个吉兆后龙颜大悦。当晚，真宗召其侍寝，她随后怀孕。这则故事又提到，仁宗幼时不喜着鞋袜，常在禁内赤脚游走，因此赢得了"赤脚仙"的雅号。

如同那些诋毁武则天的故事一样，有的故事则把刘太后描绘得嫉妒狠毒。在一些版本中，她甚至试图毁掉皇太子；而另一些版本则说，她从李宸妃手中窃取皇子，据为己出。在元杂剧中，没有儿子的刘太后下令杀死这个新生儿,可是一名宫女和一名宦官则将襁褓中的仁宗救下,并用奁盒将其运走。真宗的兄弟养育了这个孩子,数年后终于真相大白,仁宗也继承了皇位。另一个版本开篇,李宸妃已年老衰颓。她早已出宫,衣衫褴褛,骨瘦如柴,沿街乞讨。一位著名的判官获悉其真实身份后,将刘太后的阴谋诡计公之于众,并让仁宗与其生母团圆,而仁宗生母最终则请求饶恕刘太后。一个十九世纪的版本中,刘氏及李宸妃都怀有身孕,真宗告诉她们两个谁先产子,谁就封后,谁的儿子也就成为太子。李宸妃首先产子,但刘氏派人杀死了那个婴孩,并用一只剥了皮的狸猫取而代之。由于真宗认为李宸妃产下怪胎,便将其降级。不久,刘氏亦产一子,并成为皇后,但是她的孩子后来夭亡了。不过,刘太后不知道宫人并未杀死李宸妃的皇子,并私下将孩子抚养成人。后来,这个孩子来到真宗面前,成为太子,使得刘太后震惊不已。[24]

向妃嫔动粗而遭废黜的皇后

尽管光宗的李皇后是《宋史》唯一标明"妒悍"的后妃,但仁宗在其后妃中也引起了接二连三的互相嫉妒,仁宗甚至因此废黜了一位皇后。作为真宗的第六子,也是唯一存活下来的皇子,仁宗统治了四十多年(1022—1063年在位)。在其漫长的任期中,他非常依赖大臣运作政府,并最终从政务中抽身出来。仁宗的皇后郭氏是军官之女,刘太后不顾仁宗反对,替他选择了郭皇后。1024年郭氏封后,年仅十一岁,而时年十四岁的仁宗则疏远自己的皇后去宠幸其他女子。

事情发生在1033年。那时仁宗有两位宠妃,尚美人与杨美人,她们"数与后忿争。一日,尚氏于上前有侵后语,后不胜忿,批其颊,上自起救之,误批上颈,上大怒"。入内内侍省都知为仁宗谋划废黜了皇后,而大臣们对妃嫔的过激行为则强烈不满。为了安抚群臣,仁宗也将尚美人与杨美人一同驱逐出宫,并指斥尚美人滥用职权。仁宗罢黜了两位站在废后一边的官员,并从宫中逐出两百名宫女,因为仁宗认为她们是刘太后与郭皇后的余党。杨美人从宫女一路升为妃子,并以画技见长,后来仁宗又重新宣召其入宫。而郭皇后最终亦为仁宗所念,皇帝不但遣人问候,甚至还与其酬和诗歌,郭后生病时还送医送药,但皇后最终还是因病而亡。有人说是那位都知将其鸩杀,但《宋史》称这并无确凿证据。仁宗深切哀悼,在其死后恢复其皇后地位。[25]

郭皇后被废黜之后,仁宗不得不另找一位皇后。他尊重大臣们的建议,选了太祖和太宗手下大将的孙女,并在1034年废黜郭皇后、尚美人及杨美人之后,封其为后。这位皇后姓曹,后来成为宋代九位临朝称制太后中的第二位,并在仁宗的继任者抱恙时简短执政。有"慈俭"之誉的曹皇后喜欢亲自在宫苑中监督耕织年礼,这是后妃之德的经典象征。据史书记载,在卫卒作乱时,她曾英勇地让皇帝躲入一片受保护的区域并召人护驾,最终平息了骚乱。[26]

尽管《宋史》的后妃列传篇幅短小,但显示了皇室创建的、有利于自身发展的常见关系类型。一位女性会将另一位女性引荐给皇太子。女性在幼时便进入宫廷,成长的过程中了解掌握皇宫的运作方式,之后成为皇帝的伴侣。她们与年长女性建立联系,服侍后者或由后者养育成人。一些人幼时便认识皇帝,有的则与其建立隔代情谊,例如仁宗的另一位宠妃张贵妃抚养的那位女子。

仁宗在张贵妃死后才逐渐从政务中抽身，而张贵妃则最接近前代史书中描述的多事妃子，只不过没有那样耸人听闻，所以仍符合《宋史》对妃子的描述习惯。她幼时侍奉刘太后，在储君身边长大，并在宫廷内外影响深远。仁宗对张贵妃及其家人恩赐有加，以致大臣们援引先例加以谏言。仁宗则指出张贵妃曾救过自己性命，从而为自己的恩赐辩护。然而如上所述，那次卫卒叛乱是由曹皇后平息的。1054年张贵妃过世，享年三十一岁。哀痛不已的仁宗追封其为皇后，大臣们纷纷指责这有违礼法。[27]《宋史》还提到其他三位妃子，她们均以长寿著称，其中一位是仁宗乳母的女儿，张贵妃抚养的那位女子也是三人之一。后者四岁进宫，并诞下两位公主。仁宗死后，她生活简素，吃斋念佛长达四十年，"昼夜不解衣"，并又历经了四位皇帝，直至九十三岁寿终。[28]除了南宋高宗，正史中仁宗后妃的传记数量多于其他所有皇帝。

试图逃走的皇太子和拒绝退位的女摄政

因为仁宗所有的儿子都夭亡了，所以曹皇后劝他从亲族里收养一子。这位皇子从四岁开始便由曹皇后抚养，他就是赵光义的重孙、未来的英宗（1032—1067；1063—1067年在位）。1061年英宗正式成为太子。然而，仁宗突然驾崩、传诏英宗继位时，后者则试图逃走，因为他自始至终都并非心甘情愿。大臣们不得不强迫英宗冠带皇服。不久，英宗开始行为古怪，身患疾病，曹太后只能临朝称制。英宗卧床数月，并对曹太后无礼不敬。当司马光及其他大臣最终说服英宗重新执掌皇位时，曹太后却拒绝撤帘还政。当时的权臣韩琦想出了一个解决办法，但只有《宋史》以外的文献才对此有所提及。他和其他大臣说服英宗参与祈雨大典，从而让百姓有机会看到皇帝身体已经康复并可以执政。曹太后推说典礼用具准备不周，但韩琦还是说服了皇帝出席大典，并受到万民朝贺。同年，韩琦向曹太后说明英宗已经能够执政，并主动请辞，曹太后则声明应该放权的是她自己。听到太后如此表态，韩琦大悦，并询问太后何时撤帘还政，而曹太后即刻起身离席。礼法规定，太后会见权臣时应坐于帘后，所以韩琦立刻下令撤帘，这也标志着曹太后临朝的结束。在之后的几年，她至少在两个重大场合发表意见：一次是反对变法者王安石（1021—1086），下文将对此进行探讨；另一次则是为中国历史上最著名的诗人之一苏轼（1037—1101）辩护。1070 年左右，苏轼就已公开批评王安石。1079 年苏轼因其政见被捕，而曹太后也于同年驾崩，享年六十四岁。[29]

"女中尧舜"高太后

英宗仅统治了四年，期间相继发生了不少争议事件，诸如曹后临朝、英宗如何对待其生父与其养父仁宗等。仁宗和英宗均非特别重要的君主，不过英宗的高皇后（1093 年去世）却成为宋代另一位最有权势并受人景仰的女性。高皇后出身仕宦之家，其先祖历来侍奉朝廷。她与英宗同岁，在宫苑中长大，仁宗亲自提议他们联姻。高皇后也是曹太后的外甥女，她诞下了四个孩子，其中包括英宗长子——未来的神宗皇帝。1067 年英宗早逝，高皇后成为太后。神宗死后，她开始临朝称制。神宗朝时（1067—1085），王安石兴起变法改革，引发了激烈争论，而当时的高太后也卷入其中，因为变法的一些措施危及其家族利益。朝内保守派支持放任型政府管理，而王安石及其追随者则主张国家更大程度地干预经济活动，因而一条鸿沟在他们之间产生了。保守派反对并中伤王安石，曹太皇太后与高太后也和他们统一战线，迫使王安石最终辞官。尽管后来他又短暂地回朝执政，但最终还是永久退隐，并于 1086 年过世。[30]

此时高太后的影响力还未达到顶峰。1079 年神宗患病时她即掌权，并督导有关皇太子（即后来的哲宗）即位的相关事宜。1085 年神宗驾崩时，王安石的同盟密谋以太子皇弟取代哲宗，但高太后及其支持者最终赢得胜利，她也顺利成为九岁的哲宗（1085—1100 年在位）的摄政。其时，王安石的许多盟友仍然掌权，但高太后却在宋朝政治舞台的中心上演了一场大戏，并借此扭转了变法运动。由于她自身并不谙于朝政，高太后借力于亲信大臣，尤其是 1084 年刚刚编撰完成《资治通鉴》的司马光（1019—1086）。高太后使司马光成为朝廷中最有权势的官员，尽管疾病与过度劳累导致他 1086 年就过世了。尽管扫清变法派需要时间，但是高太后和亲信官员还是完成了这项任务，她一直垂帘听政，直至 1093 年驾崩。

与刘太后形成鲜明对照，高太后被誉为"女中尧舜"，这也是一名女子能享有的最高赞誉之一。变法派不会对其如此称颂，不过《宋史》中她的传记则记载了她对管理外戚的严格。她在世时，自己的叔伯子侄没有一个加官晋爵。有影响力的宫中官员在谋求私利时也需慎之又慎。哲宗朝伊始，一位亲信请神宗的乳母向高太后求情，而高太后则要处决乳母。自此，所有可以不经官方流程审核的宫中旨令（史称"内降"）得以终止。这也意味着高太后实际上也不允许自己发号施令，为防止女子干政的出现做出了典范。1093 年，高太后患病而终，享年六十二岁。[31]

帝后"二十年夫妇不曾面赤"

高太后与神宗的向皇后亦结为联盟,后者则是宋朝九位临朝称制太后中的第四位。据说她曾盛赞神宗仁慈,称扬方式更是独一无二,即"二十年夫妇不曾面赤"。徽宗即位第一年,她便开始垂帘听政。不过其夫神宗在位时,她便影随高太后,据说向皇后效仿高太后严格取缔本家特权。神宗患病时,高皇后立哲宗为嗣的建议得到向皇后支持。1085年哲宗登基时,高太后下令已成为太后的向皇后居于东边的皇宫,而非西边的皇宫,以示其显荣,可是向太后婉拒了。[32]

年轻的哲宗并不喜欢祖母高太后的政策,她驾崩以后,哲宗便恢复了变法派的实权。不过变法派再也没有追随王安石时那样齐心,他们把持政权,直至北宋灭亡。在变法派大臣试图怂恿哲宗贬谪死去的高太后时,向太后出面调停,劝说哲宗打消这个念头。《宋史》补充道,徽宗朝时,向太后临朝称制,她和高太后一样反对变法。但正如伊佩霞指出的,向太后的立场实际并非如此。向太后之所以为高太后辩护,是出于对另一位皇后的辩护,后来这种情况也发生在孟皇后身上。向太后无所出,而神宗十三位后妃中有两位产下了皇位继承人,第一位便是神宗第六子哲宗,第二位则是神宗第十一子徽宗。两位皇帝的生母似乎都来自宫廷服务机构。[33]

北宋灭亡时成为女英雄的废后

在《宋史》所有后妃中,传记最长的是哲宗的孟皇后,可是这并非因为她像刘太后或高太后那样努力参政。相反,她被皇帝夫君废黜后，又被下一任皇帝复位，并最终在北宋亡国时忠君爱国，才使她名留青史。在孟皇后十六岁时，高太后从上百位出身显贵的女子里相中她，并同向太后一起加以教导，于1092年立其为后。然而，那时同样十六岁的哲宗的心另有所属，但高太后却对孟皇后大为赏识。高太后翌年去世，不久后哲宗便专宠刘婕妤。这位妃子开始诽谤孟皇后，并当着皇后的面违反宫中礼节。因为哲宗存了废黜孟皇后的心思，所以对刘婕妤的行为听之任之。某年冬至，宫中女性朝见向太后时，刘婕妤对皇后所坐的特殊座位愤愤不满。刘婕妤的一位侍从冒大不韪，将她的座椅换成了与孟皇后的相同规制。向太后驾到，每个人都起身，有人匆匆移开了刘婕妤的座椅，致使她坐下时摔倒在地。刘婕妤气急败坏，含羞而退，向哲宗大吐苦水。最终，皇帝废黜了孟皇后，将其驱逐出宫，并封刘婕妤为新皇后。[34]

哲宗的继任者徽宗1100年开始亲政，并恢复了孟皇后的地位，使她东山再起，这是向太后的主意。向太后想让孟皇后回宫，这也使死去的哲宗破例有两位皇后。此处，我们必须暂时把时间快进二十五年，去看看徽宗朝末期金朝入侵的灾难时刻。1126年，金军攻占开封，并俘虏了徽宗及其新登皇位的儿子钦宗。这两位皇帝与后妃被迫北上。然而，孟皇后由于不住在宫中而顺利逃脱。金朝扶持了一位傀儡皇帝，这位皇帝尊孟皇后为摄政，从而使自己的统治合理化。那是一个混乱的年代，徽宗仅有一个儿子还是自由身，即1127年登基、年仅二十岁的康王，也就是后来的高宗（1107—1187；1127—1162年在位）。一听说康王登基，孟皇后立刻停止临朝，并追随高宗南下杭州。在那儿，一些大臣强迫高宗退位，欲立其三岁的幼子为帝，并再次请孟皇后临朝。高宗再次掌权之后，孟皇后欣然退位。1135年她过世，享年五十九岁，死后的陵寝比哲宗刘皇后更为尊贵，而刘皇后自己则未得善终。徽宗朝初，向太后对刘皇后已经没有任何情谊。据史书记载，刘皇后是宫中的头号美人，为哲宗生下一男二女。徽宗即位之后，他尊刘皇后为太后，并给予其很高的荣誉，可是据说刘太后却开始干预朝政，迫使徽宗不得不采取措施将其废黜，不过在那之前，刘太后已经用帘钩自缢了。[35]

子嗣繁多，坐拥后妃，支持文艺，是为徽宗

最后，让我们来看看中国最有名的荒淫皇帝之一，即1100—1126年在位的宋徽宗。之所以说他"荒淫"，是因为几个世纪以来人们都将北宋的灭亡归咎于他。徽宗耽溺道教、醉心文艺、过度征税、开发资源，这也成为其批评者手中的把柄。这些批评者进一步指出，徽宗对西北党项帝国西夏（1038—1227）的军事行动和所费不赀地镇压平民起义，都使得北宋积弱，从而无法抵抗金兵入侵。一些人也指出，如果宋朝没有暴露自己的弱点，并且辽成功抵抗了金兵，后者就有可能根本无法侵宋，[36]而徽宗也就有可能成为中国历史上最为人景仰的君主之一。即便徽宗荒淫，他也是高雅脱俗的。他执着于登基前就已培养的兴趣，而其登基也只是因为同父异母的兄弟、二十四岁的哲宗突然驾崩时没有立嗣。向太后坚持徽宗继位，尽管哲宗的生母皇太妃朱氏支持哲宗的亲兄。仁宗与哲宗继位时都还年幼，所以刘太后与高太后临朝时须垂帘听政，与君同坐。与她们不同，向太后不但没有垂帘听政，也没有像刘太后与高太后那样，对辽宣告自己临朝称制。一年后她便退位，于1101年驾崩，享年五十六岁。[37]

登基前，徽宗已经因耽溺纵欲而名声在外。他遍访名妓，搜集奇花异草、珍禽异兽，收藏赏鉴名画古玩，并与才华横溢、博学多才之士往来交洽。他自己既是画家，又是书法家，还是音乐家。北宋首都开封是当时世界上人口最多的城市之一，大约聚集了一百五十万人。在此，徽宗建起了一座巨型园林，只是因为有大臣说建园位置有利于得子。耽溺女色的徽宗比宋朝其他皇帝的后妃要多，数量达到一百四十三位，至少有六位产下了六个孩子，甚至更多。他常常晋升自己的后妃，刷新妃嫔数量，并且时常准许她们出宫回归正常生活，这被视为一种恩赐。徽宗共有六十五个孩子，比中国历史上任何皇帝都要多，其中三十一位是皇子，三十四位是公主。北狩之后，他又添了十四个孩子，总数达到了七十九人。[38]

北宋灭亡，简言之就是女真人1114年抗辽，1115年以"金"为国号，并兴兵反辽，1125年将其倾覆。金军侵宋时，徽宗将皇位传给长子钦宗（1126—1127年在位）。钦宗起先试图安抚金朝，但后来听从大臣建议，打破与金朝的合约，致使金兵再次入侵。1126年开封陷落，徽宗、钦宗父子被俘，并在北方度过余生，他们的后妃大多陪伴在他们身边。

郑皇后与君同被俘，高宗母只身返家园

尽管关于徽宗宫外微服访花的故事比比皆是，但他最有名的后妃仍是通过正常筛选征召入宫的。徽宗似乎施泽多人，并未沉迷某一位后妃，而除了他废黜的那位妃子，宫中妃嫔似乎也都相处融洽。他的第一位主妻王皇后做出了表率。在开封陷落之前很久，她就已驾崩。王皇后是刺史之女，是徽宗长子钦宗的生母，钦宗是在徽宗登基那年降生的。不久，徽宗开始宠幸另外两位妃子，这也考验了王皇后的德行，最终她"待之均平"。内宦试图通过诋毁王皇后以博得徽宗的青睐，但一番秘密调查之后，徽宗得知皇后并无过错，而她自己却对此事只字未提，这也使得徽宗"幡然怜之"。1108 年王皇后驾崩之后，徽宗先前宠幸的郑贵妃 1111年成为继任，即徽宗第二位、也是最后一位皇后。

徽宗六位产下六个及以上孩子的妃子中就有郑皇后。其父是省级官员，而她自己本是向太后宫中押班。徽宗还未登基时常常出入向太后宫中，在那里邂逅了郑皇后和一位姓王的押班。向太后安排她们两个服侍徽宗，并在徽宗登基时将她们赐给了他。据《宋史》记载，徽宗后来封多才多艺、博览群书的郑押班为贵妃，并常常赐她御诗及其他作品；而郑氏"端谨"，并能顺承皇帝心意。在其他妃嫔中，有一位年轻妃子刘氏，1113 年去世时已经诞下六个孩子。徽宗很思念她，想在她死后追封其为皇后，郑皇后也赞成这一非常之举。另一位刘贵妃后来也颇受皇帝宠爱，却于 1121 年离世，这使得徽宗悲恸不已。崔妃在刘贵妃去世时未露悲戚之色，后来由于这件事及其他针对刘贵妃的阴谋败露而被驱逐出宫。崔妃也有六个孩子。王贵妃（1117 年去世）也是向太后赐给徽宗的，她的孩子更多，曾诞下三位皇子、五位公主。徽宗退位后，郑皇后便成为太后，并于 1126 年随夫北狩，1130 年在北方去世。[39]

徽宗的妃子韦贤妃（1079—1159）最终成功回到中原，她就是南宋首位皇帝高宗之母。她本为宦家使女，家主送她入都，进宫成为侍御，并在随徽宗北狩前升至贤妃。高宗在她仍是俘虏时，遥尊她为太后。1142 年，高宗与金朝签订和平协议，并最终商定将其母送回。在她回归之前,高宗便已为其动土兴建宫殿。当初她之所以能成为贤妃,则得益于另一位乔贵妃的引荐。她们两人都曾侍奉郑皇后,并在那时结拜为姐妹,发誓封妃者互不相忘。徽宗宠幸乔贵妃,而她也信守诺言,将韦贤妃引荐给皇帝。乔贵妃有七位皇子,但却都于襁褓中夭亡。每生一胎,乔贵妃就得到晋升。韦贤妃离开北地时,乔贵妃置酒送别,并因自己无望南归、终将命丧北土而痛哭不已。[40]

神仙妃子与名妓爱人

尽管人们谴责徽宗失掉了北方领土,并部分归咎于徽宗与其后妃共同的美学追求、宗教热忱及风流蕴藉,但是文献并未对徽宗与许多女性的韵事持否定态度。他非常符合历史传统中仁慈的一夫多妻者的原型。当王皇后备受诽谤时,他公正处之,并常常奖掖妃子,还哀悼死去的后妃,这一切显示了他拥有理想的男性特质。向太后当初选他做人君的原因之一便是她以徽宗为"仁"。徽宗听说有宫女在孟皇后被废黜时以身殉主而潸然泪下。[41]他喜欢被美女与才女环绕,一名道士曾指出其中一位是神仙在世,她是1121年去世的刘贵妃,徽宗为她的死哀痛不已。刘贵妃本是卖酒者之女,曾诞下三位皇子、一位公主,徽宗对其宠爱有加。据《宋史》载,其他妃嫔"为之稀进"。她之所以被称为神仙,得益于新兴道教"神霄派"道长的大力鼓吹。该道士称徽宗乃神霄上帝之子转世,并将包括刘贵妃在内的其他宫中人士也与神仙对应。他称刘贵妃是"九华玉真安妃"。徽宗北狩后,大多数妃嫔与宫女都被赐给女真男子,而徽宗的女儿则被嫁给女真统治部落中的男人,其中有六位生下了儿子。[42]据文献称,"上在军,闻金人征求万端,至及乘舆嫔御,未尝动色,惟索三馆书画,上听之喟然"[43]。

一个著名的传言称徽宗曾与名妓李师师坠入爱河,尽管李师师确有其人,但传言可能是子虚乌有,《宋史》对此也未曾提及。李师师在几处文献中都出现过,包括元朝成书的《宣和遗事》。该书讲述了徽宗统治直至其为金军俘虏的历史,是以耽溺声色而荒废朝政的君王为主角的半虚构文体。如同下一章中关于金海陵王的故事一样,《宣和遗事》中有很大一部分一字不易地照搬史书,剩余部分则为虚构。故事中,一次微服出宫时徽宗偶遇李师师,此段亦载于《宋史》中,但史书并未说明徽宗出宫时见到了谁。起初李师师并不知情,几天后发现徽宗真实身份时才惊讶不已。徽宗与她缠绵数周,清晨则回宫上朝,有大臣针对其缺席而谏言。李师师最喜欢的常客不得不停止拜访她,徽宗获悉他的身份后威胁要将其处决,经劝说最终只是将他流放。后来,徽宗召李师师进宫,并纵乐淫逸,直至金军入侵。著名词人周邦彦(1057—1121)在该故事的另一个版本中滑稽登场:在他拜访李师师时徽宗突然驾到。周邦彦随后藏身床下,窥见徽宗与李师师调情并赏赐她一枚进贡的新鲜香橙。不久,周邦彦写词暗暗提及此事,而李师师也为徽宗歌唱此词。徽宗得知词作者是谁之后,就下令革除周邦彦的官职,并将其赶出京城,但是在了解了周邦彦与李师师两人情比金坚并且周本人诗才横溢之后,皇帝最终回心转意。[44]

关于李师师的故事之后,《宣和遗事》继续讲述徽宗北狩、驾崩及之后的事,并在结尾处谴责其统治的失败,其中一些细节包括:可怜的徽宗在郑皇后死时大恸不已,哀毁过度,一目失明;徽宗及其随驾不得不顶风冒雪,步履崎岖,下榻颓圮;徽宗驾崩时，女真人在其子，即无助的钦宗面前差点烧毁徽宗的尸身，随后他们浇灭火焰，用一枝木棍刺穿其尸体，并将之推入深坑底部。尽管这些描述有可能是虚构的，皇帝被俘时的境遇却的确悲惨。徽宗不得不眼睁睁看着自己的妃嫔被带走，有时还要目睹她们被强暴，一些宫女被卖入青楼。其子钦宗的皇后自杀身亡，徽宗最宠爱的儿子也不幸殒命。徽宗五十三岁时驾崩，葬礼符合道教科仪，这与《宣和遗事》中的情景不同。经过几年的谈判，1142年南宋高宗终于成功地使徽宗与郑皇后的棺椁南归。[45]

南 宋（1127—1279）

徽、钦二帝北狩后，北宋灭亡。徽宗的第九子康王赵构登上皇位，在杭州建立新都，开启了历史上的南宋，其持续时间从1127年至1279年蒙古人入侵。南宋的发展可以概述如下：庙号高宗的赵构统治了三十五年。他登基后的前几年南宋步履维艰，几乎覆灭。1161年由于金兵入侵的威胁，高宗退位。由于没有子嗣，三十四岁、来自赵匡胤一支的高宗的养子继承了皇位。他的庙号是孝宗（1127—1194），1165年与金朝缔结了和平协议。孝宗享有南宋最佳统治者的美誉，不过高宗1187年驾崩之后，孝宗坚持为其养父守孝，避不参政，1189年时将皇位传给四十二岁的第三子光宗（1147—1200），自此以后，南宋的统治者均性格懦弱，治理无能。光宗的李皇后是宋朝最为人不齿的皇后，她主导了光宗的短暂统治。1194年太上皇孝宗驾崩时，李皇后与光宗也被迫退位，而后其长子宁宗（1168—1224）继位。宁宗受到宰辅大臣的控制，1224年他过继的侄子理宗（1205—1264）继位。登基不久，理宗就开始荒废朝政，转而耽溺于宫中的声色耳目之娱。1264年，理宗的侄子度宗（1240—1274）继位。十年之后，度宗的三个儿子依次登基，成为幼帝，其治理根本无法抵抗蒙古人的入侵。首先值得注意的是，南宋皇帝中只有两位的皇子在成年后继承皇位，即孝宗、光宗。高宗、宁宗、理宗都只能过继宗族之子到自己名下，而度宗的皇子则均为幼童。其次，皇后、外戚及与皇后家族联姻的人所扮演的角色比北宋时更为重要，尤其是考虑到南宋皇帝大多软弱无能。两位女子极为引人注目，那便是高宗吴皇后与宁宗杨皇后。

吴皇后与李贵妃：文艺鉴赏家与收藏家

　　高宗吴皇后的盛名来自她的英勇事迹与崇高品行，她是高宗的第二位皇后。第一位皇后邢氏是朝臣之女，两人喜结连理时高宗还是皇子。康王妃在徽宗被虏时随行。高宗虚其后位十六年，直至从北归的母亲韦氏口中得知皇后死讯，才另寻佳配。高宗朝初期，吴皇后便享有盛名，那时她还只是妃子，却在金军入侵时与皇帝共患难，一起逃脱。据说她曾穿着军服护驾，也曾协助平息皇家侍卫叛乱，还用箭射杀了一名金军。韦太后认为吴皇后品德贤良，在1143年高宗第一位皇后死后，她同意吴氏继任。吴皇后书法了得，亦喜收藏、赏鉴文玩，并在这些领域常常协助高宗。高宗需临摹经典时，则由吴皇后代笔。所有这些活动使得宫中文化氛围浓郁。正如李慧漱（Hui-shu Lee）指出的，其他皇后也从事过类似活动，但程度不能与吴皇后和高宗的其他妃子相提并论。吴皇后经历了高宗及其后孝宗、光宗两位皇帝的统治，在选择继任者与其皇后的过程中，都发挥了重要的作用。不过她自己并无生养。[46]

同其父一样，高宗也喜欢纳娶妃嫔，上了年纪之后仍继续拣选新妃子，有两次还使得吴皇后不悦。然而，高宗只有一个儿子，1129年就夭折了，这也使得高宗不得不在赵氏皇亲中另寻一位继承人。一个故事提到五岁的孝宗被带到三位妃子面前，看他会选择哪位妃子作为养母。潘贤妃是已过世皇太子的母亲，也是代替高宗被俘皇后的首选，然而大臣们却反对立她为后。1132年，潘贤妃、张贤妃及另一位妃子坐成一圈，五岁的孝宗随后被带进宫。潘贤妃仍然对她夭亡的爱子哀毁不已，张贤妃则向孝宗伸出双臂，孝宗也朝她走去。因此，高宗令张贤妃抚养孝宗。1142年张贤妃过世时，吴皇后接过了抚养孝宗的重担，并在后来封他为太子。[47]

高宗的另一位妃子刘贵妃也是艺术鉴赏家与收藏家。她1140年入宫，并于1187年与高宗同年去世。高宗对她宠爱有加，但正因如此，《宋史》评其"骄侈"。其父是武官，在宋朝抗金战争中战绩卓著。其他文献称，刘贵妃曾训练年轻宫女学习书画、广读诗书，以取悦皇帝与皇后。一次，刘贵妃向帝后进献了两位训练有素的宫女，皇后赏赐刘贵妃奇珍异宝作为回报。这一行为也为吴皇后赢得了不妒的美誉。这是皇帝与后妃通过相同的兴趣以维持和睦关系的典例，尽管这与刘贵妃"骄侈"的名声矛盾，但《宋史》并未解决这一矛盾。其他妃嫔则并非如此顺遂。高宗同时还宠幸另一位刘姓妃子，但最终则将其废黜，因为这位妃子利用职权之便，走私南方外国商贩带来的珍珠、香料。不过据《宋史》载，高宗之所以废黜她是因为皇帝怀疑她与一位反对抗金的大臣同谋，而金朝则刚刚违反了签订的协议。[48]高宗还废黜了另外五位妃嫔，但史书并未写明事出为何。其中两位是高宗年迈时宠幸的美人，但吴皇后对她们深恶痛绝。最终，高宗的一位妃子被敌方海陵王相中。海陵王当时意图侵宋,并想将这位妃子据为己有,甚至为她备下了床铺寝具,以备俘虏之后同床共枕。尽管已知这位妃子姓刘,我们却不能分辨出她到底是哪位妃子,就连海陵王也可能不甚了了。下一章将会讲到海陵王之所以臭名昭著,就是因为他常常窃取其他男人的女性伴侣。[49]

"浣濯衣"

孝宗朝(1162—1189)时,内廷顾问开始在朝中扮演主要角色,例如男性外戚及与皇后家族联姻的男性官员。孝宗利用内廷制约外廷,因为他对后者控制较弱。孝宗有主见,不受朝臣控制,不过后来的南宋皇帝则并非如此。孝宗继位的故事凸显了他的美德及坚韧性格。在一个故事版本中,孝宗与一个壮硕的男孩来到高宗面前。高宗正要选那位壮硕的男孩继承皇位。突然一只猫经过,壮男孩上前将猫踢走,高宗转而青睐孝宗。在另一个也许同样是虚构的故事中,高宗赐予孝宗及另一位皇子各十名侍女。孝宗的老师告诫他要持身自重。当考验结束,另一位皇子已经"侵犯"了他的十名侍女,而孝宗则并未动一分。[50]

贤德美行也贯穿了孝宗后妃的传记,《宋史》更称"帝虽在位久,后宫宠幸,无著闻者"。一位官员曾经向孝宗谏言内廷开销,孝宗则反驳道:"朕老矣,安有是?近葬李妃(1183年过世)用三万缗耳。"孝宗有三位皇后,第一位诞下四子,其中包括光宗。然而这位皇后1156年便去世了,那时光宗还未称帝。吴太后为孝宗引荐了他的另外两位皇后,这反映了宋朝宫廷旧例。首先是曾任吴太后侍女的夏皇后,这位皇后1167年亡故。夏皇后的贤德则在其兄弟身上体现出来。由于夏皇后封后,她的兄弟加官晋爵、荣膺高位，但需要他休掉自己的妻子，以迎娶另一位贵族之女取而代之。夏皇后的兄弟拒绝了这个要求，并援引汉代以来流传的忠于婚姻的典例据理力争。在汉代的典例中，皇帝赐予一名男子一位公主，但他拒绝休掉他的"糟糠之妻"，这个成语也成了古代指称男子显荣之前所娶妻子的通称。孝宗的另一位皇后曾称谢贵妃，她是一名孤女，收养她的家庭将其献入宫中参选。吴太后将其引荐给当时还是皇子的孝宗，1176年退位的高宗则推荐她成为皇后。谢皇后的传记赞其有皇后"俭慈"之盛德，其俭约则由坚持穿着反复浣洗的衣装这一点凸显出来，这一特质的古典称谓就是"浣濯衣"。[51]

暴戾李皇后

孝宗坚持退位以悼念高宗，这在中国历史上非同寻常，极为罕见，而所选的继承者、孝宗第三子光宗（1189—1194年在位）却不堪重任。光宗是孝宗第一位皇后生育的唯一存活的皇子。这位新皇帝起初享有盛誉，但后来则受到了内廷顾问及其妻李皇后（1200年去世）的严重影响。《宋史》说李皇后"妒悍"，这两个字的评价是宋朝后妃传记中绝无仅有的一例。李皇后乃节度使之女，生于军营之中。传说她出生那天，一群凤凰飞落下来，她的父亲遂为其取名"凤娘"。后来，一位擅长算命的道士预言其有一天将"母天下"。高宗闻知此事，将她许配给还是皇子的光宗。1168年李皇后产下一子，是为宁宗。

当李皇后向退位的高宗与孝宗控诉丈夫的妃嫔时，其妒悍暴虐便已可见一斑。高宗向吴太后抱怨自己不应相信道士的预言，而孝宗则训诫李皇后："宜以皇太后为法，不然，行当废汝。"当孝宗反对立李皇后之子为太子时，她便跟丈夫光宗哭诉孝宗图谋废帝。李皇后与宦官联手挑拨光宗与孝宗的关系，致使前者急剧减少探问其父的次数，这实是有违孝道，令人咋舌。

李皇后最为极端的行为体现在两例施加于宫女的暴行。一天，光宗洗手时被服侍的宫女雪白光洁的肌肤吸引。几天后，李皇后为夫君献上一道食盒，光宗打开后发现里面装着那位宫女被砍下的双手。还有一次，李皇后派人谋杀了光宗还是皇子时就随侍在侧的一位宠妃。这件事发生在1191年的冬天。据史官载，光宗自此之后精神状态每况愈下，并停止上朝，一切事务均由皇后决定。李皇后则比以往更加骄横跋扈，赐予其本家及亲信更多权力，"中兴以来未有也"。一位宰辅曾将其比作吕后与武则天。[52]

光宗不谒见父皇是重大事件。最后大臣们终于说服他，但是在光宗拜见孝宗的路上，李皇后又劝说其回身，这使大臣们惶恐不安，其中一位更是恸哭抗议。1194年孝宗驾崩时，一些官员说服升为太皇太后的吴太后钦点李皇后之子为太子，并迫使光宗退位，而据传光宗对此事一无所知。太皇太后吴氏坐于帘后，在驾崩的孝宗的棺椁旁下诏，立宁宗为帝，宁宗则在葬礼开始时才听说自己即将登基。1197年吴太皇太后驾崩，享年八十三岁。李皇后成为太后，并于1200年驾崩，享年五十六岁。[53]

女伶变皇后

不幸的是，宁宗（1195—1224年在位）又是一位孱弱的君主。宁宗周围从皇室成员到宦官内臣，再到内廷顾问，尤其是吴太后的外甥韩侂胄（1152—1207），都能轻易控制他。直到1207年被刺，韩侂胄都是朝中最有权势的官员。他执掌宫门，在光宗被迫退位的过程中成为关键的递信人。然而,宁宗主妻杨皇后(1162—1232)也有权有势,能与真宗刘皇后、高宗吴皇后的才能和名誉相媲美。与真宗刘皇后一样,杨皇后出身寒微,《宋史》对此只字未提。其他资料则称杨皇后的养母是一位能弹会唱的乐师,曾服侍高宗吴皇后。吴皇后对这位乐师的养女,也就是杨皇后大加赏识。杨皇后曾在宫中作为一名幼年女伶表演,并吸引了当时仍为皇子的宁宗的注意。吴皇后肯定对这段关系给予了支持,正如她对待孝宗的两位皇后那样。吴皇后的喜爱加上杨皇后的出众特质,使其寒微的出身不值一提,而杨皇后自己亦是福星高照,诞下两位皇子,可惜没有一位活到成年。[54]

宁宗的第一位主妻并不是杨皇后,而是韩侂胄的侄女,不过1200年她便去世了。那时下一任皇后有两个人选,且都受到皇帝宠幸,一位是当时还是贵妃的杨氏,另一位则是曹美人。韩侂胄倾向后者,因为他觉得曹美人更容易控制。可是据《宋史》载,宁宗更喜欢杨贵妃,因为她广通书史,机敏过人。1203年杨氏封后,此后她与韩侂胄的矛盾一直持续。韩侂胄还受到其他人的反对,并最终于1207年被刺杀。有人说这场刺杀是杨皇后安排的,不过史料对此并未达成共识。另一位内廷顾问史弥远(1164—1233)随后掌权,他与杨皇后合作,皇后则将日常行政事务交付给他,他们的联盟关系长达二十年以上。[55]

杨皇后政治生涯的下一段关键篇章则与宁宗继任者的选择有关。据载,六十岁的宁宗曾有过九位皇子,但没有一位幸存下来。1221年,宁宗过继赵竑作为继承人,但是这个年轻人却不受皇后及其他人,尤其是史弥远的青睐。据《宋史》载,史弥远在赵竑家中安插了女性密探,她们负责汇报赵竑对史弥远的恶言恶语。史弥远暗中招徕了另一位皇室成员赵昀，匆匆教导之后，便在1224年宁宗病笃时，立赵昀为太子。几天后，宁宗驾崩，赵昀随后即位，是为理宗。《宋史》载，直到与赵昀一起被召觐见时，赵竑才获悉这一变更。杨皇后对此亦不知情，起先她表示反对，但是后来还是被说服了，尽管其他一些文献称她与史弥远曾共谋此事。[56] 杨皇后后来成为太后，并陪年轻皇帝垂帘听政一年，于1232年去世。

杨皇后的另一面也让人联想到宋朝的其他皇后，即她对文艺的支持及书法的擅长。一些帝后常常赏赐大臣书法绘画作为礼物，并相互以此赠答。如同其他皇帝一样，宁宗练习书法，也有人为他代笔，这其中就可能有杨皇后。杨皇后曾与一位宫廷画师合作，经年习画山水、庭园、花卉，作品上均有皇家印记。杨皇后喜欢以诗句装点风景，并在画作上盖上自己的印章。一组花卉画上的题诗含有亲密暗示，仿佛她在吸引一位男子的注意，但是诗歌的语气却未涉淫亵。然而几个世纪以来，人们相信这幅画证明了这位宫廷画师与杨皇后的一位妹妹有染。但正如李慧漱所写的，这组画有可能是皇后赠予皇帝的礼物，以期望皇帝临幸，使其怀孕。她还赐给朝廷大臣带有题诗的画作。另一个晚明的故事则将杨皇后描述为与史弥远有奸，尽管并无实据证明这段私情的存在。然而，明清小说中的常见套路之一便是，将孱弱君主当政时的杰出女性（诸如杨皇后）幻想成既有私宠又试图控制朝政的形象。[57]

谢皇后劝阻迁都

理宗统治了四十年（1224—1264年在位），这也是宋朝最长的两个治期之一。后妃不再扮演重要的角色,取而代之的则是两位重臣。理宗十九岁时继位,前景一片光明,但不久他就离朝废政,耽溺于宫中之乐,尤其是宠幸宰辅贾似道(1213—1275)之妹贾贵妃(1247年去世)。据说理宗与贾似道在他们二十几岁时曾是酒友,而理宗那时对贾似道降女有方钦羡不已。贾贵妃死后,理宗宠幸阎贵妃(1260年去世),像贾贵妃一样,她也是"以色进"。理宗还喜欢道姑,并使其中一位荣升为妃嫔。据《宋人轶事汇编》载,1253年的元宵节,理宗甚至召妓女入宫。大臣们对此表示反对,并将理宗比成宠幸杨贵妃的唐玄宗。理宗治下,蒙古人灭了金朝,宋朝尝试收复北方,但这一努力却以失败收场。蒙古人的威胁持续经年,并侵入南方与西南地区。批评者们谴责理宗玩忽职守,并将大宋帝国的最终覆灭归咎于他。理宗死后十五年,南宋灭亡。[58]

不过,理宗的谢皇后(1210—1283)则颇有魄力。她祖父身为显宦,曾辅佐杨皇后称后。不过至谢皇后时,其家族已举步维艰。作为对其家庭的赏赐,杨太后招她入宫,并挑选她成为理宗的皇后。虽然理宗更宠爱同时进宫的贾贵妃,但不能拒绝太后做出的决定。1227年,谢皇后先升为贵妃,该年晚些时候便成为皇后。据称,谢皇后肤黑独目,能容忍皇帝夫君的风流韵事,这也为她赢得了太后的嘉许与皇帝的赏赐。在1259年蒙古人一次情势危急的袭击中,理宗意欲迁都,谢皇后则担心迁都将在民众中引发骚乱,遂劝阻皇帝。后来,她在理宗继承者之死的事件中扮演了一定角色,除此以外,她则一向低调处世。理宗与谢皇后没有孩子,却与其他妃子诞下四子,但所有皇子都不幸夭亡。理宗非常珍爱贾贵妃诞下的公主,但这位公主二十多岁时也不幸身亡。[59]

夜驭三十女

度宗（1264—1274年在位）是理宗弟弟的长子。据《宋人轶事汇编》载，度宗生母是一位小妾，地位极低，甚至曾想将度宗打掉。一条文献称，这导致度宗手脚畸形，直至七岁才能言语。不论真相如何，度宗的确患有先天疾病，这也使得史家们对他如何成为太子充满疑问。理宗突然驾崩后，度宗即位，但不久便将政务交给贾似道处理。贾似道把持朝政，直至1275年他被流放、刺杀。贾似道的得道很大程度上得益于度宗的玩忽职守：

度宗既立，耽于酒色。故事，嫔妾进御，晨诣合门谢恩，主者书其月日……一日谢恩者三十余人。

度宗全皇后（1241—1309）是理宗生母的侄孙女。全皇后的父亲在蒙古人入侵时在都外担任要职，她陪在父亲身边。全皇后"备尝艰险"，出身高贵，这也使得她成为皇太子妃的理想人选。她1267年称后，并诞下两位皇子，其中一位不幸去世，另一位则在1274年度宗驾崩时继承皇位，是为恭宗（1271—？；1274—1276年在位）。群臣恭请六十五岁左右的谢太后临朝称制。她在南宋最后的日子里主持朝政。当时士气低落，许多官员纷纷辞官。谢太后曾贴出告示，谴责他们缺乏勇气与忠诚。南宋朝廷最终于1276年投降。之后全皇后与谢太后被俘至北方，她们在那里的佛庵中度过余生。许多宫女则选择自杀，而非北迁。残存的小朝廷逃至更南方的地区，1276年度宗的长子称帝，其母杨淑妃则作为太后临朝称制，她也是《宋史》中最后一位有传的女性。1278年这位小皇帝驾崩，随后宋朝的最后一位君主继位，其生母是度宗的另一位妃子，但杨太后仍然临朝。1279年蒙古人威胁宋廷余众时，一位大臣将这位小皇帝带走，并跳崖入海。杨太后也跳海自尽，后来她的尸身由一位宋朝大将在岸边掩埋。[60]

结论：宋朝后妃的角色

北宋时女子临朝称制逾二十五年，南宋时则未达十年，可是不论临朝与否，影响巨大的太后、皇后统治年数加起来超过百年。高宗吴皇后与宁宗杨皇后的影响并非仅仅来自她们的皇后地位，更得益于其男性家属与姻亲的同盟势力。以唐朝为鉴，这些女性不得不警惕新的现实，即避免武则天一般的言行。大臣们只要发现此类言行便会加以反对。然而，武则天及其先驱的许多方法也都被保留了下来，尤其是通过加强自身文艺修养，支持文艺事业，运用宗教及神话象征，以塑造其仁慈的圣人之母的形象。真宗刘皇后便是一例，她的一幅肖像描绘其头戴宝冠，冠上有一小尊西王母。

西王母乃唐朝最重要的女神，并在神话叙述中由来已久。她在遥远的西方有自己的统治区域，传说历代君王游访西王母后都能满载礼物与智慧而归。在唐朝，她尤其吸引如尼姑、名妓、女伶等不符合正统闺范中母亲、妻子及女儿身份角色的女性。尽管真宗刘皇后并非其中一员，临朝称制使其亦不符合这些正统的标准身份，而她也没有皇后通常具备的强大家庭背景作为支撑。我们更愿意相信，如果武则天具有更为积极正面的形象，真宗刘皇后很有可能也会利用她的形象。我们可以想见，西王母在此则更为得体，因为这位女神更为邈远崇高，独立掌管神域而不依赖男性。她不存在于真实的历史与时间之中，并且其形象积极正面，与武则天的不良形象迥异。[61]

宋朝的皇后与太后在政治、文化与内廷各领域产生了巨大影响。在北宋政治中，曹太后与高太后在反对王安石变法、挫败变法存续的过程中扮演了重要角色，而皇帝们则驾崩的驾崩，继位者亦尚年幼。南宋高宗吴皇后在位五十五年，在文人及艺术家群体中影响巨大，并且积极地培养年轻的太子与宫女们的感情。孝宗的前两位皇后（夏皇后与谢皇后）也是由她引荐的。她还在必要时刻迫使光宗退位，协助培养杨皇后，并同意其成为宁宗主妻。高宗朝与宁宗朝，高宗吴皇后的血亲与姻亲都是地位显赫的内廷顾问，尤其是韩侂胄，其他外戚亦颇有影响力。尽管李皇后与其夫光宗被迫一同隐退，但光宗统治期间，她烜赫一时，并赐予其家人莫大恩惠，不论他们在世与否。杨皇后在位二十九年，临朝一年。她有可能参与罢黜韩侂胄，并在提拔史弥远的过程中发挥了作用。杨太后挑选理宗作为宁宗的继承人，并使谢皇后成为理宗主妻。她也支持文艺与宗教，并投身其中，这也有助于君主孱弱时维系朝廷的完整稳定。尽管南宋已无药可救，理宗谢皇后作为太后仍勤勤恳恳临朝两年，直至王朝灭亡。杨太后在王朝南逃的最后三年中临朝称制，最终自杀身亡。

考虑到一夫多妻制家庭自身的性欲诱惑及妻妾斗争等诸多艰险，资历较深的女性在缓解这些风险方面发挥了作用。她们精心挑选妻妾、侍御及宫女。太后选择那些她们信任的女性作为皇帝的伴侣，在有些情况下甚至令这些女子成为自己的政治联盟，正如曹皇后、高皇后、向皇后及孟皇后那样。地位较高的女性亦筛选地位较低的女性，要么将她们介绍给年轻的皇子，要么在皇子被她们吸引住之后帮她们一把。向太后曾安排两位侍御服侍徽宗，其中一位即为郑皇后，另一位则是王贵妃。吴太后向孝宗推荐的两位女子最终亦都成为皇后。皇后无子时（十八位皇后中有八位无子），妃嫔、宫女、侍御则担负起产子传宗的重任，这也是皇帝仅有的相对自主选择性伴侣的机会。真宗与神宗使宫女受孕，并诞下仁宗与徽宗。神宗的另一位曾是侍女的妃子则诞下哲宗。仁宗在真宗刘皇后的一位侍女身边长大，并宠幸了这位侍女，尽管她最终遭到废黜（即张贵妃）。徽宗在郑皇后还是向太后侍御时就被其吸引。宁宗则宠幸吴太后手下的一位宫廷女伶，即未来的杨皇后。在所有这些例子中，皇帝的风流韵事总是与诞下皇子、确保后继有人的任务息息相关。在一些情况下，皇帝不喜欢他必须迎娶的皇后。仁宗不喜欢郭皇后，哲宗不喜欢孟皇后，理宗也不喜欢谢皇后，而这三位皇后都是由年长的太后挑选的。皇帝挑选的伴侣受到年长太后的认可非常重要，但并非具有决定性。真宗及刘皇后与光宗及那位他欣赏的美手宫女形成了鲜明对照。刘皇后由一位男子献给真宗，所以并未经过宫里年资较高的女性筛选，真宗的乳母对刘皇后更是深恶痛绝。尽管真宗的父亲逼他把刘皇后送走，但其父刚驾崩，真宗便将刘皇后召回，没有人能够阻止他。反之，光宗则没那么幸运。李皇后诞下皇子以后欲立其为太子，我们可以想象，她并不想别人与自己的儿子竞争。朱太妃想让自己的儿子继位，可是向太后则利用资历压倒朱太妃，提拔徽宗作为继承人。向太后对哲宗刘皇后的憎恶则不甚明了，但可能在徽宗废黜刘皇后的过程中起到一定作用。吴皇后不喜高宗老年时纳娶的一些妃子，这也可能导致了她们的废黜。

宋朝后妃的显著特点是与辽及西夏两个邻邦的太后同时统治。辽的承天、钦哀皇后的统治与宋真宗刘皇后的统治并行不悖。将近百年以后，西夏良太后（1085年去世）的统治亦与宋朝高太后的统治共时。1070年前后，良太后控制了其子的政权，甚至于1081年囚禁其子，兴兵攻宋。另一位良太后（1099年去世）的治期中，西夏则在1098年至1099年败给了宋哲宗。哲宗的这一胜利紧随几年前其颠覆高太后对王安石变法的镇压，这也是哲宗在朝时压制女性主导力量的胜利。[62]

另一个不争的事实则与魏晋南北朝时期呼应：只有少数皇后产下太子。六朝时仅有四位皇帝生母是皇后，妃嫔则诞下了二十一位皇帝。[63] 宋朝时，仅有四位成年皇帝的生母是皇后，他们是神宗、钦宗、宁宗及幼帝恭宗。光宗也可以算是一位，因其生母乃孝宗主妻，但她在孝宗登基之前便已去世。赵匡胤与赵光义不算，因为他们生于前朝。然而，其他如真宗、仁宗、哲宗、徽宗、高宗、度宗及最后两位幼帝则均为妃嫔所生，英宗、孝宗及理宗则是从皇室其他支系中过继而来的。

通过以上考察，宋朝皇后、太后到底扮演着怎样的角色？按照官方正式的说法，她们是皇帝正妻、内宫之首，负责管理所有宫女，也是太子正式的母亲。尽管诞下太子很重要，但却并非至关重要，自古以来都是如此。除此以外，她们还享有内务、礼仪及政治上的特权，通过安排联姻、抚养太子，从而参与诸如皇位继承、挑选大臣、制定方针等国家政治，尽管在理想状态下，她们在最后两个领域的影响应该保持最低，甚至根本没有。她们也可以对血亲及姻亲中的男性亲属产生影响。宋朝并不反对女子临朝称制,并且对她们临危任命达九次之多。这些是宋朝的情况,而元朝也与此类似。可是,这种情况并未在明清时期得到延续。明清两朝仅有一位女性临朝称制,而女性对于政治的影响受到更为严格的限制,其中包括她们利用职权操控男性亲属。

第二章

金朝与元朝

（1115—1368）

金　朝（1115—1234）

金朝的相关资料主要与臭名昭著的完颜亮，也就是通常所说的海陵王（1149—1161年在位）有关。继任者对海陵王深恶痛绝，以致在其死后仍将他废黜，这也是海陵（其称帝前封号）只称"王"的原因。《金史》中用两章专述后妃，第一章主要与海陵王有关。尽管《金史》其他部分亦提及其统治，但关于海陵王后妃的那一章主要叙写荒淫君主滥交滥婚的故事。史官们记录其情事的细致程度在正史中可谓空前绝后，也只有海陵王这样的人物才能够有此"殊荣"。前代中受到史官类似描写的帝王只有魏晋南北朝时刘宋皇帝刘子业（449—466）及五代十国时南汉的某些帝王。《金史》中关于海陵王后妃的篇章既充满暗示又描写翔实，为几百年以后关于海陵王的一部色情小说打下了基础，而该小说的很大部分一字不差地照搬了《金史》。

与辽的契丹人不同，女真人是半游牧民族。他们在今天的中朝边境一带生活，并延伸至俄罗斯符拉迪沃斯托克以北。在宋朝时，女真人起初臣服于辽，可是他们的领袖阿骨打（1068—1123）组织了一支强大的军事力量，建立王朝，并于1115年称帝。后来他的弟弟吴乞买（1075—1135）继位，并领导金朝于1125年灭辽，1127年击垮北宋。第一章中对此已有所提及。海陵王治下，金朝试图再次侵宋，可是在那之前，他的手下将领便将其刺杀。后来，统治权一直在阿骨打的完颜家族内传递，他们与另外八九个女真氏族及契丹、渤海的一些大族通婚。十二世纪晚期，金朝人口约有五千万，比同时期欧洲的任何一个国家人口都要多。不过与辽相比，金朝治下有更多汉人，所以女真人实际上仅占总人口的十分之一。随着时间的流逝，许多女真人忘记了他们本族的语言及风俗，或只剩一知半解，其汉化程度比契丹人高。[1]

女真的婚俗及性别规范与契丹和蒙古人有重叠之处。女性可以骑马、打猎、饮酒，并与男性一道参加宴会、上阵杀敌。1170年，一位宋朝官员游历至金朝领土，对金朝女性能够在街上自由行走交谈惊诧不已，因为在南边的宋朝，尤其是精英阶层中，这种景象并不常见。这位官员补充道，尽管男性中既有人穿着女真服饰，亦有汉族女真混合，而女性则仅着汉服，尤其是精英阶层的妇女，不过按照宋朝的标准，她们的着装已经过时。女真妇女不缠足。像契丹人一样，女真人允许婚前滥交、私奔，女性还可以选择婚姻伴侣。一项1170年的法条显示，金朝有条件地容忍女性通奸，并规定作为官员妻妾的女性如果与人通奸，她将无法享受丈夫官衔带来的特权。可是如果她的特权来自儿子而非夫君的职衔，那么她将不会受到惩罚。女真人与契丹及蒙古人相似的另一点是时有绑架妇女与偷拐他人妻子的行为。他们与汉人的一个主要差异在于女真妇女并无嫁妆。男性为新娘出价，实际上就是买妻,之后该男子的家庭便掌握了这位女性的性经验与再婚权。转房婚则规定一位遗孀可以与其夫同族的弟弟结婚。关于非女真人的转房婚的法规时有出现,但是到1201年时,汉人则不再被允许这么做了。金世宗(1123—1189)的母亲是一位女真族遗孀,她削发为尼,以避免嫁给亡夫的弟弟。她让世宗保证不将她与亡夫合葬,世宗也遵从了她的意愿。随着佛教在女真人中传播,这种选择在不愿再婚的遗孀中流行开来。在元朝,遗孀再嫁与转房婚制发生了重大改变,在有关元朝的章节我们将进一步讨论。[2]

与辽、宋、元不同,金朝从未有女性临朝称制。据说只有一位皇后短暂干政,最后她遭人刺杀。至于后宫的一夫多妻与组织问题,女真男性本就可以一夫多妻。阿骨打便有四位皇后,但有关她们的信息则基本失载。海陵王也有两位皇后。然而,正如其他非汉族政权一样,一后制最终成为定制。在采纳汉族内廷规范方面也能看到类似变化。在金朝之初,妃嫔并无品阶之分,不过第三位皇帝开始将最高级别的妃子分为三等,即贵妃、贤妃、德妃。废帝海陵对汉族行政制度情有独钟,他增加了后妃头衔,在一等妃嫔中就有十二位妃子。她们相当于古时的三夫人,我将称这些妃子为"诸妃"。之后还有四等妃子,每等九人。此外再加三等,每等二十七人。"九"与"二十七"都是三的倍数,这仿照了古代《周礼》中的品阶制度。[3]

窃妇者海陵

几个世纪以来,诸如隋炀帝与废帝海陵这样的荒淫君主总是吸引着史家、小说家及说教者的兴趣。在这些男人的生命中，女性一个接一个地出现，仿佛她们几乎毫无机会吸引这些男人的一点注意力。许多女性失宠后便销声匿迹，有一些则在与皇帝夫君、朝中男臣及其他女性的争斗中丧生。虽然没有一名女性能够独占海陵王，不过很多女性却蔑视反抗他，尽管也有可能是史官将这方面夸大，从而讽刺废帝海陵。我们可以想象女性如何学会合作以固宠或摆脱其控制。海陵王侵宋时有五名妃子伴驾，而这些妃子与他一起在营中被刺身亡。[4]

然而像隋炀帝一样，海陵王并非仅仅是一名昏君。[5]其政治抱负复杂，也欣赏中原的治理体系并加以利用，结合女真人原有的双重治理模式创造出一种新的君主制，这也使其能够对金朝实行更专权的统治。阿骨打的皇孙、海陵王的前任金熙宗（1135—1150年在位）年幼时便登基，起初由一些摄政协理政务。后来海陵王将熙宗刺杀，夺得政权。据熙宗悼平皇后的传记记载，其夫最后一位摄政去世之后，她便开始大肆干政。她在皇帝面前作威作福，而熙宗为了压抑自己心中郁闷，则"纵酒酗怒，手刃杀人"。最终，熙宗杀死了皇后，后来又杀死四名妃嫔。翌日，"熙宗遇弑"。海陵王篡位后，追恕悼平皇后无罪，并降死去的熙宗为王。[6]掌权之后，海陵王便开始清理支持原有宗族等级制度的势力。他改进汉人的行政制度，用更为集权的统治取代了宗族等级。正如《金史》所载，海陵王喜欢宣传自己是一位信奉儒家的统治者。他喜好下棋、饮茶等汉俗，在大臣面前穿着缝补过的衣服以显其德，还要确保负责记录的大臣看到他这样做。海陵王与军士同吃劣等糙米，如果看到平民的车陷入泥中，他便会停下车帐，直至卫兵成功帮助平民脱困才继续前行。史官们对他深恶痛绝,在总结海陵王统治时将他描绘成最不道德、最没人性的统治者。[7]

继母劝阻侵宋

有关海陵王及其后妃的章节中,史官的大部分注意力集中在他的荒淫无度上,可史籍中有关他的第一件大事是他将继母处死。这位继母便是海陵父亲的无子主妻徒单氏。[8] 海陵王的生母大氏是渤海人。作为副妻,她产下三子,海陵为长。徒单氏反对海陵王谋杀熙宗,并在海陵登基时拒绝朝贺。海陵则决定暂不显露不满,在1150年将徒单氏及生母一同封为太后。然而,同年徒单氏生日,海陵王生母大氏为她祝寿时却发生了一件事。酣醉的徒单氏与其他宾客交谈,使大氏长跪不起。海陵本就对其生母品阶低于徒单氏颇有微词,这件事发生后,他便愤然离席,并下令鞭笞那天与徒单氏交谈的女性。他的生母起先不赞同这么做,可是海陵王告诉她现在时过境迁,他已称帝。后来,当大氏病笃,她仍求其子与徒单氏不计前嫌,并将徒单氏移至新都燕京(即今北京),海陵王同意了这一请求。可是当徒单氏批评他侵宋的计划之后,海陵王下令密切监视她,后来他又听说徒单氏对此计划颇多微词,便下令将其处死。海陵王告诉行刑者不要让她受苦。行刑者到达后,让徒单氏跪下受刑,再从后将其击倒。徒单氏爬起后,他们又将她击倒。最终,行刑者勒死了她。海陵命人将徒单氏的尸身烧化,并将骨灰撒入河中。后来他又下令处死了阿骨打的一位妃子,熙宗曾封她为太妃。海陵王的生母对这位太妃亦是恭敬有加,曾在皇家宴会中坚持让后者坐于尊位。海陵对此不能容忍,他中伤这位太妃,并最终处死了她和她的儿子。[9]

"淫肆蛊惑"

尽管人们常常批评宋徽宗挥霍无度，但没有达到隋炀帝及金海陵王那样的程度，更不用说像汉朝赵飞燕或唐朝武则天那样成为情色讽刺的对象了。《金史》开头说道，海陵王还是丞相时，"姜滕不过三数人"。即位之初，其妃嫔仍有序可言，但不久海陵王就变得"淫肆蛊惑，不可复振矣"。几乎没有哪位帝王的本纪像海陵王的那样，如此详细地描绘他与一名又一名女性发生的风流韵事，而每一段情事都是在前代史书中未曾见过的。这些女性抗拒他，蔑视他，甚至在海陵王下诏侍寝、威胁处死她们时仍是如此。[10]

海陵王纳娶后妃，中国皇帝亦是如此，可是前者并未按照常规纳聘。建立后宫通常需要花一定时间，尤其需要宦官及辈分较高的女性等人的协助，这些人本应预先为皇帝筛选女子，并不时为其加以引荐。海陵王采取的方式则更类似女真偷妻、拐妻风俗的变体。不过，如同史官们写的，这种方式往往导致一些尴尬甚至致命的后果。昭妃阿里虎揭开了故事的序幕。[11]作为十二位诸妃之一，阿里虎在海陵王称帝之前就已吸引了他的注意。那时她仍住在第二任亡夫家中。海陵王欲娶阿里虎，被她的公公拒绝了。登基三天之后，海陵王便下令阿里虎归宁，随后聘其为妃。阿里虎嗜饮，海陵王虽因此责备过她，可是她拒绝服从，并最终失宠。不过，阿里虎第一段婚姻中有一个女儿，名曰重节，海陵王亦将其诱奸。阿里虎知道后掌掴重节，并对其大加呵斥，这惹怒了海陵王。当他获悉阿里虎曾赠衣给前夫之子时，海陵王决定将阿里虎处死。可是皇后徒单氏率领一群妃子为阿里虎求情，最终说服了海陵王不计前嫌。

要是阿里虎没有犯下另一桩过错，海陵王有可能就把她遗忘了。十二诸妃的侍女按习俗要装扮成男孩，称作"假厮"，其中一个名叫胜哥。她与阿里虎同床共枕"如夫妇"。另一个宫女向海陵王报告了这件事，可是他并不认为这有什么过错，只是告诫阿里虎不要惩罚这位告密的宫女。可是阿里虎却下令将这名宫女鞭笞致死，使得海陵王再次决定要处死阿里虎，不过她的死期却因为海陵之子即将到来的生日而延迟了。得知自己死期将至，阿里虎每日绝食，并焚香祝祷，祈求获赦。一个月后，她已非常虚弱，陷入昏迷，这时海陵王的使者到来，将其缢死。[12]

令妇弑夫

史官贬斥海陵的一大手法是记录他无法让女性服从他的意志，阿里虎即为一例。与阿骨打一样，海陵有不止一位皇后。他的第二位皇后定哥受海陵所迫，杀死了自己的原配丈夫，不过据史书记载，定哥入宫之前两人便已有染。定哥本来是一名节度使的妻子，后来她收到海陵传信："自古天子亦有两后者，能杀汝夫以从我乎？"定哥起初拒绝从命，可是海陵王告诉她，如果她不弑夫，他将夷灭定哥一族。定哥惊恐万分，于1152年派出两个亲信将丈夫缢死。自此，海陵王对她恩宠优渥，并封为后。可是后来"海陵嬖宠愈多，定哥希得见"。一天，定哥见海陵王与另一位妃子同辇，她便对海陵大加辱骂，并吵嚷着要离开皇宫，海陵王却充耳不闻。

像阿里虎一样，海陵王本有可能将定哥遗忘，不过定哥与其前夫之仆阎启儿有染，史官称他们之前相"通"。阎启儿谐音"乞儿"，意为乞讨的男孩儿，这表明了他的奴仆身份。为了将阎启儿偷运入宫，定哥首先得与宦官斗智。她下令先运满满一箱内衣入宫，因为定哥知道宦官们在允许这些物品入宫前需要进行查验，不过他们肯定会被内中之物惊唬住。后来，宦官们果然搜了箱子，定哥随后威胁要将他们觑看宫女内衣这件事报知皇上。宦官们大惊失色，乞求饶恕。之后，定哥让阎启儿藏身箱中，从而顺利入宫，因为她知道宦官们再也不敢搜箱了。阎启儿在宫中待了一周以上，并穿着女装掩饰自己。不过，定哥的侍女将这件情事报告海陵王，随后他下令缢死定哥，并将阎启儿斩首。这位侍女则受到封赐。

有关海陵后妃的章节以纪实的方式推进，并未大肆说教，只是用那些令人瞠目结舌的细节加以记叙。定哥之后是她的妹妹石哥。石哥本是一位文姓秘书监之妻。海陵与石哥有染，并想与其同住宫中。文秘书监的母亲是其父的侍妾，海陵让她传话给她的儿子。文秘书监起初回绝，不过其母劝他不值得为了保住妻子而丧命。这对夫妇分别时相对泣下。海陵迁都燕京时，他将石哥与文秘书监一同带去，并召文秘书监入宫，"使石哥秽谈戏文以为笑"。[13] 接下来是耶律家族的弥勒。1150年，海陵王命一位大臣将弥勒奉上，不过这位大臣的父亲知晓弥勒已非处子，而海陵王若发现此事也会将其子处死。海陵王的确对这位大臣产生了怀疑，下令将其处死，并将弥勒赶出宫去，可是几个月后又重新召她入宫，并升为诸妃。那位被处死大臣的遗孀是弥勒的姐姐，海陵后来将她嫁给石哥的前夫文秘书监。不过正如史官所说，这发生在海陵王召其入宫"乱之"之后。[14]

何人更合卿意？

海陵王偷来的很多后妃都曾嫁给宗族中的显贵——前任帝王

及其兄弟的儿子与孙子们。海陵王将这些显贵处决,以巩固自己的统治。诚然,给竞争对手戴绿帽子本质上是暴君的行径,在情色文学中也是反复出现的母题。不过,海陵王命令其宰辅下达官方许可,使自己抢夺他人妻子的行为名正言顺,同时赐予被抢女子的娘家极高的荣耀。修仪高氏便是这样入宫的。虽然她位列九嫔,但海陵王最终还是将她驱逐。从悼平皇后控制熙宗的教训中,海陵王总是怀疑女性有干政的可能性。修仪高氏不该向海陵王提及关于自己娘家的事,她也因此被遣放回家。另一位则是本有婚约在身的察八。她亦是九嫔之一,还是阿骨打的孙女,位至昭媛。不过,当海陵发现她送礼物给原先订婚的男子时,他便将察八刺死,从城门抛下,并将传递礼物的侍女处决。[15]

  海陵王的女人中不乏拒绝臣服效忠之人,最极端的例子便是阿骨打的孙女莎里古真。她同时与其他男性有染,这令海陵大吃一惊。莎里古真恃海陵之宠报复其夫,并将夫君告上公堂加以笞挞,不过史书上并未说明她这么做的原因。海陵王喜欢做小伏低服侍莎里古真,此处《金史》对荒淫的一夫多妻制君主的描写几近讽刺小说,而这样的形象在后来的明清小说中则成为一个常见母题。传诏莎里古真入宫之后,海陵王会亲自等她。如果站得时间长了,海陵王就会坐在一个负责传信的宫女腿上。宫女曾经问海陵王为什么他要这么折腾自己,海陵答道:"我固以天子为易得耳。此等期会难得,乃可贵也。"关于莎里古真入宫之事,史书则是极尽情色描写之能事——海陵下令在地面铺上地毯,并与莎里古真裸身相拥,在地毯上嬉闹滚动。可是一日,海陵听说她在宫外的情事,气得说不出话来。谁人能够超越他这位真命天子?谁能更有才华?谁能给予莎里古真更多的快乐与欢愉?最终他还是控制住了自己,并告诉莎里古真不要对任何人提起他们的情事,如史官所写,因为海陵王"恐致非笑"。[16]

奏乐行房

接下来,《金史》延续了这种情色描写模式,但不像小说那样露骨。史书提到海陵王喜与侍寝诸人性交,有时还命奏乐。《金史》写道:

> 凡宫人在外有夫者,皆分番出入。海陵欲率意幸之,尽遣其夫往上京,妇人皆不听出外。常令教坊番直禁中,每幸妇人,必使奏乐,撤其帏帐,或使人说淫秽语于其前。尝幸室女不得遂,使元妃以手左右之。或妃嫔列坐,辄率意淫乱,使共观。或令人效其形状以为笑。凡坐中有嫔御,海陵必自掷一物于地,使近侍环视之,他视者杀。诫宫中给使男子,于妃嫔位举首者刐其目。出入不得独行,便旋,须四人偕往,所司执刀监护,不由路者斩之。

文中提及女性轮流作为妃嫔侍寝与海陵王使每位女子在宫中时都有暂时品阶的安排有关。当她们应召侍寝时,她们就待在相应品阶妃嫔的居所中。

还有一位侮辱了海陵王的女性最终被处死。叉察是海陵王的外甥女,其母是海陵王的姐姐。叉察前夫的哥哥被海陵王处死,海陵王欲杀其全家,包括自己的外甥女,太后劝他将叉察赦免。当海陵王要将她纳入后宫时,太后抗议道:"帝虽舅,尤父也,不可。"后来叉察改嫁他人,但海陵王仍强迫她离婚,将其占为己有。此后,叉察与另一位完颜家的男子通奸，海陵王发现后将那名男子处死，不过由于太后从中调停，还是放了叉察。当海陵王从叉察的家奴口中听说她对自己颇有微词时，最终下令将叉察处死。[17]

宦官、说书人、佞幸

海陵王在身边聚集了一些吹捧他的男人，其中最值得注意的是一名梁姓宦官和一位张姓说书人。据《金史》记载，金朝除了海陵王与章宗（1168—1208，1189—1208年在位）的统治期间，宦官并没有政治权力。海陵曾告诉一名宦官，自己对"宦者不可用"这种说法不以为然。他还特别欣赏后唐庄宗李存勖（885—926，923—926年在位）的宦官参谋张承业。[18] 海陵最为青睐的宦官是梁珫。海陵准备侵宋时，梁珫把前文中提到的宋高宗刘贵妃夸得天花乱坠。侵宋前夕，海陵命一名女侍（即之前他坐其腿上者）准备寝具，以待刘贵妃的到来。当然，刘贵妃最终也没有来。

海陵的另一位佞幸张仲轲既是说书人，又是伶人，还善调笑。史官们称其为"市井无赖"。一次，海陵王当着张仲轲的面与妃嫔行房，张仲轲"但称死罪，不敢仰视"。他是海陵王的开心果，也得到了普通伶人难以想象和企及的地位，海陵甚至咨询他对侵宋的意见。与梁珫一样，张仲轲盛赞宋高宗刘贵妃之美，不过张仲轲在海陵侵宋前就去世了。史官们在此之后又添上一笔，说他曾在海陵梦中求酒，后来海陵的确"遣使者奠其墓"。[19]

一部有关海陵及身边荡妇的明代小说

《金史》中的女性通过与其他男性有染来反抗、背叛海陵。晚明时关于海陵王的艳情小说则通过性欲旺盛及对海陵性能力不屑一顾的女性形象来拓展这一母题。这些女性有些从孩提时代便对床笫之欢兴味盎然，抑或对自己的原配夫君不甚满意，继而渴望与海陵王有染。她们觉得海陵比自己的丈夫强健，但让海陵丧气的是，她们还能找到比自己更有才华、更强健的男人。小说作者对《金史》的某些部分逐字抄录，但也添加了虚构成分，将海陵王变为荒淫的一夫多妻者的夸张肖像。这部小说有两个版本存世，较短的《金海陵纵欲亡身》更加为人知晓。这部话本的匿名作者运用了小说的常用技巧以区别于史家，例如延迟情节以制造悬念，增添想象出的补白。这部话本中充满了风趣的内容与无礼的挑逗性语言，这些都是正史无法容纳的。除此以外，《金史·后妃传》假设读者熟悉史书其他部分的内容，而话本作者则不得不补充这些信息，从而使自己的创作独立成篇。

通常情况下，荡妇在中国文学中不会成为主角，可是由于这些女性对海陵王的仇恨与蔑视，她们反倒成了金史及明代小说当中的女主角。《金史》中，阿里虎甚至在海陵王勒令其停止饮酒后仍然纵饮。她不但掌掴与海陵行房的女儿，给自己前夫的儿子送礼物，还与侍女同寝。以定哥为例，当海陵王对她不再感兴趣时，她便与自己的奴仆通奸。明代的小说将阿里虎这个人物塑造得更为丰满，提及她儿时便对其父与姜室行房时用的春药及性具颇感兴趣。阿里虎从侍女处了解了交媾之欢——从侍女那里知晓性事或受其引导而做爱是晚明及之后小说戏曲中的常见母题。后来，阿里虎与其第二任夫君"日夜"行房，致使其夫因此丧命。由于阿里虎过于淫荡，她的公公将其关在屋中。不过她仍设法得知海陵王耽溺女色，并传密信给他。海陵王即位之后，阿里虎则成功受诏入宫。[20]

以弥勒为例，史书仅仅记载当她入宫之时，海陵发现她已不再是处子之身。而该艳情小说则编出一个理由：弥勒十岁的时候，她与邻家十二岁的男孩交媾。小说问道：这样的事怎么能发生？随后解释，"看官们有所不知"，在北方，父母们对性事更为开放，"他们（译按：儿女们）都看得惯熟了"（8a 页）。至于定哥，她在小说中告诉侍女自己对夫君的不满，之后很长一段情节都围绕着海陵如何将她诱奸。除了记录海陵的性征服，作者只是写了一部不雅的小说，说教之旨更是暂时抛诸脑后。

至于海陵刺死的察八，明代的小说则运用寂寞宫女的传统母题，将她描绘得温柔哀怜。她作诗一首，史传中却对此未载。诗中以妃嫔题诗红叶的著名故事为典。典故中红叶飘出宫中，碰巧被一个年轻文人拾得。之后两人开始了一段情缘，最终皇帝还妃嫔自由，从而使两人终成眷属。诗中的言外之意在于说明海陵王将女性据为己有，并禁锢她们，而这个典故中的帝王则释放了他的妃子。[21]

接下来的情节则与两名性欲超过海陵的女子有关，她们是莎里古真、什古。女性欲壑难填是明清小说的常见主题之一，但在正史类文献中并不多见。在史实的基础上，小说添枝加叶，描写海陵王"竭尽精力，博得古真一笑"。后来海陵王获悉莎里古真在宫外与其他男性有染之后，莎里古真则嘲笑他道："我只笑尔无能耳。"（42a—43a 页）《金史》只说什古青春不再后，海陵王讥讽她逝去的容颜，但是小说中则进一步补充，她曾是一位夜驭二三女的雄壮将军之妻。将军战死沙场后，什古便与他的手下交欢，这个手下不得不借助春药以支撑整晚（43b 页）。海陵王听说了什古的高超床技后便派人召唤她，但什古则说她夫君的阳物要比海陵的大得多（44a 页）。海陵王盛怒之下斥之为残花败柳，并将她赶走。[22] 小说中海陵王不仅气势弱于什古等女子，也不如那些曾经与什古有染的男子。《金史》并没有明确指出这些男子是谁，不过小说中却说他们都是达官贵人，在文学与性事上都能力出众。这些男子的修养衬托出海陵的野蛮、无能。[23]

小说中描写的露骨与怪诞符合明代艳情小说的标准，例如夫妇在他人面前行房，抑或人们争相较量床上功夫及阳物大小、能力等。十五世纪左右，这种描写便已经开始出现，十六、十七世纪篇幅则变得更长，也更露骨。"市井无赖"张仲轲在小说中的设定更不堪，更怪诞，"其舌尖而且长，伸出可以舔着鼻子"。张仲轲曾在海陵王的阳物上系一根绒绳，他选中哪位女子，就将海陵王引领至那名女子面前，然后站在海陵王身后助其抽送（48a 页）。当海陵王说要看张仲轲的阳物时，他不得不将张捆住才能一窥究竟，发现其阳物"仅有海陵三分之二"。在场众人，包括那些女性，全都大笑起来。张仲轲的阳物因此"萎缩不举"（49a 页）。此后，海陵王开始根据阳物大小给大臣排名，《金史》对此并无提及，只是记载海陵王让张仲轲及其他人脱下衣服，以便自己观看他们的裸体。小说后来讲述了海陵王如何一心侵宋，意图俘虏刘贵妃，接下来提及乌林答夫人自杀，最后则是海陵被刺。晚明读者大概不会忽略海陵是女真人这一事实，因为此时同为女真族的满人已经开始威胁明朝边疆，并在不久的将来取而代之。[24]

自杀不从

要拒绝海陵王的传诏只有一种办法，那就是自杀。海陵王的继任者是他的堂弟乌禄，庙号世宗（1161—1189 年在位）。海陵王传诏其妻乌林答氏时,乌录还是济南府尹。乌林答氏对其夫说道:"我不行,上必杀王。我当自勉,不以相累也。"遂自杀。这也是《金史》两章后妃传中第一章的结尾,这实际上也标志着海陵王作为皇家一夫多妻者叙述的截止。这种结束方式遵循了前代史书中以自我牺牲的女英雄结束荒淫统治者相关叙述的模式。女英雄对这类君主的蔑视呼应了史官对荒淫君主的深恶痛绝。结束了海陵的相关叙述,第二章则以有关乌林答更为充实的叙述开篇,将其描写为一位睿智、贤德的女性,并记载其建议世宗向海陵王进献许多礼物以求自保,赢得海陵王的信赖。在诞下后来成为太子的儿子之后,乌林答氏又帮助自己的夫君选择其他女性,以诞下更多子嗣。接下来便是关于她自杀的叙述。一些卫兵护送她前往海陵王的住处,并对她严加监视以防其自戕。不过他们最终没有成功,乌林答氏趁他们不注意便自尽了。几年之后,1171年世宗在为太子庆生的宴会上饮酒时,满含泪水地称赞乌林答氏:"朕所以不立中宫者,念皇后之德今无其比故也。"[25]

太子迎娶聪慧女学生

与海陵王后妃留下的印象相反,金朝的后妃受教育程度很有可能较高,其中就包括世宗原太子,即乌林答氏之子的主妻与一位嫔妃,不过这位太子后来去世了。他的主妻是世宗的继任者章宗的母亲,她以好学著称。世宗太子的另一位妃子姓刘,她儿时便以聪敏为人所知,也是未来宣宗的生母。世宗将刘妃引见给自己母亲后才诏其入宫。世宗之母就是上文提到的那位不嫁夫君兄弟而出家为尼的遗孀。[26]

不过,另一位受到良好教育的女性则利用她的才华来引诱皇帝。仿照汉族宫廷制度，金朝宫廷也将女性分等，章宗的主妻在其继位之前便已去世，一名宫廷女子成了章宗的宠儿。她名叫李师儿，出身卑微，她的家族由于一些未说明的罪行而没入宫籍监。还是女童时，她便与其他宫中妇女随朝廷指派的张姓教师学习。按照规定，这位教师需要用纱帐将自己与这些女性隔开，以防瞥见她们。金朝宫廷这时已然采用了汉人的性别隔离规范。如果一名女学生有疑问，她需要透过纱帐将问题给老师看，而老师则需从纱帐另一边予以解答。李师儿聪敏异常，脱颖而出。尽管张姓教师从未见过她，但却记得她的声音。章宗还未继位时便喜好文学。他询问这位教师哪一名女子最为聪慧，并从他那里听说了李师儿。一位宦官盛赞她，并怂恿太子纳其为妃。史书说她"慧黠"，知道如何操控太子的感情，太子"遂大爱幸"。她的哥哥本是强盗，但之后却与弟弟一道在宫中权倾一时，这都要归功于李师儿的高位。章宗曾想立其为后，不过依金朝旧例，皇帝只能册立来自显赫部族的女子为后。最后，章宗封李师儿为元妃，这也是诸妃中的最高品阶。[27]

章宗的另一位宠妃并未载录于《金史》之中，她便是郑宸妃。郑宸妃于诸妃中排名第六，据说亦"慧黠"。她通过音乐与善饮取悦章宗，使皇帝沉迷流连。她甚至拦截军事失利的消息，并称这些消息是好祸之人捏造出来使皇帝不得安宁的。结果，章宗丧失了忧患意识，不再上朝听政，让郑宸妃坐在自己腿上签署朝廷文件，发号施令。这个故事听起来与陈后主（553—604）宠妃张丽华的故事很像，因为张丽华也曾坐过陈后主的大腿。这一巧合是否是金代历史作家用来描绘荒淫君主的一种修辞手段？[28]

下一位皇帝的继位则充满了复杂的阴谋，而李元妃（李师儿）

被指参与共谋。尽管李师儿、章宗的主妻及其他妃子都为他生育，但他的儿子们都没能活到成年就夭亡了。1208年章宗死前似乎想让其叔父卫王完颜永济（1208—1213年在位）继承王位。李师儿联合宦官及一位高官伪造了章宗遗诏，下令立永济为帝，卫王永济从而掌权。这份遗诏规定，如果章宗两位怀有身孕的妃子只产下一个男孩，这个男孩就成为太子，如果两人都产下皇子，则择其优者立。当其中一位妃子宣布流产，而另一位贾姓妃子还未产子时，这一阴谋进一步加深了。两个月以后，宫中宣布李师儿与贾姓妃子领命自杀，因为二者都参与了贾妃假装怀孕、企图用李家之子冒充的篡位阴谋。李师儿被指在章宗驾崩前便捏造贾妃有孕，之后便可以找人假充太子。可惜章宗去世过早，李师儿的阴谋随之流产。据说李师儿曾施术使其他后妃的儿子无一幸免。1213年卫王被手下将领刺杀之后，整件事又增添了最后一层曲折。宫中宣布贾妃受到了不公的指责。由于证据不足，李师儿自杀后，她被流放的家人得以返乡。卫王则成为金朝第三位死后被降为王的皇帝。[29]

被母后鞭笞的太子

卫王治下，1211年金朝受到成吉思汗麾下蒙古大军的第一次入侵。1215年，成吉思汗已将金朝逼至南都汴京（开封）附近，金朝领土此时只有一省大小。卫王之后，章宗的兄长完颜珣（1163—1224）继位，是为宣宗。1214年宣宗君临汴京，整个皇室直至金朝灭亡都待在那里。此时有两位姐妹后妃脱颖而出。宣宗的第二位皇后王皇后无子，其姊1198年诞下完颜守绪，是为金朝末代皇帝哀宗（1198—1234；1224—1234年在位）。王氏1214

年称后，一年之后由于原太子不幸身亡，其姐之子被立为太子。[30]哀宗1224年继位后，两姐妹一起成为太后。大姐"性端严，颇达古今"。其子被立为太子后，她还勤加教诲，"及即位，始免楄楚"。哀宗曾宠幸一名宫女，并欲立其为后，可是他的母后并不赞同，因为这名宫女出身低微。哀宗被迫驱逐该宫女，并令她嫁给出宫后她与随行之人遇到的第一个男人，最终她委身一位卖缯者。有一次，一名点检要教哀宗骑马击球，他的母后加以制止，并告诫大臣应辅佐皇帝治理，而不是教他游戏。1231年哀宗生母驾崩，1233年汴京陷落。之后后妃们北迁，消失在历史的长河中。1234年哀宗自戕而死。[31]

女德说教

《金史》以一段简短的关于"妇学"与德、言、容、功女子四德的道德训诫结束了后妃传。这一段说教通常置于《后妃传》的开头与结尾，不过在有关海陵与章宗的叙述之后，存在这么一段文字则显得格格不入。贤德之妇应依附于有德之君，然而金朝则缺乏有德之君。女子四德的定义如下：一名女性如果没有展现超常的才华与智力，她的品德便会出众；她应该忠贞、谦逊、温和。如果她不直言不讳、伶牙俐齿，反而言语节制，只在适当的时候才说话，她的言语就很出众。一名女性的容貌不应追求极致之美，而应整洁、干净、得体。在待人接物中，一名女性不应争强好胜，力图超越其他女性，而应勉力勤奋、井井有条地练习女工，招待宾客。史官们接着写道，周代初期之后，"妇学"逐渐衰微。美貌被用来决定品阶与权力，阴谋与诡计被用来毁灭对手，女性炫学以固宠，不论她们做什么，都是试图独占帝王的注意力。史官们举出金朝中最为不堪的三例：悼平皇后干预朝政，海陵王耽溺女色，李元妃欺君罔上、密谋操控皇位之继承。[32]

　　与海陵王相比，几乎没有更露骨的关于君王荒淫的描写了。这样一个男人统治的时候，自杀是唯一的反抗方式，女德有什么用？如果君王的冲动只限制在其宠幸的那些人身上，抑或资历较高的女性或男性顾问仍能像宋朝那样掌控皇帝，那么这是一种情况。可是，如果君王的冲动泛滥成为不顾后果、代价非常的野心，并且他看起来不能克制自我，那么这就向很多人发出了一个信息，那就是必须除掉这位君主，所以海陵最终在侵宋的途中被人刺杀致死。

元　朝（1271—1368）

　　横跨中国、俄罗斯及东欧的巨型帝国是在铁木真的积极努力、殚精竭虑下建立的。后来铁木真称成吉思汗（意为"汪洋圣主"，1162—1227），他也是历史上另一位最为著名的蒙古人忽必烈汗（1215—1294）的祖父。1215年，成吉思汗从金人手中夺下今日的北京，1234年蒙古人彻底击败金朝。忽必烈自1259年开始统治蒙古，并于1271年建立元朝。1279年，忽必烈覆灭宋朝，从而统一了分裂逾一个世纪的中国南北，使中国成为当时世界上最为富有、领土最大的国家。蒙古人的行政系统庞大，所以他们也寻求契丹、女真、汉人、维吾尔人、朝鲜、波斯等族群的帮助。元朝实行多语行政，并有自己的一套字母体系。他们取消了科举，即便科举于1313年恢复后也没有成为进入官场的主要渠道。元朝还限制科举选官时汉人的名额，非汉人则担任最重要的官职。后者执行政府公务时未必讲汉语,这也导致众多汉族男性担任官职的权利被剥夺。这一点在结合元朝性别历史的两个重大变化后,变得格外重要。这些变化包括建立孀妇守节行为的奖励制度,以及对女子自我牺牲的美化与褒扬。下文将对此详加讨论。

1266年忽必烈定都大都(今北京),此后不久,1275年威尼斯商人兼旅行者马可·波罗(1254—1324)抵达中国,并认为忽必烈是历史上最伟大的君主。可是,元朝持续时间相对较短,只维持到1368年。忽必烈之后,元朝的帝王走马灯似的换了一个又一个,其中大部分只统治了几年。王位继承往往充满暴力且无常。嫡长子继承制仅仅在英宗硕德八剌身上和平实现过一次,他在1320年至1323年期间为帝。女性在皇室政治中扮演了重要角色,尤其是忽必烈汗的母亲唆鲁禾帖尼、武宗海山与仁宗爱育黎拔力八达的生母答己,以及文宗图帖睦尔的妻子卜答失里。她们推举自己的儿子,决定继位大事,并负责权力与财富的分配。《元史》作为元代皇室女性信息的来源,比其他史书编纂更为仓促,甚至并未达到一般标准,但是从史料的角度看,《元史》仍不可或缺。《元史·后妃传》篇幅较短,写法正式,大部分缺乏故事性叙述。可能的情况下,《元史·后妃传》必须以其他中文、蒙文材料和波斯、欧洲人的叙述为补充参照,其中当然包括马可·波罗的描述,不过我将主要以英语世界的相关研究为依据。[33]

孀妇守节的盛赞

蒙元帝王的皇后来自各族各部,从而避免只与其中某一个部族建立单一关系。与契丹、女真一样,蒙古精英阶层也实行一夫多妻,并可以拥有多位妻子及多名妾妇,不过元朝皇帝作为中原霸主，则更倾向于效仿汉人只立一名皇后的习俗。原则上讲，首妻资历最高，只有她的儿子能够继承统治。其他妻子尽管品阶较低，却并非像汉人的小妾那样地位卑微。如同契丹、女真，蒙古男性也会从敌人那里俘虏妻子，付钱买妻，或是通过转房婚从兄长那里继承嫂子，这些都是常见之事。有时候，男女相见并达成共识后双方才结婚，但在其他情况下则是通过长辈安排而结合。如同其他内亚人，蒙古的精英女性在政治、军事决策中扮演重要角色。蒙古的后妃及其他皇室女性可以公开上朝，不像宋朝皇后那样需要屏障遮掩。[34] 皇后们通常控制被称为"鄂尔多斯"的整片区域，她们还拥有大量财产。不论是后妃或是蒙古的其他女性都从未缠足，而此风当时正于汉人间兴起。她们在行动及社会交往上也并未像汉族女性那样备受限制。蒙古女性是技艺精湛的匠者，她们积极参与骑马射箭，有时甚至在战场上冲锋陷阵。

中国性别史上最为重要的一个变化发生在元朝，即盛赞孀妇守节。丈夫死去的遗孀，如果在夫家终其一生，她们便会得到嘉奖。如上一章提到的，这种变化在宋代便已开始，但是在元朝得到进一步发展巩固，因为元朝严厉惩罚通奸，积极推行妇节，这些政策与转房婚习俗都是以保护家庭作为完整社会、经济单元为原则的。以蒙古人如何处置女性的婚外情为例，如果一名女子与非家庭成员有染，她受到的惩罚将比与亲戚有染更为严重。与之相反，汉族女性与外人通奸并没有与娘家或婆家人通奸那样严重。不过，元朝发生了一些变化，一项新法条规定，如果丈夫发现妻子与人通奸，他便可以将二者杀死（在蒙古人内部，不论男人或是女人通奸，都可以就地正法）。与之类似，另一条元朝法条规定，遗孀或离婚女性的财产，包括她的妆奁在内，都归其原先夫君的家庭所有。汉族女性保有妆奁及其他财产的习俗由来已久，这也使得再婚不仅有一定吸引力，并且真实可行，尤其是对那些妆奁丰赡的精英女性而言。不过此时这已不再可行。这些新法条在帝制中国的法律传统中固定下来，甚至在蒙元灭亡后仍绵延不断，直至帝制结束。

这些变化来自蒙古与汉族价值观的融合。蒙古人价值观的另一体现则是新郎需要付一笔聘金才能娶到妻子，从而将拥有其身体与劳力的权利转移至新郎家，即使她成为孀妇，这种转移仍然有效。[35]除此以外，像亚洲内陆其他部族一样，蒙古人也有转房婚的习俗，即弟弟可以在哥哥死后（或儿子可以在父亲死后，侄子在叔伯死后）迎娶死者遗孀。人们希望甚至强迫孀妇再嫁，不过必须在同一家族范围之内。遗孀与娘家的联系微弱，甚至根本不联系。与之相反，同样处境的汉族遗孀通常会返回娘家，并且如上文提到，可以合法带走其妆奁及其他财产。尽管汉族至少从汉代以来就已经重视孀妇守节，并且在宋代道学的风气下对此反复重申，但是遗孀从皇室公主（但从不是皇后）到精英女性，抑或平民女子，都常常再嫁。元朝的新法条通过禁止遗孀将其妆奁从婆家带走，反映了蒙元对于家庭经济稳定性的强调和重视。然而，针对与汉族精英价值观格格不入的转房婚，元朝公开奖励孀妇守节，标举那些终其一生都待在亡夫家中的遗孀。她们不能被迫再婚，并且一旦改嫁，不但会名誉扫地，还要承担经济风险。总而言之，新法在遗孀本人及其财产待在婆家这一点上反映了蒙元的价值取向，同时又巧妙地与宋朝道学对女性忠贞的强调相吻合。蒙古人及汉人在重新定义的孀妇守节形式上达成了共识，正如詹妮弗·霍姆格兰（Jennifer Holmgren）写道的，"这是保护社会不完全蒙古化的一种妥协"，也保证了"在不激起被统治阶层社会动乱的前提下，对蒙古习俗的遵守"。随之产生的便是关于女子守节的一系列详尽复杂的规矩及奖励机制,明清两代不但延续这些机制,还对其加以扩充。[36]

女性的自我牺牲

之后的朝代几乎没有女性像她们的宋元先驱那样在政治中扮演重要角色。孀妇守节与再嫁的变化对于元代皇室女性几乎没有任何影响,而是主要针对底层社会。然而,这些变化对后世女性则影响深远,其中也包括皇室女子。这些变化体现在不同的层面。如第一章中提到的,用柏文莉的话讲,九世纪至十四世纪见证了"女性的进一步商品化"。禁止孀妇再嫁虽然对女性有所限制,但却有利于防止她们被迫离开婆家成为他人的妻子、妾妇、侍女,甚至娼妓。由于对孀妇守贞的新的重视,死去夫君的亲属们更愿意让她们留在婆家。孀妇守节亦与更为广泛的女性自我牺牲观念相联系,尤其体现在那些宁可自杀也不失身于契丹、蒙古入侵者的汉族妇女身上。最后,孀妇守贞及女性自我牺牲脱离了本身的语境,成为金元时期汉族精英男性用于自身的暗喻。这些男性由于战争失败及不能参与政治活动而被剥夺权利,却在女性忠贞以及自我牺牲上找到了等同的隐喻。换言之,女子殉难及孀妇守节成为吸引汉族男性,尤其是知识分子的具有普适性的忠君爱国典范。知识分子们在作品中对于女英雄与遗孀的赞誉与日俱增,这样做成为隐秘表达对宋朝的忠心及对外族统治者反抗的体现。

然而,正如关于孀妇守节的法条一样,这种趋势与对女子自我牺牲的赞扬形成了一种特殊的结合。从元朝的角度看,褒扬嘉奖遗孀增强了王朝的荣光及其施行汉族式政权管理的合理性,树立起王朝在人民中褒奖楷模的形象。从汉人的角度看，汉族男性可以通过赞扬孀妇获得社会尊重，并且在物质层面上他们还能获得奖赏，从而有钱可以免除徭役。以前汉人家庭只能通过参加科举或担任官职来免除徭役，但是这些途径此时已经不再可行。[37] 不论动机如何，嘉奖孀妇守节的次数比前代要多出很多。对于后妃而言，模仿英雄女性、忠贞孀妇与干预、主导朝政的女性历史经验（至少是人们感知到的历史经验）相结合，使得明清女性参政的可能性大大减小。明清两代除了清末，没有一位临朝称制的后妃。换言之，对于孀妇守节及女子自我牺牲的褒扬鼓励与将女性限制在家中担任母亲及妻子角色的愿望相互契合，成为将她们与参政干政分离开来的更为平和安全的方式。

推举儿子的母亲们

女性在宋元国家及家庭政治中扮演的重要角色原因各不相同，因为两朝的性别规范迥异。例如，与忽必烈同时代的蒙古女子忽秃伦便曾挑战追求者，与其一起摔跤，并多次获胜。最终，她自己选择了夫君，并诞下两子，同时还继续同自己的父亲一道参与军事行动。忽秃伦可能并非普通的蒙古女性，不过她代表了对汉族政权而言非常陌生的各种可能性，并有利于解释女性在元代皇家政治中的突出地位。我们再举一例。成吉思汗认为自己的儿子不称其位，便让四个女儿成为各自领地的郡主，并宣布她们与自己的夫君地位相同。这两个例子都表明了突厥化蒙古人重视强调父母双方系谱传承的价值观。后来的蒙古裔统治者帖木儿（1405年去世）通过迎娶成吉思汗一系的女子来确立帝国的正当性，并下令自己的儿子也依例而行。当然，比起女性，蒙古人更青睐男性领导者，并在这一点上从未动摇。而任何汉族政权中女性都有可能扮演重要角色，尤其是涉及政治联姻及继承问题时。不过十三至十四世纪时，蒙古贵族女性推举儿子并自身参与政治的方式则是蒙古传统中特有的，我们因此可以看到关于唆鲁禾帖尼、察必、答己、卜答失里的事迹。[38]

忽必烈之母唆鲁禾帖尼

没有任何元代历史的版本会不提及忽必烈的母亲唆鲁禾帖尼（1252年去世），尽管《元史》对其所言甚简，而意大利语、波斯语及希伯来语的其他文献则对其盛赞有加，一位波斯历史学家说她"屹立于全世界女子之上"。她是成吉思汗敌人的侄女，在战争中成为战利品，并在1203年嫁给成吉思汗的儿子拖雷（1232年去世）。拖雷死后，其兄窝阔台（1186—1241），即成吉思汗的第一继承人，试图安排唆鲁禾帖尼改嫁，可是她拒绝了。相反，她要求得到汉族农民在北方占据的一片区域作为自己的领地。与部族的其他成员一样，她信仰景教，不过她也奉行蒙古萨满仪式，并崇尚宗教宽容。她养育儿子时便培养他们成为未来的领袖，并聘用汉族顾问来治理自己的领地。1241年窝阔台驾崩时，其妻脱列哥那临朝五年，直至她成功击败其他势力，辅佐自己的长子贵由（1248年去世）称帝。脱列哥那之所以可以临朝是因为根据蒙古习俗，一家的男主人去世后，遗孀要替他掌家，直至其子或其夫的男性亲属被选为领导者。贵由死后，唆鲁禾帖尼同样成功地将自己的儿子蒙哥送上大汗之位，蒙哥也是最后一位统治整个欧亚帝国的君主。1252年唆鲁禾帖尼去世，1259年蒙哥驾崩，一年后其弟忽必烈当选为大汗，不过忽必烈并未受到整个蒙古联盟的支持。如果没有唆鲁禾帖尼的努力，成吉思汗家族也不会成为元朝皇家的主干。

唆鲁禾帖尼拒绝改嫁阐明了转房婚的另一功能。如上文所述，这种制度不仅能将财富保有在家庭之内，也是一种政治策略。窝阔台试图将唆鲁禾帖尼嫁给贵由，目的便在于使自己的后代与拖雷的后代建立紧密联系，否则拖雷的子嗣便有可能挑战窝阔台后代的权威。拖雷去世时，唆鲁禾帖尼与她的儿子们正好受到贵由青睐，直到贵由死后，裂痕才开始出现。唆鲁禾帖尼拒绝改嫁的决定，也显示了对当时的精英女性而言，转房婚并非强制义务，她们可以选择相对独立，从而推举自己的子嗣成为领袖。不过在其他情况下，转房婚的确适用，辈分较高的妻子会嫁给亡夫家族更为年轻的男性亲属。元朝灭亡后很长时间，十六世纪时还发生了一个极端个例。一位蒙古大汗的遗孀嫁给了自己丈夫另一位妻子（已去世）所生的长子，之后又嫁给了这位长子的儿子和孙子。这一切都是为了家族各支系之间的政治稳定。这一特例及其他类似事例发生的一个主要因素在于，根据蒙古习俗，长子继承政治权力，而幼子（其母在上述案例中嫁给了长子）则继承家庭财富。转房婚有利于弥补这项习俗偶尔导致的家庭裂痕。然而，一旦蒙古人采用了汉人的一夫多妻及嫡长子继承制，并在妻子与儿子之间实行更为严格的等级划分，转房婚则变得越来越不可行，而孀妇守节成为他们更为倾向的选择。[39]

察必与忽必烈的妻子们

据马可·波罗记载，忽必烈有四位皇后及成百上千的妃嫔。而《元史》记载，他先后只有两位皇后。有可能像其他蒙古大汗一样，忽必烈有四位妻子，不过遵循汉俗，只有主妻封后。每位妻子都有自己的鄂尔多斯，或者用马可·波罗的话说，"一个特殊的皇廷，富丽堂皇，极为奢华；每位妻子都有至少三百名皮肤白皙、风姿妖娆的侍女"。马可·波罗为蒙古宫廷的巨大与豪华所震惊，他在那里目睹了在欧洲从未见到的事物，尤其是皇家成员的一夫多妻。他被忽必烈的后宫所吸引，并写道：

> 每年有一百位最美丽的少女……会献给大汗，大汗会安排她们服侍一些宫中较为年长的女性。这些年长的女士与少女们同寝，以检验她们的娇喘是否甜香，是否打鼾，以及四肢是否健全。这些通过检验的美女各个方面都十分优秀，她们被指派轮流服侍帝王。如此，六名少女轮流服侍三日三夜。皇帝入房她们便接待，上床便侍寝，完全从命，百般旖旎。三昼夜结束，另外六名少女便来轮值。整年下来，少女们每六个为一班，三昼夜一轮换。

他的描述有可能出于幻想或来自不可靠的消息来源，但是其他时代的宫廷也有类似的筛选程序，正如下一章关于明朝的讨论中将要提到的。[40]

中文文献提到了忽必烈的两位妻子。首先是察必（1281年去世），她是一位影响深远的顾问。察必原本是忽必烈的次妻，1259年忽必烈主妻去世之后她便取而代之，并在《元史》及其他文献中享有盛誉。尽管察必信奉藏传佛教，但她与唆鲁禾帖尼一样，推行宗教宽容政策。蒙哥去世，忽必烈南征与西南方的宋朝对抗时，察必做出了重大贡献。忽必烈当时并不知道蒙哥的弟弟及其他人正在密谋篡位。察必阻止了这些篡位者，并派人通知忽必烈。最终，忽必烈及时返回，保住了汗位。《元史》的汉族作者们尤其欣赏她对非蒙古生活方式的容忍与推行。忽必烈批准将汉人在大都附近的农田改为蒙古马匹的草场时，察必加以谏阻，后来皇帝收回成命。这一举动的重要性与蒙古十三世纪早期以来便施行的对中国北方的破坏有关。这些破坏行为使得北方经济急剧下滑，汉人生活贫困。忽必烈注意到这些问题，并从十三世纪五十年代开始大规模恢复经济。[41]

　　察必亦因节俭著称，史官们尤其重视皇室女性的这项美德。她曾令宫女拿来陈旧的弓弦，并将其编织成衣，还把老羊皮织成地毯。汉族的立传者还赞扬她对覆灭的宋朝富有同情，尤其是得知元朝军队劫掠宋朝的皇家陵园与宫殿时更是如此。1276年宋廷投降，在一次宴会上，察必闷闷不乐并告诉忽必烈，宋朝的灭亡让她明白没有一个王朝能够持续千年。当忽必烈赐给察必从宋朝皇廷中拣选出的宝物时，察必什么都不想要。她对宋朝北迁的两位皇后非常友善，尽管忽必烈拒绝了察必使她们南归的请求。1281年察必死后，南必于1283年成为皇后，并陪忽必烈走完了他生命的最后几年。忽必烈嗜饮、过胖、有痛风，并且精神不振。察必育有四子，长子真金（1243—1286）是忽必烈最喜爱的首选继任者，但是真金不幸去世，他的儿子铁穆耳成为继位者。我们对南必的独子一无所知，对忽必烈第三与第四位妻子的七个儿子也是如此。忽必烈的两位主妻及其他妃嫔为他生下了很多女儿，只有两位吸引了汉族史官的注意。一位出家为尼，另一位则远嫁高丽。[42]

元朝后期的强权女性

　　元朝皇子及其他蒙古氏族，与忽必烈建立的汉族官僚体系的大臣之间反复出现冲突。妇女们继续推举她们的儿子，在答己的例子中，她的两个儿子甚至代表了相对抗的势力。随着时间的流逝，官僚体系更为频繁地倾轧皇族成员，尤其在继承问题上更是如此，因为处于中原的官僚系统所支持的继承者与身处戈壁的传统势力选定的候选人往往不同。以下三朝中有三位女性卷入了此种冲突，即阔阔真、卜鲁罕、答己。[43] 首先有必要回顾一下忽必烈统治时期及其继承者的任命。1285 年，首选继承人真金死后，忽必烈对于新继承人的人选一直犹豫不定，不过最终他还是将印玺交给了真金的酒鬼儿子铁穆耳。朝廷官员及真金的主妻、铁穆耳的母亲阔阔真（1300 年去世）的合力支持才使帖木儿成功继位。[44]

　　铁穆耳即成宗（1294—1307 年在位），他不但酗酒，还患有慢性疾病。1299 年他的首位皇后去世，另一位妻子卜鲁罕称后并开始参与宫廷政治，因为铁穆耳疾病缠身。次年，阔阔真驾崩。尽管史官不喜欢卜鲁罕，但他们还是评价她决策"平允"。卜鲁罕从朝廷中驱逐了两名臭名昭著的汉族腐败官员，并持有大量财产，于 1305 年将自己的儿子立为太子，并把所有竞争者从都城中赶出去。可是一年之后，其子过世，铁穆耳也于 1307 年驾崩，却并未留下子嗣。一场暴力争斗随之而来。其中，卜鲁罕支持铁穆耳的堂兄弟阿难答，并欲临朝称制，不过，最终胜出的是铁穆耳的两个侄子：真金的孙子海山与爱育黎拔力八达兄弟。身处戈壁的海山那时刚刚赢得巨大影响力，而以推崇儒家价值体系著称的爱育黎拔力八达则攻入皇宫，逮捕了卜鲁罕及其选定的太子。[45]

　　此时，元朝历史上最具影响力的女性之一出现了，她就是海山与爱育黎拔力八达的母亲答己（1322 年去世）。她在两个儿子中抉择，决定让年长的海山先行统治，是为武宗（1307—1311 年在位），之后由爱育黎拔力八达继位，是为仁宗（1311—1320年在位）。1322年直至答己去世，在二帝及其继承者治下，她都是幕后的主导力量。在爱育黎拔力八达统治期间，她不断操控皇帝，并私下分配财富与官职，并提拔元朝最有权势的大臣之一铁木迭儿。爱育黎拔力八达试图进一步依照汉族体系加强中央集权，并削弱亲王权利，但是他从未逃出母亲的掌控，也没能摆脱其母通过铁木迭儿施加的影响力。之后爱育黎拔力八达的儿子硕德八剌顺利继位，是为英宗（1320—1323年在位）。英宗治下，答己与铁木迭儿继续统治，直至这位元朝迄今为止最年轻也最没有经验的皇帝开始反抗他们。答己试图推翻英宗统治，但却没能成功，并最终身死。铁木迭儿亦是如此。此后，硕德八剌将他们的派系成功摧毁。[46]

可是当1323年铁木迭儿的义子、硕德八剌皇后的兄弟铁失刺杀了皇帝之后，答己的影响再次浮现。铁失的共谋者包括被硕德八剌打压的亲王们。这是爱育黎拔力八达即位后便开始的权力角逐的另一显例。谋反者们立真金的孙子也孙铁木儿（1323—1328年在位）为帝，是为泰定帝。泰定帝随后处决了铁失，可是他的统治期很短，三十五岁便驾崩了。随后而来的便是以战争形式展开的元朝历史上最严重的继承危机。这场战争在海山的两个儿子之间爆发，并以图帖睦尔（1304—1332）的胜利告终，是为文宗（1328—1332年在位）。他精通汉文，与宋徽宗一样，诗、书、画皆通。其妻卜答失里（约1340年去世）是元朝历史上又一位有影响力的女性。图帖睦尔二十八岁便驾崩了，卜答失里随后卷入权力斗争并胜出。这场内战也选出了元朝第十位，也是最后一位皇帝，即1333年继位的、海山十三岁的孙子妥欢贴睦尔（1333—

1368年在位）。图帖睦尔与妥欢贴睦尔都是软弱君主，是被权臣，尤其是广为憎恶的伯颜摆弄、操控的傀儡。据说伯颜曾夜访卜答失里。尽管妥欢贴睦尔比其他任何元朝君主统治的时间都要长，他仍受卜答失里、伯颜及伯颜的侄子脱脱影响。1340年脱脱打倒伯颜，流放卜答失里。截至此时，身处戈壁的利益集团与处于中原的官僚机构间关于继承权的争斗已经结束，前者在也孙铁木儿治期末便败下阵来。到了妥欢贴睦尔统治时期，蒙古人已经废弃了其选择君主传统中的一个关键因素，即继承者的能力。[47]

来自朝鲜的皇后推举儿子攻打母国

并非许多元朝皇室女性都符合汉朝的道德标准，不过还是有些人做到了，例如上文提到的察必和妥欢贴睦尔的第一任皇后。妥欢贴睦尔在位期间，三十四岁时便基本退居幕后，身边聚集起一群术士、女性舞者和乐师，并践行一套源于房中术的藏传佛教仪式。[48]导致元朝灭亡的南方起义就是在他统治期间爆发的。那时饥荒蔓延，灾祸横生。妥欢贴睦尔将这些问题交给将军、大臣们去担心，这种情况一直持续到其被迫逃回蒙古的北方根据地，而妥欢贴睦尔亦于1370年在逃亡中去世。像海山一样，妥欢贴睦尔有不止一位皇后，其中伯颜忽都非常谦逊，而奇氏则自尊心很强，意欲有所作为。伯颜忽都为蒙古人，于1337年称后，诞下一子，但不幸夭折。《元史》称她"性节俭，不妒忌，动以礼法自持"，这与来自高丽的奇氏正好相对。至少从1334年开始，奇氏便已得宠，又称完者忽都皇后。《元史》说伯颜忽都对她"无几微怨望意"。一次在巡幸上都（元朝实行两都制——大都和上都，后者位于前者以北约三百千米处）的路上，皇帝派一名宦官前往宣布，他要探访伯颜忽都,伯颜忽都答道:"暮夜非至尊往来之时。"宦官又奉御旨往返两次,但都被拒绝,史官写道,这也使得妥欢贴睦尔"益贤之"。1365年伯颜忽都去世,享年四十二岁。"奇氏后见其所遗衣服弊坏,大笑曰:'正宫皇后,何至服此等衣耶!'其朴素可知。"[49]

通过史官笔下的这位高丽皇后,读者可以想象一段在历史中被不幸遗忘的、更为复杂的故事。身为皇太子爱猷识理达腊的生母,奇氏(完者忽都)出身贫寒,以皇帝侍女的身份开始宫廷生涯。她担任宫女时便已引起皇帝的注意,并招来妥欢贴睦尔第一任皇后的嫉妒。这位皇后鞭笞了她,后来在妥欢贴睦尔第一任皇后被杀、伯颜失去权力之后,奇氏成为皇后。她似乎是一位乐于作为、试图弥补皇帝不佳政绩的皇后。为其立传的人写道,在闲暇之时,奇氏喜欢阅读《女孝经》与史书,以向中国历代贤后学习。当1358年都城爆发饥荒时,她下令官员为饥民提供粥食,分发钱物,用来埋葬逾万具尸首,并令僧人举行超度仪式。奇氏还参与政治、军事事务,甚至与皇太子共同谋划逼迫皇帝退位。不过,她没能得到朝中要员的支持,其计划最终曝光。皇帝没有将其废黜或对她施行更为严重的惩罚,而只是疏远了她两个月。随着抗元起义的进一步扩展,1363年奇氏遣其子征讨高丽国王,奇氏家族曾在高丽骄横滥权,高丽国王将其全族夷灭。奇氏试图指定一名新的高丽国王及太子,但没能成功。元朝灭亡,奇氏"从帝北奔",这也是《元史》后妃传中的最后几个字。[50]

作为过渡期的元朝

在性别角色的历史上,元代扮演着宋明之间的特殊过渡。这一时期发生了一系列深刻的变化，而这些变化之后在中国文化中根深蒂固。孀妇守节的兴起及对妇女自我牺牲的盛赞既有利于蒙古政权，亦有利于汉族政权，并延续至之后五百年的朝代历史中。与之前相比，后来的朝代参与国家政治的皇后要少得多。有关武则天的记忆已经推动历史向这个方向发展，不过，明朝奠基者的儒家本位主义与宋元时期发生的变化相结合，创造的氛围既不会有更多的武则天（除了清末），也不会有宋朝刘太后，辽与元那样的强权女性更不会出现。对女性忠贞和自我牺牲的盛赞加强了本已存在的增强趋势，同时也降低了对女性行为的期待。缠足进一步发挥了作用。女性像以往一样继续施展她们的才能及野心，不过从此之后，她们只能在新定义的框架界限之内活动了。[51]

02

明　朝

（1368—1644）

第三章

自开国之君至1505年

无女称制

新王朝在制定皇室婚姻规范伊始,通常倾向于吸取自认为从前朝学到的教训。直至元朝,后妃最好出身于官宦世家,但在明朝则发生了重大变化,其后妃往往来自较低的社会阶层,以减少特权阶级女性及她们强势的家族干政的可能性。明朝的开国君主进一步规定了女性不得参政。尽管以往其他君主也有类似的规定,但明朝开国君主的政策极为成功,以致整个明朝只有一位女性临朝称制,并且还是非正式的。虽然具有影响力的女性持续出现,可是与历朝相比,皇后的势力被削弱了。当明朝统治者表现得无能时,大臣与宦官比女性更有可能干政。明代宦官的数量比其他任何朝代都多,末期时已数以万计,其中四人臭名昭著,曾权倾朝野。

明朝的建立标志着政权回归汉人手中,并持续了将近三个世纪。开国君主朱元璋(1328—1398)庙号太祖,其出身比帝制中国历史上多数皇帝都要低。他的继任者中有的勤勉持政、认真负责,但也有中国历史上最为无能、荒诞无稽的统治者。英宗（1427—1464）愚莽发动战事，最终被蒙古人俘虏，其同父异母的兄弟不得不继承皇位；武宗（1491—1521）淫逸妄为，在喜好掳掠妇女这一点上，与海陵王相类。他和其他人无视规矩，自行逸乐，并尽可能疏远朝政；世宗（1507—1567）醉心道教房中术，并在宫中女性身上实践，这使得一群宫女试图将其谋杀；神宗（1563—1620）则拒不听朝，隐居宫中。明朝政府制度根基扎实，足以承受这样的统治者们，直至十六世纪晚期都还运转正常。不过，内外压力逐渐增大，最终朝廷不堪重负。明朝文化、经济活动丰富多样，尤其是后期几任皇帝在位期间更是如此。城市生活朝气蓬勃，与同时期世界其他地区相比，民众的受教育程度水平较高。文学、思想、艺术全面开花，其中包括长篇小说与话本小说集的出版，许多涉及历代君主、后妃，也包括艳情描写。明朝最终灭亡在与金朝统治者同属女真人的满族人手中，1644年清朝建立。

明朝政府结构的一大特点与了解皇帝、官员及内宫成员（尤其是宦官、宫中女性）之间的关系有关。朱元璋大幅改革中央政府，废除三大府，即中书省、御史台、大都督府，从而使三大机构下的二十三个中央部门直接对自己负责，同时也为自己带来了大量工作。这项改革意味着与宋、金、元朝的皇帝相比，明朝统治者的集权程度更高。由于需要做更多的决策，皇帝与大臣不得不创建新的体系来处理工作。截至十五世纪早期，一些大臣形成了一个松散的中央机构，他们称为"学士"，负责文案工作，草拟奏章的批复与皇帝颁发的法条法规。倘若皇帝昏庸无能，他们的责任便极为重大，有时这会导致内阁大臣与宦官获得巨大权力，例如宦官魏忠贤（1568—1627）几乎篡位夺权。在早先的朝代中，后妃及外戚还有可能乘虚而入，但明朝则几乎没有这种情况发生。当皇帝年幼或体弱时，有几位后妃介入朝政，最值得注意的是张太后（1442年去世），她在其年幼的孙子英宗继位后非正式地临朝称制过一段时间；孝宗张皇后（1471—1541）在从武宗到世宗的微妙过渡中发挥了作用；神宗之母李太后（1546—1614）在皇帝年幼时对他严加管教，并主导了其继承人的选择；万贵妃（1430—1487）则处于宫中女性等级的另一端，她原是宪宗幼时保姆，后来成为小她十七岁的皇帝的伴侣。在很长时间内，她成功地阻挠了宪宗与其他后妃诞下皇子，并收受贿赂，滥用职权。在其他皇帝统治期间，一名宠妃与一位乳母曾试图排除异己，干涉继位大事。官员们强烈反对这些情况的存在，有一次甚至疾呼"武氏之祸再见于今"。[1]

在1739年发布的官修《明史》中，关于后妃的两章通常只提供生育皇子的女性的信息。其他诸如晚明何乔远的《名山藏》、清代学者毛奇龄的《胜朝彤史拾遗记》，以及晚明一位宦官留下的丰富记录等文献，则填补了正史留下的空白，后者更是世界历史上为数不多的宫廷宦官留下的私人记录。为了引述方便，下列明代帝王列表包括姓名、年号及庙号。[2]

序号	姓名	年号	庙号
1	朱元璋	洪武（1368—1398）	太祖[3]
2	朱允炆	建文（1399—1402）	惠宗
3	朱棣	永乐（1403—1424）	成祖
4	朱高炽	洪熙（1425）	仁宗
5	朱瞻基	宣德（1426—1435）	宣宗

(续表)

序号	姓名	年号	庙号
6	朱祁镇	正统（1436—1449） 天顺（1457—1464）	英宗
7	朱祁钰	景泰（1450—1456）	代宗
8	朱见深	成化（1465—1487）	宪宗
9	朱祐樘	弘治（1488—1505）	孝宗
10	朱厚照	正德（1506—1521）	武宗
11	朱厚熜	嘉靖（1522—1566）	世宗
12	朱载垕	隆庆（1567—1572）	穆宗
13	朱翊钧	万历（1573—1620）	神宗
14	朱常洛	泰昌（1620）	光宗
15	朱由校	天启（1621—1627）	熹宗
16	朱由检	崇祯（1628—1644）	思宗

来自社会底层的朱元璋

朱元璋从社会底层起家。他出身贫农家庭，十六岁那年瘟疫爆发，他父母双亡，后剃发为僧，还曾沿街行乞，最终加入了崇拜佛教未来佛弥勒的"红巾军"。十四世纪五十年代，中国经历了几世纪以来未曾出现的严重动荡。朱元璋在自己的家乡及其他地方召集了一批追随者，虽然他们的文化程度不高，但迅速发展壮大。截至推翻元朝时，朱元璋已经摆脱了宗教组织首领的身份，并拥有军事、民事顾问，显示了其称帝的雄心壮志。他聪明过人，但脾气难以捉摸，且独断专权，总想对臣民的行为实行监控、管制。他要求大臣跪在面前，并会施以各种刑罚，其程度超过了以往的朝代。以廷杖为例，这项酷刑自元代便已存在，但在唐宋则是根本无法想象的。1380年，朱元璋声称有人意图谋反，并以此为由处决了一万五千多人。由于主谋来自中书省，朱元璋将整个机构连同其他管理民事、军事的中央机构一并废除。他并不信任大臣，而是将他们的职权集中到自己手中，从而皇帝与官员之间出现了前所未有的权力鸿沟。[4]

朱元璋的祖训

朱元璋想让自己的王朝持续下去，也想让自己的规矩政令在死后永久存续。为了达到这个目的，他颁布了很多文书，其中有一部书囊括了约束后妃、子嗣及后代的一整套规定，即《皇明祖训》。朱元璋登基之初便已着手主持编撰该书，经过不断修改，直至1395年定稿颁布。他勒令惩罚那些不守书中规矩的人。例如，任何奏请重新设立中书省的大臣都被处以重刑。在中国历史上，帝王为皇室成员与后代单独设立一套规矩还是前所未见的，这也超出了自周朝便已确立的千百年规范。与其他类似的文本一样，后世之人援引《皇明祖训》证明自己的行动名正言顺，但是朱元璋未必会支持这些人的行为。最极端的例子便是朱元璋第四子朱棣（1360—1424）从自己侄子手中夺取皇位。朱棣的侄子即朱元璋的皇孙朱允炆，是朱元璋选定的继承人。朱棣引用《皇明祖训》中藩王有义务清君侧的规定，声称皇帝受到奸臣蛊惑，自己必须加以制止。叔侄之间的内战自1399年一直续到1402年，最终以朱棣的登基而告终。朱棣还试图从历史中抹去其侄子曾经统治过的记录。

朱元璋称帝第一年便下令，让大臣制定条例管理宫中女子。"后妃虽母仪天下，然不可俾预政事。"为防止外戚专权，朱元璋禁止他们封爵受赏。至于皇后及高级妃嫔以下的宫中女性，她们则只能"侍巾栉"，因为朱元璋清楚她们一旦得宠，便有可能"上下失序"。至于太子的选择,朱元璋写道:"须立嫡母所生者。庶母所生,虽长不得立。"此外,只有嫡长子才有资格成为太子。考虑到上千年的相关历史,朱元璋一定知道这种规定很难实行。实际上,除了朱元璋之后紧接着的四位皇帝,其余的明朝皇帝都是存活的皇子中最年长的,其中只有两位皇帝毫无疑问是由皇后生育的。朱元璋的另一项规定则与一夫多妻制婚姻的另一个议题有关。他宣布他将"每夕进御有序",却并未说明将如何具体执行。清代早期的一位作者注意到崇祯帝的做法:每位后妃的宫门外都悬挂两只红灯笼,皇帝临幸哪位后妃,她房外的灯笼便被拿下,随后其他灯笼也被取下,人人归房安寝。与之前的皇帝一样,朱元璋有自己的卧房,而后妃则"各有其所"。最终朱元璋说道,他将监视后妃的行为,并主要调查、谴责"或有浮词之妇"。[5]

由于反对从贵族或世宦家庭纳娶,明代皇帝与太子倾向于迎娶中下层世袭武官家庭中的女子。他们通常在十五岁时便谈婚论嫁,从一大群女子中选出三人,其中一位成为皇后,另外两位则成为级别较高的妃子。虽然也有例外,但是与以往的朝代相比,外戚的影响减弱了。这些限制规定与整个社会中增强女性与婆家关系的趋势齐头并进。

多种原因导致明代皇后影响减弱,其中包括对其出身低级军官家庭的规定、反对女子临朝称制的法规、一些帝王随意忽略或虐待皇后(共有五位皇后被废),以及对妃嫔,尤其是诞下皇子的妃嫔的特殊待遇。要了解最后这一点,就有必要考虑整个明朝社会中妾妇这一群体。[6]元朝试图通过将妾妇限制于家庭内,并将伶人在法律上归为贱民来区分两个群体,而伶人直至清代中期仍属于贱民。朱元璋顺应趋势,定下规矩惩罚那些与名妓风流的官员,并且一反唐、宋、元之旧制，最终废除官妓——尽管如此，对女性的市场需求仍然旺盛，官员们也一如既往地与名妓寻欢作乐。明朝还宣布包括庶子在内的所有儿子，都拥有同等继承权，尽管嫡子仍然享有优先继承权（这在元代已经是写入法律的实践）。这项规定进一步提升了妾妇的地位。在宫中，上述变化体现在为诞下皇子的妃嫔延长服孝期上。对于她们的尊重也成为明朝一个反复出现的主题。内宫之中更是史无前例地为她们建起宗庙，从而皇室成员能够祭祀她们。根据惯例，妃嫔是不能在主要的宗庙，即紫禁城午门之外的太庙中享受祭祀的。新建的宗庙则创造了一个替代空间，而这个空间不受先例的影响。另一个前所未有的变化是宪宗朝之后，皇帝的妃嫔生母得以与皇帝及皇后同穴合葬，甚至有多达三名女性在地宫中与皇帝合葬的例子，下文将对此具体论述。[7]

明代宫女的品阶与组织

明代宫廷中有四类后妃。其中地位最高的是皇帝的祖母，称"太皇太后"，明代仅有三位；皇帝的母亲依例称"皇太后"，有时简称"太后"；之后便是皇后。三者以下为品阶第二高的妃子，其中包括皇贵妃（由第八任皇帝宪宗所创）、贵妃、妃。而"妃"又分为几等，以不同的前缀区分，如贤妃、淑妃、康妃，等等。此下为第三类，即分为十五等的"嫔"。第四类妃子则包括才人、贵人、美人、选侍。与以往朝代形成鲜明对照的是，宫中女子的品阶不再与男性高级官员的官衔对应。[8]

与宋朝相似，明代内廷设六局一司，这些机构中的女子成千上万，许多都受过良好教育，且训练有素。总体而言，她们称为

"宫女",但又可分为两大类。一类为女官,女官之下是那些做工、服侍的宫女。尽管她们并无后妃之名,但所有女子都可能与皇帝发生性关系。从朱元璋开始,明朝的皇帝便临幸各个等级的宫女。如果她们与皇帝行房,一旦生子,便可成为妃嫔,尽管大多数的品阶都较低。据谢葆华的研究,在已知的三百名后妃中(并非所有的妃子都有所记录),一百九十二人出身服务机构,占总数的百分之六十四。有两位最终大权在握,即上文提到的保姆与乳母,而诞下皇帝的宫女则有五位之多。宦官掌握这些机构,并对其财务实行监管控制。这些机构包括浣衣局,局中供职的是年长的女性与有过失的女子(这与以往朝代的输织室类似)。乳母由宦官从地方军队、平民家庭中雇用而来。其他女性则从事烹饪、女红及歌舞表演活动。局内识字的女性负责书计与其他工作,1459年时人手短缺,致使皇帝下诏,要求宦官从殷富之家聘用十五岁以上四十岁以下的没有夫君的女子,要求她们必须长于写算,宦官则负责对其进一步教育。[9]

明代宦官

由于宦官在明朝地位显赫,对他们在这个时期的核心特点做一次总结对我们的讨论将有所帮助。他们最为臭名昭著的角色便是为皇帝进行特务活动,尤其是监视朝廷文武官员的一举一动。明朝的第三位皇帝朱棣1420年设立"东厂",并任命宦官为长官。东厂在正常行政、法律机构之外收集情报,并监押、惩罚犯纪之人。东厂与另一机构锦衣卫密切联系,而后者是皇帝在都城的贴身护卫,并在东厂内设有监狱。1429年,明朝的第五任皇帝设立内书堂,目的是让宦官接受正规教育,以提高他们与内阁学士及外廷官员交流的能力。合格的宦官隶属机构中最有权力的司礼监，该机构负责文书及与朝廷官员的沟通。至十五世纪中期，宦官已经成为明朝政府机构中根深蒂固的一部分。当皇帝有能力控制他们时，宦官就会为其效力。然而，一旦皇帝懦弱、纵容，宦官们就会迅速攫取权力。[10]

除了负责情报与沟通，宦官的职责还包括提供并生产食物、药物、服饰、家具及宫中的其他必需品，雇用宫女、宦官及其他人员，教导宫女，管理宫中庙宇、动物，并安排娱乐活动。一些宦官还是演员、乐师。在皇宫之外，他们负责看护皇陵、库房、国家粮仓，并征收税款。如果皇帝愿意，宦官们还能指挥作战，出使他国，前往诸如中亚、南亚、东南亚、朝鲜、日本等遥远地区。宦官们还在贵族家庭中供职，并服侍居住在宫外的皇室成员。根据一种流行的说法，宦官的另一职责是辅助皇帝在夜晚选择女子，这项工作由宫中某局的宦官完成，但是关于具体部门及流程都缺乏足够的史料证据。下文将会讨论宦官有时鼓励皇帝在宫中寻欢作乐，甚至为他们提供春药，而这些春药则可能是宫中掌管医药的宦官局属提供的。宦官们还可能引导皇帝临幸某一位妃嫔或宫女。然而，皇帝选择床上伴侣的方式也许不可能清晰地为人所知，尽管他与哪位女子行房，女子的妊娠及生育情况在宫中都应有所记录。不过史书往往还是会留下空白。[11]

一个男人在明朝要如何成为宦官？许多宦官并非汉人，他们来自南方边陲或东边的朝鲜，但也有不少人来自北京南城。他们有的自小便净了身，有的则在青春期之后。成为宦官被认为是提升自己与家人身份的一种方式。最终，宦官供大于求，有时数以千计的人净身后试图入宫，但却被惩罚、驱逐。一部晚明小说写道，几千人一听说皇宫需要宦官的传闻，便蜂拥而来，却发现他们需要支付两百文钱才能榜上有名，而最后入选的二百五十名宦官，每人则不得不缴纳三两白银。那些没能成为宦官的人怎么样了？小说中，许多人变成了游民乞丐，有的甚至成了强盗，当时的一部史料中对此亦有记载。[12]

许多宦官很受人们敬重，其中最为人景仰的便是郑和（1371—1433）。郑和来自云南，是一位穆斯林，他曾服侍过明代早期的两位帝王，带领船队航行到达南亚与东南亚，甚至向西到达非洲海岸。许多宦官受过良好教育，并在诗歌、声律、绘画方面有较高造诣。有一些来自显赫之家，陈矩（1539—1607）便是一例。1547年他还是孩童时入宫，他的一个兄弟还考取了进士。陈矩负责为宫内文渊阁收集图书，后来成为东厂太监，并以管理公允、鲜动酷刑而为人敬重。万历皇帝生母的一位兄弟也是宦官。传言与文献常常关注宦官的性生活，有时记载的露骨程度令人发指。一些宦官不仅有妻，甚至有妾，这与历代并无不同。长相姣好者还有可能成为皇帝的性伴侣。一次，武宗与一名男伶人随意嬉闹，这使得随从们以为武宗想让他永久入宫，那么这名伶人必须成为宦官才行。所以管事的宦官们便将他净身，等待皇帝召见。不幸的是，皇帝再也没有找过他。明朝关于宦官的文献比以往任何朝代都多，他们是当时文学、历史记录中的有机组成部分。[13]

马皇后的浣濯衣

至于朱元璋自己的婚姻生活，他迎娶的是算命先生郭子兴（1355年去世）的养女，而郭子兴便是最先将朱元璋招进红巾军中的人。这名养女就是后来的马皇后（1332—1382），她是开启明代后妃传记的典范人物。马皇后自红巾军起义伊始便陪伴在朱元璋身旁，直至后者去世前十六年。她好像仅对一些临时决策产生过偶然影响，通常只扮演帮手，而非顾问的角色，也几乎没有质疑过朱元璋的决策。马皇后幼年丧亲，被郭子兴收养，后者则将她嫁给自己信任的追随者朱元璋。由于年幼时在田中农作，马皇后并未缠足。《明史》对她的描述模糊但不失庄重：她"仁慈有智鉴，好书史"。更具体说来，在王朝建立之前，她负责朱元璋的文件传达与正式通信。郭子兴曾一度怀疑朱元璋，并将其囚禁，但是马皇后悄悄在自己衣服中藏了热腾腾的炊饼带给丈夫，这些炊饼太烫，以致马皇后"肉为焦"。尽管郭子兴想要除掉朱元璋，但马皇后还是成功地让养父回心转意，并得到了后者小妾的帮助。这位妾妇在朱元璋与郭子兴正妻之子的争斗中站在前者一边。朱元璋曾经在大臣面前夸奖马皇后，并将她比作唐朝第二任皇帝的皇后，因为那位皇后常被称为女子之典范。马皇后对于这一夸奖局促不安，她只希望朱元璋"不忘妾同贫贱，愿无忘群臣同艰难"。

朱元璋性格暴躁，马皇后有时劝说他减轻刑罚，最著名的当属大臣宋濂（1310—1381）的例子。宋濂由于孙子犯罪，曾在朱元璋的一次大清理中被判死刑，马皇后与皇帝用膳时拒食酒肉，朱元璋询问她为何，她便请求皇帝赦免宋濂。朱元璋"投箸起。明日赦濂，安置茂州"。[14]

其他传记中的两段话描述了她谦虚、节俭的作风："帝每御膳，后皆躬自省视。平居服大练浣濯之衣，虽敝不忍易。""他日，羹寒，帝掷羹狼藉后耳，后燂再进，其谨如此。""浣濯之衣"一词几世纪前曾被用来描述同样节俭的西晋开国皇帝之母（以及上文提到的宋孝宗谢皇后），她也是人们常常称颂的女性典范。当马皇后听说忽必烈的皇后曾熬煮老旧弓弦以制丝,她也加以效法,并用得来的丝制作被子。她还用边缘材料来为妃嫔、皇子与公主做衣裳,从而向众人展示制丝过程之艰难。马皇后对于"妃嫔宫人被宠有子者,厚待之"。这句话不仅赞扬了她不妒的美德,也表明除了"妃嫔",朱元璋还与"宫人",即来自服务机构的女性发生关系并诞下皇子。1382年马皇后去世,她死前拒绝御医的诊治,因为她担心如果医治无效,御医将受到责难。据说朱元璋悲痛不已,再未立后。正史记载,马皇后生育了五位皇子、两位公主,尽管还有些资料说她没诞下一位皇子。第三任皇帝朱棣篡位时声称马皇后为自己生母,但其生母实际上是另一位妃子。[15]

如果这些文献可信,那么朱元璋并不是一位纵欲的一夫多妻者。假设他曾有过宠爱的妃子,那么他的宠爱则并未为人察知。在朱元璋势力上升的初期,他像当时其他有地位的男性一样,娶了第一位妾,尽管那时局势不甚稳定。这位妾妇便是郭子兴侍妾的女儿,即后来的郭惠妃。郭惠妃既是朱元璋也是马皇后的朋友,并产下了三位皇子。像过去的男性一样,朱元璋也从敌人那里掳来了一些女子,其中包括他在南方的一个对手及蒙古皇帝的后宫。截至1370年,朱元璋已有十位皇子,这个数字最终上升为二十六,他还有十六位女儿。但是关于他后妃的信息并不多,《明史·后妃传》仅仅提到了三位。还有一些故事说,他处决了三位妃子,并将她们裹在一起,埋尸宫门之外,尽管这些故事的真实性难以证实。据说朱元璋后来对此十分后悔,并命人将她们重新埋葬,不过那时尸体已经无法分开了。另一个故事讲到皇宫御沟中发现了一个被打掉的胎儿,朱元璋怀疑是宠妃胡氏所为,他便将胡妃处决,并将尸首扔出宫墙之外。有三则逸闻提到前五任皇帝有一个惯例，让未诞下皇子的妃嫔在皇帝死时一同殉葬。朱元璋临死病笃之时在病榻上对李贤妃温柔地说明此事，李贤妃离开后便自缢身亡，并未等到朱元璋驾崩，这使得他悲伤不已。后来他又赐给另外两位妃子丝帛，让她们自尽。可是当另一位妃子请求殉葬时，朱元璋并未同意，因为她还有一个年幼的女儿需要养育。[16]

尽管朱元璋禁止皇室成员与精英阶层联姻，但像其他开国君主一样，他也让自己的孩子与盟友结亲，而这些盟友则成为新的精英阶层。朱棣也采取了相同的做法。《明史》中提到的朱元璋三位妃子中的郭宁妃是武将郭英（1335—1403）的妹妹。郭英深得朱元璋赏识，还曾救过朱元璋的性命。郭英的两位女儿都嫁给了朱元璋的皇子，而郭英（十二个儿子中）的长子则迎娶了朱元璋的第十二位公主（其生母是郭惠妃）。在马皇后及其第一位继任去世之后，郭宁妃担负了监管宫中事务的重要职责。[17]

变礼悼宠

明朝妃嫔享受的新的特殊待遇肇自朱元璋孙贵妃去世之时。朱元璋通过死后追加恩赐的形式，坚持升格孙贵妃的丧礼，这样做也为嘉奖产下皇子公主的妃嫔创下了一套新规。孙贵妃在元末时失去双亲，被一位明朝将领收养，这位将领后来将她许配给朱元璋为妾。由于孙贵妃只产下两位公主，却并未诞下皇子，她去世时，朱元璋下令另一位妃子所生的皇子为她守孝三年，其他皇子守孝一年。但问题是为母守孝不同于为父守孝，为妾守孝不同于为妻守孝，为养母守孝不同于为生母守孝。为生母守孝三年曾有先例，但并非惯例。让儿子为妾守孝则打破了传统。朱元璋的一位大臣提醒他，根据古例，如果父亲还在人世，儿子只需为母亲守孝一年。如果去世的母亲是妾妇，儿子则不需守孝。朱元璋则答道："夫父母之恩一也。父服三年，父在为母则期年，岂非低昂太甚乎？其于人情何如也？"他下令大臣遍搜旧典，以找寻为母守丧三年名正言顺的证据。至于让儿子为并非自己生母的妾妇守丧，朱元璋则直截了当地下令执行。那位皇子起初表示反对，但最终在众人的劝说下屈服了。朱元璋随后下令编纂《孝慈录》，规定儿子应为母亲守丧三年，即使亡母只是小妾。孙贵妃与其他后妃一起埋葬在朱元璋的皇陵中，尽管与皇帝并非同一墓室，因为那时只有皇后有此特权。明代主妻与生母的差异常常被提及，并在皇帝试图按照自己意志行事、无视循规蹈矩的大臣时引发争议。[18]

考虑到刚才提及的让无子妃嫔在皇帝、皇子去世时殉葬的习俗，一位妃嫔是否诞下皇子则有了不同的意义。四十位没有生育皇子的妃嫔中，有三十八位都跟随朱元璋共赴黄泉（有两位之前已经过世），她们被葬在朱元璋陵墓上方的墓丘中，直到英宗1464年去世时才将这一习俗废止。此后妃嫔则葬于其他陵墓之中。如果相关文献可信，这些妃嫔并非都是自愿自杀，因为她们会被引至一间大厅，然后被人勒死。这种习俗自古有之，例如秦始皇便将整个后宫一起殉葬，更近一点的则是蒙古及其他非汉部族的传统对于朱元璋的影响。[19]

徐皇后之《内训》及其于内宫的施行情况

朱元璋死后不久便爆发了一场内战，最终第四子朱棣成功夺权。朱棣主妻徐皇后（1362—1407）是明朝最著名的皇后之一，她因富有才学而为人所知。考虑到中国历史上皇后生育率低的情况，徐皇后可谓杰出，朱棣的四位皇子中三位都由其诞下，而七位公主中有四位都是她的女儿。如果史料可信,她便是明朝诞下太子的两位皇后之一。有人认为朱棣与徐皇后是篡位夺权的。朱元璋在长子去世后,钦选长孙朱允炆继位。不过,靖难之后朱允炆始终下落不明,他的皇后则死于宫中大火。后来朱棣将都城从南京迁到北京,并改年号为"永乐"。

徐皇后本是朱元璋一位爱将的长女,她大约在1376年嫁给朱棣。史官对她褒扬有加,说她年少时人称"女诸生"。内战期间,朱棣离开北京,在外作战,她聚集将领、大臣与吏员的妻子一起加固城墙,并协助抵御了一次突然袭击。作为篡位者的妻子,徐皇后为了美化自己的形象,便写了两部书来达到目的,其中一部佛经据称是她1398年梦中的观音菩萨传授给她的。正如其在1403年的序言中写的,内战前夕,观音菩萨告诉她将要经历几番历练,不过这部经文会助她与其他人渡过难关,免受苦难。内战爆发后,朱棣大获全胜,为了表达对菩萨的感激之情,徐皇后便将这部经书付梓,并在全国发行。信徒们需念诵其中的经文,从而达到减轻苦难、成功度脱的目的。这部经文实际上是政治宣传,为她自己及其夫君的统治提供超自然的、顺应天命的支持。

她还写了一部培养女性道德的《内训》,据说这部书记录了她从马皇后那里学到的东西。这是几部明代后妃所作的类似作品中的第一部,其目的在于让她们的统治名正言顺,书中包括"慎言""谨行""勤励""节俭"等章节。尽管《内训》并无新意,但书中有一段是关于妻子较多、难以控制的危险。如果我们相信一件发生在朱棣后宫耸人听闻的轶事,那么这段话倒真是有的放矢。这段话出自"事君"一章,讲述了夫妻之间过度亲密的危险:

妇人之事君比昵左右。难制而易惑，难抑而易骄。然则有道乎。曰：有忠诚以为本，礼义以为防，勤俭以率下，慈和以处众。咏诗读书，不忘规谏。寝兴夙夜，惟职爱君。[20]

1407年徐皇后驾崩，享年四十六岁，这使得朱棣"悲恸"不已，再未另立皇后。《明史》在她之后只记录了朱棣的另外两位妃子，即权贵妃与王贵妃（1420年去世）。前者来自朝鲜，后者据说在朱棣大怒时曾加以劝阻，并"曲为调护"。朱棣驾崩时，他至少拥有二十三位妃子，其中十六位为他殉葬。[21]

刚才讲到的这件轶事只在一部朝鲜文献中出现，并无旁证，但却拓展了正史对于权贵妃的简短记录，因为史书并未提及朱棣喜爱朝鲜妃子，并将她们纳入宫中。权贵妃死后发生的事，则是正史中更大的留白。1408年，朱棣派宦官出使朝鲜以征召处子入宫，权贵妃便在其中。她精通音律，并以此取悦皇帝。还有两位妃子都姓吕，一位出身中土，另一位则来自朝鲜。据朝鲜文献记载，中国的吕妃想要"结好"朝鲜的吕妃，但后者拒绝了。为了报复，前者假造阴谋，陷害朝鲜吕妃，说她毒死了权贵妃。皇帝听闻后便下令处死朝鲜吕妃，以及数以百计与她有关的宫女、宦官。后来，中国的吕妃卷入了一桩丑闻之中，皇帝发现她与另一位妃子都秘密拥有宦官情人。最终，两位妃子畏罪自杀，后来吕妃的侍从受到审问，并被冠上了"弑逆"的罪名。此次受到牵连被处决的共有两千八百人，朱棣甚至亲临剐刑现场。行刑过程中，一些受害者对皇帝加以辱骂，并控诉整件事标志着宫中"阳衰"。这样一件大事，中文文献怎么可能没有记载？朝鲜文献的可靠性究竟有多大？明朝与其他朝代中还有多少类似事件湮没在历史的长河中？[22]

关于朱棣宫廷生活的最后一点与其生母的身份有关。朱棣之所以能够篡位，一定程度上立足于他坚持马皇后是自己的生母。在离开南京、前往北京建立新都之前，朱棣在南京城外建造宝塔以纪念马皇后，这便是后来英语世界广为人知的琉璃塔。塔高78.2米，塔外铺满亮闪闪的白瓷，角梁悬挂灯盏，光彩夺目，铃铛在风中作响。不幸的是，1856年太平天国起义军将宝塔摧毁。十七世纪四十年代中期，塔内发现一间上锁的密室，其中供有朱棣生母的神位，这位生母据说并非马皇后。其他文献则记载马皇后不仅不是朱棣的生母，且没有产下任何皇子。[23]

张皇后非正式临朝称制

明朝唯一临朝称制的张皇后（1442年去世）出现在下一位皇帝治下，她是明朝第四任皇帝朱高炽（1378—1425）的妻子。与徐皇后一样，她也生育了皇位继承人。朱高炽在位不到一年便驾崩，张皇后协助稳定大局，实现平稳过渡。当朱高炽的继承人亦驾崩后，张皇后临朝称制，不过因为她拒绝违反祖训，其临朝只是非正式的。《明史》暗示，张皇后在其夫君继位之前便已参与皇位继承事宜之中。朱高炽是徐皇后长子，理应成为太子，可是：

> 太子数为汉、赵二王所间，体肥硕不能骑射。成祖恚，至减太子宫膳，濒易者屡矣，卒以后故得不废。及立为后，中外政事莫不周知。

史书称张皇后"操妇道至谨",朱棣与徐皇后都很喜欢她,而张皇后亦与公婆关系密切,因为其父及兄弟曾为朱棣在内战中效力。不幸的是,尽管朱高炽登基时已有丰富的政治经验,但其健康状况不佳。他本想将都城迁回南京,以消解其父大举迁都带来的不良影响,但在行动之前,他便驾崩了。在朱高炽简短在位期间,有一段微小却特别的插曲。一位大臣批评他在为父守孝时仍然迎娶妃嫔,朱高炽下令痛打这位大臣,并将其下狱,不过他的继任者在不到一年之后便将这位大臣释放。这件事直到下一个朝代中期才公之于众。[24]

废黜无子皇后

朱高炽的继任者是他与张皇后的长子、明代第五位皇帝朱瞻基(1399—1435)。朱瞻基二十六岁登基,年号"宣德",我将以其年号指称他。他治理有方,文武兼修。与其父不同,朱瞻基颇得祖父朱棣的赏识。宣德皇帝喜欢绘画、书法、诗歌,他邀请画家进宫,资助青铜器制造,监督生产品质精良、享誉后世的瓷器。如其祖父一样,宣德皇帝也从朝鲜王朝征召处子与宦官,还购买猎犬、骏马,甚至雇用善于烹饪朝鲜佳肴的厨师。他与母亲张太后关系密切,并常常在政务方面咨询她,还邀请母亲陪同出巡。一次,当地父老向张太后进献酒食,她转赠皇帝,并说道:"此田家味也。"因为她出身农家,所以比养在深宫的皇帝更能体知这些事情。[25]

至于他的婚姻生活,宣德皇帝则打破常规,废黜皇后,另立宠妃为后。被废的皇后姓胡,在迎娶胡皇后之前,宣德皇帝宠爱一位姓孙的妃子。孙妃幼时经张太后母亲介绍入宫,不过张太后更看好胡皇后,而当时还是太子的宣德皇帝在1417年与胡氏喜结连理,登基之后封其为后。然而，1427年孙妃诞下皇子，而胡皇后由于体弱多病并无生育。1428年，宣德皇帝废掉胡皇后，令孙妃取而代之，并赐予胡氏"静慈仙师"的法号。太后与大学士都未能阻拦皇帝。尽管传统上谴责以妾换妻，并且废黜皇后往往需要更为严重的理由，但是在传统上，男性还是有七种休妻的理由，其中便包括体弱多病与并无生育。宣德皇帝废后也为之后四位效仿的皇帝做了示范。

孙皇后是否是下一任皇帝英宗的生母仍然疑团重重，并没有明确的答案。据部分《明史》及其他文献记载，英宗并非孙皇后所生，而是她从一名与皇帝发生性关系后受孕的宫女那里窃夺而来的。《明史》的其他记载则称孙皇后是英宗生母。一些文献说她长于算计，窃夺婴孩是她废掉皇后、获得宠幸阴谋的一部分。《明史》与其他文献通过凸显孙皇后起初虚伪地拒绝取代胡皇后而对此加以暗示，并将其与后来英宗朝中的乱党联系在一起。不论如何，张太后很同情被废的胡氏，设宴时让她坐在比孙皇后更显贵的座位上，这令孙皇后非常不满。1442年张太后去世，被废的胡氏十分悲痛，一年之后也去世了。她被葬于北京以西的金山嫔妃墓地，葬礼规格也与妃嫔同级。后来，英宗对自己的所作所为后悔不已，归咎于年轻时的愚昧无知。1462年孙皇后去世，下一任皇帝的皇后建议恢复胡氏的封号。皇帝同意，却未将胡皇后的灵牌移至太庙，因为太庙中已供奉了孙皇后的牌位。[26]

孙皇后加冕

孙妃加冕称后之前，宣德帝封其为妃的举动便已打破惯例。为了明白这一点，简要描述封后这项宫廷生活中的重要仪典会有所帮助。正如艾伦·苏丽叶（Ellen Soulliere）提到的，孙皇后首次穿戴仪典服饰，其中的"九龙四凤冠"以龙象征"皇家权力"，以凤象征"婚姻和睦"，袍上则绣有十二行锦鸡。朝见大臣与参加重要典礼时她都要如此穿戴，平时的头饰则仅一龙双凤。其他有封号的妃子都参加了仪式，女官向新皇后献上象征其地位的两样宝物：上刻皇后头衔的金册及一方用来授权、名为"金宝"的印章。宝印金制，呈龟形，由三个盒子层套盛裹。皇后斋戒三天，第四天在太庙正式册封。除了这次典礼，她不会再在太庙中参与祭祀，而是在紫禁城内的祖坛中参加典仪。正式称后以后，皇宫中举行庆祝宴会，一场由皇帝与文武百官参加，另一场则由皇后与众妃嫔赴席。相比之下，妃子受封时，头饰为九只锦鸡、四条龙，而其平时的头饰则是雄性鸾鸟（一种似凤的鸟类）及一只凤凰。象征其地位的是一部银册，上刻姓名与头衔，还有一枚小印。之所以说宣德帝打破先例，是因为册封孙妃时，他赐予了她一枚皇后那样的金宝，这也开了此种做法的先河。[27]

　　成为皇后之后，孙皇后像其他前辈一样，常在其寝宫与服务机构中的宦官与女官协商事宜。她的职责包括斟酌人事，批准预算，决定皇子、公主的婚姻大事。她接见来访的妃嫔，并与这些妃子、公主一道参见太后，向她汇报皇家及内宫事务，在必要时遵从太后的意见——这是她们每日必须履行的重要礼仪。明朝要求皇后的新礼仪是每日在紫禁城内称为"奉先殿"的祖坛祭拜。朱元璋建造奉先殿，以使皇室成员能够私下参与祭祖仪式。在其他例如新年的特殊场合，帝后在皇帝寝宫中央的平台上共坐用膳。太后在皇帝东侧低处就坐，皇贵妃则在西侧，以下的妃嫔共用桌子，却无坐席。平时太后、皇后及品阶较高的妃子在自己的居处用餐，她们有自己的厨房。[28]

临时称制

宣德皇帝突然患病，并于 1435 年驾崩，这是张太后非正式临朝称制的起因，也引发了明朝前所未有的一大难题。[29] 他生前已立长子朱祁镇（据称为孙皇后所生）为太子，但太子此时年仅八岁。明朝之前对于如何应对皇帝年幼这一情况并无先例，宣德皇帝死前下达的指令又模糊不清，只说大臣们应辅佐幼帝，在重大事务上则寻求张太后的协助。据《明史》记载，起初时局紧张，有传闻说应该继位的是朱瞻基的一个兄弟，另一些人则说张太后自己有意主政。但最后，张太后召集重臣，待他们到齐后，指着年幼的太子哭着说，"'此新天子也。'……浮言乃息"。

但是如何应对这种情况仍不明了。大臣们恳请张太后"垂帘听政"，这已成为指称女子临朝的通常说法。但是张太后拒绝了，因为这将"坏祖宗法"，即朱元璋所立之规矩。作为太皇太后，张太后非正式临朝，并负责幼帝的照顾、培养、督导等事宜，还任命五位大臣为其提供建议。

这些大臣自朱棣统治时便已任职，这也给张太后不少助益，但是她必须提防宦官王振（1449 年去世），因为后者已成为其皇孙的心腹。虽然《明史》并未记载，但张太后有一次差点将王振处决。由于王振侮辱大臣，张太后对其施以鞭刑，但这并未令其消火。一日，她召集大学士及一众女官随身携带刀剑，并对皇帝说："此五臣先朝所简，皇帝必与计。"随后她传诏王振，立即下令将其处死。一位女官将剑架于王振项上，皇帝与群臣则跪请张后停手。张后最终同意，并说道："此辈自古多误人国。皇帝幼，乌知之？

且以皇帝故宽汝,毋再也。"尽管她从未正式称制,自1435年至1442年去世,张太后掌握着皇权背后的权力。她是明朝一系列执掌大权皇后中的第三位,也是最后一位。在她之后便再也没有类似的情况发生。一位十七世纪的史家称她"女中尧舜"。[30]

重立废后

然而,张太后去世后,她担心皇孙被宦官误导的情况还是发生了,最终新皇帝深受王振的影响。张太后的皇孙朱祁镇,庙号英宗,我将以此称之。他有两个年号,一为"正统",一为"天顺",中间一段时期则由其同父异母的兄弟统治,而这是由于宦官导致的一场灾难。王振为年轻的皇帝制订了野心勃勃的计划,用窦德士(John Dardess)的话说,其中一部分便是恢复明朝"松懈的尚武精神"。起初的军事胜利使得二人膨胀起来,并于1449年亲征蒙古,但蒙古军队不但杀死了王振,还俘虏了英宗。明朝宫廷内,钱皇后(1426—1468)与皇太后孙氏立即搜集了许多宝物作为赎金交给蒙古大汗,但却未果。孙太后任命英宗同父异母的兄弟朱祁钰(1428—1457)担任摄政,同时还立英宗长子朱见深为太子。那时她可能只是想让朱祁钰临时摄政,甚至假装英宗只是"尚未"亲征归来。最终,面对当时权臣的请求,皇太后下诏,正式以英宗的兄弟取代他,而钱皇后则不得不退位。一年后,蒙古人放归英宗,他的兄弟却将他软禁于另一座宫殿之中,并一直作为明朝的第七位皇帝统治到1457年。同年,一场政变恢复了英宗及钱皇后的地位。孙太后支持这场政变,正如一部文献所载,如果不是她下诏,政变也不会发生。被软禁期间,钱皇后一腿瘫痪,一目失明,并始终无子。英宗对她不离不弃,临死时下诏将钱皇后与自己葬在一起。这一细节将在英宗继任者的妃嫔生母所引发的一场争端中变得至关重要。[31]

临时皇后

一位临时帝王在危急时刻受命本应被感激，但是朱祁钰的情况比较特殊，在他被废之后还受到谴责，并被正式黜为"郕戾王"。直至南明，朱祁钰才完全享受帝王死后的荣耀。后世认为他的统治在实际上卓有成效。朱祁钰的生母和妻妾与他共进退。其母是宣德皇帝的吴贤妃，她在儿子称帝的七年间成为皇太后，但其子被废黜后，她的头衔便恢复原样。这位临时皇帝有两位皇后，第一位姓汪，《明史》编纂者在其传记中表示同情。1445 年她嫁给朱祁钰，但是与钱皇后一样，并未生育皇子。1452 年，一位姓杭的妃子诞下皇子，皇帝想立这位皇子为太子，以取代孙太后已经指定的英宗长子朱见深。汪皇后反对夫君如此行事，因此触怒了皇帝。皇帝将其废黜，另立杭妃为后，汪皇后则成为明朝历史上第二位被废的皇后。可是杭皇后的儿子 1453 年夭折，她自己也在 1456 年去世。那些建议恢复英宗长子太子地位的大臣被打入大牢，一些甚至被鞭笞致死。重新登基之后，英宗褫夺了杭妃的皇后名号，并将其陵墓摧毁，还恢复了被废的汪皇后原来的头衔，即"郕王妃"。

汪皇后的故事还有一段尾声。朱祁钰被废不久便去世了，他那些未诞下皇子的妃嫔受命为其殉葬，但是英宗赦免了汪皇后。英宗太子朱见深非常感激她，因为她当初反对朱祁钰以杭皇后之子取代自己，所以太子请求英宗准许汪皇后离宫生活，并将她自己的财产带走。不过有一次，英宗想要从汪氏那里讨要一个系腰的玉玲珑，但对于这位保有尊严的前皇后而言，这却是一个过分的请求。她将玉玲珑丢入井中,并否认自己曾有这件饰物。她说道:"七年天子,不堪消受此数片玉耶?"获悉她带走财产的高昂价值后,英宗下令将这些财产没入官中。1506年汪氏去世,被葬在北京西边的嫔妃墓地,但是赐予她的祭祠则是按照皇后规格安排的。[32]

保姆变宠妃

中国历史上最不寻常的一对皇家夫妻出现在下一朝,因为下一任皇帝宠幸了比自己大十七岁的保姆。皇帝对于这段恋情自始至终的坚持,也标志着直至明朝结束都在断断续续出现的皇帝一意孤行的开始。蒙古人俘虏父亲时,明朝第八位皇帝朱见深(1447—1487)还只是幼童,直至其父重新登基之前,他一直都生活在水深火热之中。他1464—1487年在位,年号"成化",庙号宪宗,我将用庙号称之。他的统治既不强力,也不有效,但也并非独裁专制、复仇心切。他很容易受宦官、骗子、阿谀奉承之人的影响,其中最突出的还是其幼时保姆,亦即他最宠爱的万贵妃。万贵妃实际上形同皇后,起初十年她想方设法防止其他妃子产下皇子,在宪宗统治期间为自己、家人及家仆敛财。宪宗的第一个妻子吴皇后试图压制万贵妃,甚至曾对其施以鞭刑(有可能是亲自鞭挞万贵妃),但这触怒了皇帝。称后仅三十二天,吴皇后便被宪宗废黜,打入冷宫。宪宗也成为明朝第三位废黜皇后的君王。宪宗的第二位皇后姓王,她则配合得多,但同样并无生育。1466年万贵妃产下了宪宗的首位皇子,但不到一年便夭折了。之后另一位妃子诞下第二位皇子,并被立为太子,可是他也不幸夭折,这使得宪宗直至1475年都没有继承人。1475年,第三位皇子突然出现,成为继承人。最终,宪宗有十多个孩子,其中十一位皇子,分别由六位不同的妃子所生。与此同时,与万贵妃交好的一众大臣、宦官、僧尼、道士不断取悦宪宗,使其无心政务。万贵妃与宪宗同年去世,之后皇位继承平稳过渡。被废的吴皇后最后亦得善终。为了报答吴皇后在其年幼时的帮助,宪宗的继承人将她的衣食供给升至太后级别。1509年吴皇后去世,其殡葬规格与妃嫔等同。她的继任王皇后在宪宗接班人当政时成为太后,再下一任皇帝登基时,她则成为太皇太后,最终于1518年去世。王皇后被埋葬在皇陵中,神位供奉在太庙。[33]

妃嫔生母与无子皇后

中国历史上妃嫔生母与无子皇后同时存在的情况并不突显,但在宪宗朝时却变得格外有争议,并产生了新的惯例,即新皇帝的妃嫔生母与皇帝、皇后同穴合葬。在那之前,只有皇后可以与皇帝共用一个墓室。1465年宪宗登基的第一天就得处理这种争议,因为他的生母周贵妃(1504年去世)不满位列钱皇后之下,因为后者并未生育皇子。尽管钱皇后在英宗驾崩时理应成为太后,周贵妃却坚持自己才应享有此头衔,矛盾由此而发。以夏时为首的一些宦官支持周贵妃,但是群臣则倾向于遵守标准流程,将主妻钱皇后尊为太后。宦官夏时援引了两条以往便有的休妻理由,提出钱皇后此时已一腿瘫痪,一目失明,并且无子。后来双方妥协,两位女性都被尊为皇太后,钱皇后地位更高。三年后的1468年,钱太后去世,争议再次出现,因为周太后反对将钱太后与死去的英宗"合葬"。大学士与其他大臣则拥护正统礼仪,尊重英宗关于合葬的遗愿,主张钱太后不仅应该与英宗合葬，她的神牌也应供奉于太庙。宦官夏时再次力挺周太后，皇帝也说不想伤害生母的感情。夏时提出一套折中方案，即将钱太后葬在英宗左边更为尊贵的墓室中，而当周太后驾崩时，她将被葬在右边的墓室。大部分官员赞成这项提议，而皇帝却仍犹豫不决。最终，大批官员在宫门外集体下跪哭泣，直到他与周太后妥协为止。这种表达意愿的方式很危险，众所周知，明朝皇帝常常会惩罚甚至处决这样的抗议者。最终，钱太后葬在了英宗的皇陵中，灵牌也供奉于太庙。[34]

这类争议的影响延续至下一朝。周太后在宪宗继承人孝宗朱祐樘在位时成为太皇太后，而孝宗亦由妃嫔所生。在观看祖父英宗陵墓示意图时，朱祐樘发现了一个奇怪的现象，即钱后的墓室与夫君的并不相连，而周后的却相连。他对大学士说："皆当日中宫为之，……非祖宗之礼也。"但是他并未着手变动，因为风水师建议不要改动皇陵的建筑结构。但是当涉及神位放置的问题时，一些大臣注意到，唐宋时有在祖庙中摆放两位甚至三位皇后的神位的先例。周太后在朱祐樘生母死后对其呵护有加，因此这位皇帝觉得自己有责任妥善处理她的身后事。最终，他遵从古例，在太庙中一位皇帝仅有一位皇后相伴。不过他想出了另一个解决办法，即在紫禁城中建起一座新的家庙，在那里供奉周太后及其母亲的神位，新家庙称为"奉慈殿"，与明太祖建立的"奉先殿"比肩。这是明朝又一项新传统的开始。太庙中的祭祀仪式有严格的规定，并不频繁，举行的场合更为正式。奉慈殿一直使用到1536年世宗将其关闭，只留奉先殿。[35] 除了皇后与皇帝生母，其他妃嫔死后与皇帝分开埋葬，皇贵妃与贵妃有自己的陵墓，其他妃子则被葬在同一陵寝中。截至此时，即使妃嫔无子，她们也会被埋葬在妃陵，因为英宗废除了让无子妃嫔在皇帝驾崩时殉葬的规定。[36]

万贵妃

中国历史上像万妃那样从保姆升至贵妃的例子实属罕有。曾有一位保姆在北魏成为太后，[37] 另一位则在明朝倒数第二任皇帝在位期间手握大权，但是保姆变贵妃则仅此一例。万贵妃四岁被选入掖庭，成为孙太后（宣德皇帝的第二位皇后）的宫女。孙太后在万贵妃二十岁时，指派她照顾新立的三岁太子，即后来的宪宗。此时，宪宗之父英宗仍为蒙古人所俘。宪宗十七岁即位时，万贵妃三十四岁，并已经成为宪宗唯一的宠妃。史官们以近似六朝史书的语言写道，她"机警，善迎帝意，遂谗废皇后吴氏，六宫希得进御"。据说"帝每游幸，妃戎服前驱"。1466 年，当她为宪宗诞下第一位皇子时，皇帝便封其为皇贵妃，这个新头衔使她的地位仅次于皇后。万贵妃的皇子夭折之后，她再未有孕，这使得大臣及其身边近侍担心皇帝子嗣断绝。按照传统，他们建议皇帝"溥恩泽以广继嗣"。1468 年一颗彗星出现，有大学士和重臣视此为凶兆，再次进谏，可是皇帝说这是自己的私事，他会好好处理。据史书记载，万贵妃日益骄横，如果宫中女子有孕，万贵妃便会设法将胎儿打掉。有传言说，太子头顶上的一块斑秃便是失效的堕胎药所致。

确立太子后，宪宗开始与其他女性生育孩子，而防止此事也不再是万贵妃的利益所在。但她仍执掌大权，通过宦官、僧尼、官员及其他专家买卖珠宝等珍贵货物，出售特权、爵位，挪用公款，大肆挥霍。她的家人也从中获利，批评她的人却被噤声。万贵妃与她的同伙通过向皇帝进献昂贵的春药、淫书与房中术以得宠。春药与房中术专家、道士李孜省由皇帝最宠爱的宦官梁芳带进宫廷,史官称李为"妖人"。随着太子日渐成熟,万贵妃、梁芳及其他人惧怕其登基后会损害自己的利益,从而建议宪宗另立太子。但是泰山的一场地震使他们的诡计未能得逞,一位术士提醒皇帝,泰山是太子的象征。万贵妃死后,大臣们建议将其降级,并调查孝宗生母之死。孝宗拒绝了这一请求,其理由是自己有义务对父皇尽孝,但他却将梁芳降级,李孜省下狱,后者在狱中死去。[38]

偶然为母与秘密子嗣

宪宗与万贵妃不寻常的关系致使最终的太子只能被秘密抚养,也导致了太子生母的死亡,抑或被谋杀。要了解这一点,我们有必要回到皇帝开始广施恩泽、诞育子嗣之前。那时宪宗有了第二位皇子,其生母是宪宗的父皇为他挑选的三位女性中的一位(另两人是吴皇后与王皇后)。第二位皇子夭亡时,有人说是万贵妃所致。一位大学士再次提醒宪宗,万贵妃产子的年华已过,而祖训有云:"子出多母。"不过,皇帝仍受万贵妃控制,且未曾公开寻求其他女子的陪伴。不过,他与宫女纪氏暗通,她便是下一任皇帝的生母。[39]

纪氏是在一次南征的军事行动中被俘虏的,她本是蛮族土官之女。机警聪敏且知书达理的纪氏成了一名女史,负责看守皇家仓库内藏。一天,皇帝与她邂逅,她随后怀有身孕,并产下一个男孩。关于接下来发生的事情,记述很不一致,主要有两个版本:《明史》中的版本更为戏剧化。史书记载,直到一名宦官告诉宪宗,他才知道自己儿子的存在;另一个更广为接受的版本则称宪宗是知情的,只不过在第二位太子死前将这个孩子一直藏在宫中的偏僻之处。《明史》说万贵妃得知纪氏怀孕后，便派宫女去强迫其堕胎，但是这名宫女并未执行命令。1470年这位皇子出生时，万贵妃派宦官张敏去淹死他，但是张敏也同样并未从命，因为他觉得既然皇帝仍没有子嗣，自己怎么能把这来之不易的皇子杀死呢？张敏秘密安排他人抚养这个婴孩，万贵妃与皇帝都不知情。被废的吴皇后住在宫中，她得知这个男孩的存在后，便协助抚养。1474年的一天，张敏在为皇帝临镜梳头时，告诉他这个秘密。

〔皇帝叹息道：〕"老将至而无子。"

敏伏地曰："死罪，万岁已有子也。"

帝愕然，问安在。

对曰："奴言即死，万岁当为皇子主。"

于是太监怀恩顿首曰："敏言是。皇子潜养西内，今已六岁矣，匿不敢闻。"

帝大喜，即日幸西内，遣使往迎皇子。使至，妃抱皇子泣曰："儿去，吾不得生。儿见黄袍有须者，即儿父也。"

皇帝让男孩坐在自己腿上，抚摸他，久久地看着他，喜极而泣。随后他宣布："我子也，类我。"消息不胫而走，一位大学士担心纪氏的安危。因为不能公开表明自己的忧虑，他建议将纪氏的寝宫移至皇帝寝宫附近，这样母子便能够朝夕相见。但万贵妃还是得逞了。一个月以后，纪氏"暴薨"，这是史官指称可疑死亡的春秋笔法。有人说万贵妃是幕后黑手，也有人说纪氏是自缢而死。纪氏被追封为淑妃。张敏害怕万贵妃报复，自杀身亡。

这位皇子后来成为太子，由其祖母周太后负责照顾。一天，万贵妃邀请太子赴宴，周太后害怕万贵妃下毒，便告诫太子不要吃东西。起初太子说自己已经吃过了，后来他又承认害怕被毒死。万贵妃大怒道："是儿数岁即如是，他日鱼肉我矣。"太子登基之后追封生母为皇后，将其棺椁移至皇陵，并在新建的奉慈殿中祭祀她。新皇帝甚至试图在南方寻找生母的娘家人，但只招来一些假冒者。许多人怀疑《明史》中的记述，但不论哪个版本是真实的，有两件事是一致的：太子由一名宫女所生，后来这名宫女去世了；他的存在直到第二位太子死后才公之于众。吴皇后的协助也是两个版本所共有的。[40]

发现亡父的房中术手册

这位秘密皇子名为朱祐樘（1470—1505），庙号孝宗，年号弘治。他虽然体弱多病，但却潜心学习儒家经典、礼仪，并致力于消除其父治下朝廷内的不良影响。孝宗的一个主要整治对象是大学士万安（1489年去世）。万安自称是万贵妃的子侄辈，并因她的青睐而权势煊赫。宪宗的遗物中有一部关于房中术的书，上署"臣安进"，手迹表明是万安将书呈献宪宗的。孝宗震怒，令宦官将书带到会见大学士的大殿，质问万安道："此大臣所为耶？"而后者则羞惭无语，跪拜于地。随后他被免官，不到一年便去世了。[41]

许多人相信孝宗在中国皇帝中是一个特例，因为他对妻子张皇后（1471—1541）情有独钟，几乎贯彻了一夫一妻制。1487年，孝宗还是太子时便与张皇后成婚，"笃爱，宫中同起居，无所别宠"。换言之，他们就像一对平民夫妇那样夜晚同寝，而不是像以往的皇帝、皇后那样分居而眠。孝宗给予张皇后及其家人很多赏赐。不幸的是，她的两个弟弟因滥用职权而闻名，随意出入宫禁，并与皇帝共饮宴。据一名晚明史家记载，一次孝宗如厕时，张皇后的一个弟弟竟然开玩笑将皇冠戴在自己头上。皇帝对于胆敢攻击批评兄弟俩的人予以惩罚，但他们滥用职权过于肆意，以至于皇帝亲自与其中一人私下说道："毋使我以外戚杀谏臣。"[42]

张皇后在接下来的两位皇帝治下成为皇太后，并参与第二位皇帝的继承问题，下文将进一步阐述。然而，孝宗朝时便有传言，说太子即未来的武宗，是由宫女而非张皇后所生，不过证据纷繁，无法考证。据说武宗生母来自低级武官之家，她作为选侍入宫，先在皇帝寝宫中答应，后来转为服侍周太后。她的父亲到处宣扬太子是自己女儿所生，孝宗震怒，下令将其处死，后来又给予缓刑。武宗继位之后，他又散播谣言，并最终被处死。有人说这名宫女待在宫中，还有人则说她被调入了浣衣局。[43]

第四章

自1506年至1572年的三位君主

喜游之君

　　孝宗之后，明朝连续出现了两位与宫廷规矩极度疏离的君主。孝宗之后的第三位皇帝也很离谱，他的过错在于不能抵御宫中女色的诱惑。孝宗之后的第一位皇帝名为朱厚照，他是中国历史上最为挥霍的君主之一，也是孝宗唯一存活的儿子，关于他的故事常常以其庙号"武宗"称之，而其年号为正德，我也将称之为武宗。官方记录描述他喜欢特立独行，蔑视传统礼法与官方礼节。他不喜欢为皇帝设计的那套生活方式，例如与大臣早朝，每日处理文书、进行决策，除了少量出行，自身活动范围仅囿于宫禁，即便出行也很少离开京城。武宗统治前期，他便搬出紫禁城内的皇帝寝宫，在皇宫西北角另辟新居，名曰"豹房"。1517年以后，武宗的居所彻底远离宫禁，从而更方便他外出打猎、钓鱼、领兵、游玩。武宗还有演奏音乐与歌唱的爱好。他甚至为自己造出了第二自我，即虚构的大将"朱寿"。而且他还另制了一枚印章，代替玉玺以发号施令。1517年，武宗亲自率领军队征讨蒙古入侵者，他几乎被俘，不过最终成功击退了蒙古军队。

如果我们将焦点集中在后妃上，那武宗则没有什么可讨论的。与皇后成婚不久，他便不再与之见面，而是开始与数十名，甚至数以百计的女性交欢，直至二十九岁时驾崩。不过，武宗未有过子嗣。在他生命中的最后几年，他曾有一位宠妃刘美人。武宗使她脱离了乐户的贱籍，刘美人据说对皇帝产生了一些积极的影响。然而，武宗其他宠幸的对象是男性而非女性，主要包括宦官与兵士。这些人不断取悦皇帝，而皇帝则远离大学士及其他官员，有时甚至对他们隐匿行踪。一次，武宗从西北的机要边防地区威武地回到北京。一天雨雪过后，他终于抵达京城，但只是在城门外的帐篷中会见大臣，并告知他们自己亲手杀死了一名蒙古人。之后他回到豹房，而大臣们冠带齐备，半夜三更在泥泞中回城。大臣们对皇帝的过失不断监督、劝诫，但武宗在大部分时间里都对他们不理不睬，有时甚至残暴地对待他们。[1]

忠于明朝的清代学者毛奇龄（1623—1716）有两部作品，为武宗的生平提供了丰富的细节，而《明史》中却找不到这些信息。其中一部是上文提及的毛奇龄纂辑的后妃传记《胜朝彤史拾遗记》，另一部则是囊括很多轶事的《武宗外纪》，后者属于具有漫长文学传统的一种特殊文体，以细致描写荒淫君主耸人听闻的私生活为主。毛奇龄当时可以看到前朝的宫廷记录，另一部有关明朝这段时期的关键文献《明通鉴》的作者夏燮也能够阅览这些文件。两部文献都直言不讳，因为武宗的继任者和记录编修们不认同武宗的行为，所以并未删改对他不利的细节。如同隋炀帝、武则天和金海陵王一样，武宗吸引了说书人与剧作家的兴趣，他们将事实与想象混同，描绘武宗宫内宫外的历险，但就像接下来要讲到的，

这些故事并不像其他荒淫君主的故事那样耸人听闻。²

取消临幸记录

　　武宗拒绝遵守为一夫多妻的皇帝制定的规矩，一个较早的表现是废止了宫廷服务机构对其临幸后妃的记录。他在宫中任性游荡，率领一众年轻宦官作为自己的玩伴，一个月内仅与皇后及另外两名与皇后一同册封的高级妃子待上四五次。他的主妻是夏皇后（1535年去世），《明史·后妃传》中武宗的后妃中只记录了她一人。武宗登基首年，夏皇后在一场盛大的典礼上加冕，但是我们对她知之甚少。她的传记大部分内容是关于下一任皇帝与群臣讨论如何为她举行葬礼，其中亦包括她的谥号应该用几个字。起初，新皇帝说用六个字，仅为通常皇后十二字谥号的一半，这可能是为了谴责、贬低武宗。不过后来，新皇帝又把字数加回了十二字，因为如他所说，六字谥号与皇帝主妻的身份并不匹配。尽管武宗不同寻常，但他在选择一位妃嫔时仍效法了其他皇帝，看重她的文学修养。这位妃子姓王，兼善诗书，美貌出众。有一次王氏陪皇帝去温泉，皇帝让她当场作诗一首，后来还将诗刻在当地的石头上。³

　　1507年或1508年，武宗从内宫移居至豹房，豹房靠近皇城中豢养虎豹猛兽的地方。如同元朝一样，明朝早期的皇帝蓄养这些猛兽，以备狩猎之需。看护这些动物的人隶属皇帝的贴身卫队，其中还有蒙古人与中亚人。豹房还靠近射箭与习武场地，皇帝喜欢在那里看宦官与兵士操练表演。武宗甚至在豹房内升朝，但是大学士们对此并不赞同，并说新的寝宫应该只供娱乐休闲之用。不过，另设寝宫却让皇帝能够自由行动，且使他能会见想见的人。

武宗喜欢西藏喇嘛，并在豹房旁建有喇嘛庙。他还好饮，据记载，武宗曾让随行的仆人"以杯杓随"，以备随时饮酒。他秉性好动，并曾长途跋涉，骑马穿越风雪，带箭配弓，不畏危险，拒不坐轿。他还喜欢打猎，但朝中大臣认为这并非人君所为，尤其是有英宗大劫的前车之鉴，更令他们坚信皇帝不应该参与如此危险的活动。实际上在武宗之后，明朝的皇帝再也不打猎或参战，野兽的数量也急剧下降，至十六世纪末，仅仅剩下几头而已。[4]

与皇帝"同卧起"的男人

由于武宗在选择伴侣上的随性，史官们写不出一篇标准的后妃传，但他们还是记录了一些男宠、宠姬。这些人取代了武宗本应交往的那些经过严格筛选的妃嫔。武宗的一些男宠与皇帝"同卧起"，其中包括宦官与军士，第一个就是臭名昭著的刘瑾（1451—1510）。刘瑾一心取悦皇帝，他曾怂恿武宗微服出宫，游幸京城。不久，刘瑾便成为皇帝的心腹，替皇帝发号施令，并恐吓反抗他的官员。刘瑾的任务之一是增加大内的收入，但往往方法并非光明正大的，而武宗挥霍无度，又急需额外收入。刘瑾试图使文武百官臣服于自己和自己的宦官盟友，但这最终导致了他的灭亡。刘瑾被指控密谋暗杀皇帝，以另立自己的侄孙为帝，最终刘瑾被处决。[5]

武宗下一位男宠是锦衣卫钱宁（1521年去世），史书说他来历不明，"不知所出"，自他起，文献对肢体上的亲密接触便开始有所暗示。钱宁擅长射箭，刘瑾死后，他平步青云，成为皇帝的养子，并受邀与皇帝同住寝宫，一同饮酒，并介绍乐师与长于"密戏"的人给皇帝。撰写钱宁传记的史官可能想到了一个有关汉朝开国皇帝刘邦（公元前247—前195）的故事——刘邦有一次被发现枕在其宠幸的宦官身上，这使他的大臣们非常担忧，从而写下"帝在豹房，常醉枕宁卧"。武宗常常很晚起床，这使得大臣们不得不等到下午。当他们看到钱宁出现，就知道皇帝不久就会到来。钱宁在武宗朝末期与一名叛乱的藩王勾结，被指控叛国而处决。[6]

另一位被皇帝请入寝宫的男宠江彬（1521年去世）本是武官，他贿赂钱宁，将自己引荐给皇帝，其风头不久就盖过了钱宁。江彬的传记列于《明史·佞幸传》中，史书说他"出入豹房，同卧起"。他曾立下战功，脸上有作战时留下的疤痕，这令武宗印象深刻，并于1513年将江彬认作义子，甚至以己姓赐之。武宗也赏赐其他人这一殊荣。江彬知道如何鼓动皇帝好武的本性，安排演武、狩猎、出巡，最终怂恿皇帝亲征。演武时，"铠甲相错，几不可辨"。江彬获得了高级武职，最终其权力膨胀至几乎在武宗死后发动叛乱。不过，他的阴谋被及时发现，他最终被逮捕处死。[7]

《明史》中提及江彬与武宗"同卧起"时，史书呼应了以往历史中关于皇帝亲密男伴的记载。这种表述一般指称在同一张或者附近的床上就寝，也可能表明性关系的发生，尽管这并非必然，因为人们常常同床分被或枕腿而眠，却并无性接触。这种表达也常用于英勇作战的英雄男子，但是对于武宗而言，这反映了卫道者对皇帝与年轻宦官、伶人及类似江彬的佞幸过从甚密、不顾体统的不满，尽管并非所有皇帝的玩伴都产生了消极影响。据说宦官王伟自幼便是武宗的侍读，武宗称他"伴伴"，二人"从小相狎"，而"狎"这个字带有明显的性暗示。武宗曾"唯其言是听"，后来王伟升至内守备，这是常用来授予受宠宦官的武职。在官员的协助下，王伟在皇帝南巡期间使他免遭危难。

一些故事听上去像是小情事，或者至少是激情四射的友谊，尽管并无直接证据可以证实。武宗曾经喜欢一名富有才华的诗人兼歌者。这个人原本是前途大好的年轻学者，但遭受挫折，未能仕进。在南京时，一天晚上武宗突然驾临，而此人只有水果与茶进献皇帝。武宗并不介意，带来了酒肴，与他欢唱酣饮直至天明。武宗北归时邀请这名学者一起上船，后者晚间便在御榻之前睡觉。不久，武宗驾崩。从其他文献中，我们知道这一时期的作家不仅毫不犹豫地描写男子间的性事，且描写露骨、详细，并无斥责之意。皇帝的轶事中缺乏细节，有可能是因为作者倾向于庄重地描写，并且需要避免触怒皇家，因为他们毕竟生活在明朝。至于皇帝与王伟亲近，有可能作者对于武宗与宦官之间亲密的不赞同影响了他们的描述，但他们其实并没有丝毫具体证据。然而可以肯定的是，武宗喜欢宦官和其他年轻男性的陪伴，后来的万历皇帝亦是如此。[8]

窃取之女与回回舞者

在武宗最为臭名昭著的一次嬉游中，江彬还协助皇帝窃取妇女，她们之中很多来自宣府附近的地区。宣府是江彬的老家，也是武宗在豹房之外设置的行宫所在。据说江彬嫉妒钱宁的影响力，便将武宗诱至宣府，说那儿的乐户行院充满了美女（这些人家世代相传，专门提供声乐娱乐服务，而性服务则是其中不言而喻的一部分）。1517年，皇帝微服造访宣府，把豹房中的宝物也一并带了过去，但他掳劫的女性并非只是来自乐户。"时夜出，见高门大户即驰入，或索其妇女。"人们贿赂江彬，请他不要让武宗到自己家，而试图弹劾江彬的大臣则遭到严酷对待。最终，宫殿已装不下这么多女子，更不用说对她们有所记录，这使得很多女子住在皇城外的浣衣局，这也令大臣们颇有微词。[9]

武宗尤其喜欢来自中亚的回回女子，来自中亚的侍从于永为他引荐了许多。于永本为锦衣卫都督同知，1508年武宗因其长于密戏而将之召至豹房。于永趁机称赞回回女子的美貌，说她们艳压明朝女子，并为武宗购得舞者若干人。这些舞者是于永从居住在北京的来自中亚的人家中强行征召入宫的。一日，武宗酣醉，像以往他对别人家妇女做的那样，皇帝吩咐于永把女儿带来，于永则用邻居的女儿偷梁换柱，骗过了武宗。但他担心自己的做法早晚会曝光，所以佯装生病，乞求退职，把自己的职位留给儿子。

武宗留下一名已经结婚且怀有身孕的回回女子在豹房内服侍，他对礼法的蔑视已达到高峰。通常怀孕的女子严禁入宫，只有怀有龙裔的女子才能在内廷居住。1516年，江彬告诉武宗，高级将领马昂的妹妹马氏貌美非常，长于骑马、射箭，且精通音律。皇帝非常喜欢她，重赏马昂及其弟，甚至赐予他们通常只有高官与管事宦官才能穿着的蟒衣。马昂兄弟亦与武宗"同卧起"。大臣们纷纷抗议，引经据典地劝诫皇帝不要宠幸一名不贞的女子，更不要耽溺于危险的"女戎外宠"组合。他们采用诸如"祸水""尤物"这样历史悠久的语词，并从夏、商、周、汉、晋、唐各代历史中援引最为不堪的例子，说明历史正在重演。但是武宗完全不理会他们。这场闹剧在某一天戛然而止，因为武宗临幸马宅时喝醉了，向马昂索要一名小妾。马昂拒不放人，说小妾已经病倒。武宗大怒而归，马昂亦畏罪退职，不久马氏便宠爱日稀。[10]

最后一位值得一提的妃子是刘美人。起先她似乎与马氏同属一类，都是危险的宠妃，但最终却对武宗产生了积极影响，从而我们更倾向于把她划分为妃嫔中行为得体的一类。1518年秋，武宗第一次与她邂逅，那时他刚虚构出自己的第二身份——大将军朱寿。刘氏是乐户歌女，隶属山西一位藩王的府第，据说她之前已经嫁给一位乐师。几个月之后，1519年初，武宗归京途中路过她的居处附近，之后便携其进京。刘美人立刻成为新宠，与皇帝昼夜宴饮。武宗对她言听计从，如果有人触怒了皇帝，刘氏便会劝解他息怒。其他包括江彬在内的佞幸"见必触首，以母事之，呼之曰'刘娘娘'"，这是通常用来称呼皇后的。[11]

　　武宗明显在意刘美人，但是和其他宠姬一样，她也非正式纳娶的妃子，所以只有野史提及。要是她诞下皇子，情况则会有所不同。1519年夏，叛乱的宁王被捕之后，武宗决定以大将军朱寿的名义领兵南下，假装去镇压叛乱。这是在叛乱开始前，他严厉对待反对他出巡的大臣们后发生的。刘美人由于生病不能同行，她给了皇帝一枚信物，以留作随后使者接她南去的表记，但武宗却把信物弄丢了。由于刘氏拒绝与皇帝派来却没有信物的使者同行，武宗便亲自北上，接她到南方，这是皇帝任意而为的大动作，路上花了整整一个月。他只乘一艘船，外带几个仆人，也没有告知群臣，河道中的其他船只并不知道皇帝正在经过。一次他的船与另一艘船相撞，武宗震怒，便拐走了船主的一名小妾，而那位船主是湖广参议。南归途中，武宗一路兴致高昂，沿途钓鱼、打猎，并将所捕之物赐给侍从，但这些人需要出价购买。武宗的一些狩猎活动使得所到之处的田地荒芜，不过据说刘美人曾劝阻他不要那么做。1520年秋，他回到北方，行程缓慢，还押解着宁王。一日，武宗正独自钓鱼，突然船翻了，他险些淹死。由于武宗的健康状况已经非常糟糕，因此一病不起，第二年春天便与世长辞。他死后一个月里未立新君，一位大学士安排选定了武宗十四岁的堂弟继承大统，同时遣

散武宗朝的许多官员。¹²

　　武宗是中国历史上最另类的皇帝之一，因此成为小说戏曲津津乐道的对象，这些作品描写了宦官刘瑾的邪恶压榨和皇帝在宫外的探险。像刘瑾这样的宦官常常成为诋毁讪谤的众矢之的和替罪羊。清代有两部小说关注刘瑾如何通过阴谋获得权力。其中一部说他吃下灵药使阳物重新长回，继而篡夺皇位，并像其他皇帝那样，与后妃共享鱼水之欢。在另一部小说中，一位道士通过算命让刘瑾相信，如果古代女神女娲和唐朝女皇武则天可以统治王朝，为什么宦官不能？¹³尽管儒士大臣都想让皇帝回到正常宫廷生活的轨道上，但小说家则为武宗的探险精神与放浪不羁着迷。他对宫廷生活的厌倦和娱乐生活的品位为虚构提供了绝好的素材。一些作品写他微服嬉游，后来与武艺高强的英雄好汉一起惩恶扬善，救人于水深火热之中。还有作品将武宗描述成与女子调情时令人捧腹的痴汉，说他曾苦劝一名女子成为自己的妃子。最不客气的故事则记载，由于在掳走别人妻子时遭到反抗，他将女子的夫君处死。另一个故事脱胎于宪宗的经历，本来无子的武宗突然发现他早已忘怀的一名女子已经为他诞下龙种。不论如何，这位女子总是天真纯洁的典范，配武宗是绰绰有余的。然而值得注意的是，不同于对赵飞燕、武则天、海陵王及慈禧太后故事的处理，这些故事中没有细致的性描写，也不及它们荒谬怪诞，这有可能表明作者对武宗感情更深，或者至少不像憎恶其他人物那样深入骨髓。

宫女试图刺杀的皇帝

　　下一任皇帝婚姻生活的情况更是急转直下，甚至不如武宗。

他在皇后流产死后废除了她的封号,原因仅仅是一件有关妒忌的事。这位皇帝几乎被一群妃子所杀,在晚年又召纳数以百计的处女,因为他相信她们体液中的精华可以使自己长生不老。由于武宗无子,大臣们不得不变通继承制度,推举其堂弟朱厚熜继位。朱厚熜之父是宪宗的第四子,我将用朱厚熜的庙号"世宗"称之,也常有人用其年号"嘉靖"称呼他。朱元璋曾说过,如果没有子嗣,皇位就由死去皇帝的弟弟继承。堂兄弟就如亲兄弟一样,所以大臣们决定,世宗应被视为武宗的亲弟弟,过继给武宗的父母,而自己的双亲则为叔父、叔母。世宗不接受这个提议,因为这意味着将自己的父母降级。这一冲突导致皇帝与大臣之间经年的论争,最严重的是1524年的"大礼议"。那时有超过两百位官员抗议世宗试图提高自己生父的地位。皇帝逮捕、毒打他们,致使十七位大臣死亡。最终他的生身父亲还是被追封为帝,而其父的神位进入太庙则要等到二十多年之后的1545年。这样才完成了一系列礼仪,使得其生父得到如同皇帝的待遇。[14]

尽管有这些负面因素,但在统治伊始,世宗看上去还是一个非常严肃、充满雄心壮志的君主。他致力于扮演他有德之子及道德宣扬者的角色,在他关心的礼仪方面有着坚定的意志,同时非常关注细节。世宗继位之初便向首辅坦陈自己性欲并不旺盛,在最初统治的十年内也未能生育子嗣。他明显与其前任、堂兄武宗的尚武作风隔绝开来,将钱宁、江彬等前朝宠臣一并清除。他还释放了皇家宫苑中豢养的动物,并远离武宗喜好的藏传佛教。不过最终,他还是留下了昏君的名声,因为他并未与皇家官僚机构有效沟通,只专注于私人事务,耽溺于秘传道教,且虐待宫中女性。[15]

妃嫔试图刺杀世宗是中国宫廷史中最为引人注目的一幕。皇帝暴虐的脾性与残酷的惩罚为人所知。1542年,一群宫女可能为了报仇而试图将其缢死,不过具体动机仍不明确。世宗最终被及时救下,但从那以后,他便停止上朝,移居至皇城西边,再没有在紫禁城的皇帝寝宫中居住。他有三位皇后,前两位都被废黜,他活得比三位皇后都要长。尽管他在统治的前十年未能生子,但最终他与八位妃子生下了八位皇子,不过没有一位皇子是皇后所生。只有两位皇子活到成年,年长者成为继承人。五位公主中有两位活到成年,但与以往一样,她们的生母没有明确记录。1565年世宗统治末期,一位官员上书指斥皇帝为人、为父、为君都完全失败。世宗下令调查此事,获悉上书的官员早已买好棺材,安排好了葬礼。世宗将其逮捕,施以酷刑,但自己不久便驾崩了。继位者释放了这名官员。

皇帝之母,焉敢不敬?

根据官方计划,世宗本应充当武宗亲弟弟的角色,称自己的生母蒋氏(1477—1538)为叔母,而非母亲。但世宗不能忍受对生母的轻视。当蒋氏得知这一计划,她拒绝入京。世宗知道后便宣布他要与生母一同回藩,换言之,他将拒绝皇位。一位大臣设法处理这个争端,安排世宗仍以母亲称呼生母。他们还达成共识,升蒋氏为太后,这也符合她的要求及预期。[16] 不过,问题并未完全解决。另一位卷入继承过程的女性是孝宗的张皇后,她是世宗的伯母,也是在位的太后。张太后下诏指定世宗为皇位继承人,大臣们一度担心她的权力过大。最终,她的权力没有膨胀,却失去了世宗的信任,因为皇帝认为张太后并未给予蒋氏应得的尊重。世宗对张太后及其家人不敬,将她的兄弟下狱。虽然张太后求情,但世宗还是处决了她的一个兄弟,另一个则在狱中死去。1541年张太后驾崩,世宗将葬礼规模降低,不过由于她仍是皇帝主妻,是另一位皇帝的生母,世宗仍将她葬在皇陵,其神位供奉太庙。第三位卷入世宗关于礼仪纠纷的女性是其祖母邵贵妃。邵贵妃乃宪宗妃子,并产下三位皇子,其中便有世宗之父。她出身贫户,家人将其卖给一位镇守太监。这位宦官训练她写诗,并将她进献给皇帝。世宗称帝时,她已年老失明。她与皇帝相见时,将他从头摸到脚。世宗封她为皇太后,但之后不久她便去世了,世宗此时仅登基一年。皇帝想要将祖母葬在皇陵,但大臣们纷纷谏阻,并提出在奉慈殿供奉她的方案。1536年世宗关闭奉慈殿时,将邵贵妃迁至皇陵,王皇后与纪皇后已长眠于此(宪宗此时与三位女性葬在一起)。世宗进一步将祖母神位置于奉先殿,与宪宗皇后及宪宗母亲放在一起,且没有告知群臣。像太庙一样,奉先殿只能供奉皇后的神位。大臣们直到万历朝才发现被移入的邵贵妃神位。[17]

陈废后的嫉妒与流产

据《明史》记载,正是由于醋意大发,世宗三位皇后中的第一位不但殒命,且死后惨遭废黜。陈皇后(1528年去世)在世宗即位首年称后。据称世宗"一日与后同坐,张、方二妃进茗,帝循视其手。后恚,投杯起。帝大怒,后惊悸,堕娠崩"。皇帝打破传统,降低了陈皇后葬礼的规格,还缩短其谥号,并将其葬在二等妃子(即位列"妃"之下者)的墓地之中,其神位并未进入太庙,而是安放在奉慈殿中。尽管世宗后来心软了,但他仍拒绝将其神位移回太庙。直到下一朝,世宗的继任者才将陈皇后的棺椁移至世宗永陵,将其神位安放在太庙中,取代了方皇后的神位。方皇后是世宗的第三位皇后，按照惯例，每位皇帝于太庙中袝奉一位皇后，如果皇帝有多于一位皇后，则最好是原配。史料所载陈皇后之事令人想起宋光宗也曾欣赏过服侍他的宫女的双手，但光宗皇后几天后把宫女的手砍掉呈给了皇上。张皇后是世宗的第二位皇后，1529—1534 年在位，是上述进茶女子之一。由于她陪同皇帝出席了无数仪典，并每日为宫女讲解蒋太后（世宗之母）编撰的有关女德的《女训》而为人所知。但是 1534 年张皇后被废，1536 年去世。《明史》并未说明废后的原因，沈德符则记载，由于她为世宗伯母张太后的一位兄弟说情而使皇帝不悦。[18]

然而，张皇后因为参与了一项被朱元璋废除、又为世宗恢复的礼仪而为人所知。这项礼仪称为"先蚕"，在古书《周礼》中已有记录，汉、南北朝、隋、唐、宋、清都举行过这项仪式。这是皇后参与的最为重要的国家典礼，也是所谓"吉礼"之一。吉礼是三种对女性最为重要的国礼中的一种，其他两种则为"嘉礼"与"凶礼"（即丧葬礼节）。世宗恢复先蚕礼是其重新调整皇家礼仪雄心壮志的一部分，这也有利于他不断坚持自己亲生父母应得的荣耀，亦有利于赐予双亲及其他皇室成员应有的头衔及礼仪。作为皇后参与的重要皇家典礼，先蚕礼值得我们简要说明。

这项仪式于 1531 年春首次举行。皇后、妃嫔和外廷成员（贵族及品阶较高的大臣）之妻在黎明出发之前需要斋戒，目的地是城北特别建造的神坛。宦官们随行，军队在她们出城门后标出路线。在这样特殊的场合，皇后身着封后时的服饰，九龙四凤冠亦在其中。进行一系列礼仪之后，后妃们身着常服进入桑林，拾起具有象征意义数量的桑枝，女侍们将这些枝条交给织丝女工，后者将叶子搅碎喂给桑蚕。随后举行宴会，后妃们返回宫中。一个月以后，皇后回到此地参与剥茧织丝，与之前一样，这象征着纺织所需的辛勤。这项礼仪与皇帝春季象征性地首次耕田以开启一年的农耕相呼应，世宗也恢复了皇帝参与的这项仪式。皇后的先蚕礼地点后来转移至皇城内，这样免去了她远赴北郊的麻烦。最终，这项典礼被废，据说是由于财政原因。[19]

反思自己性欲的皇帝

世宗统治前十年未能育有子嗣，这与武宗的经历惊人地相似，但正如窦德士提到的，世宗在给首辅张璁（又称张孚敬，1475—1539）的信中却对此坦然反思。世宗曾写道自己无意声色，1528年给张孚敬的信中又写明，尽管自己对皇后与两位妃子（张妃与方妃）而言是正直尽责的夫君，他却不得不承认："但奈朕委不尚嗜欲，而于多欲丧身之戒，或过之耳。"他进一步写道："兼以气质弱薄，而实色慌为惧矣。"在其他信件中，世宗还陈述陈皇后的突然离世与并无子息不仅是自己的过错，而且还表明自己无德。然而，他让张首辅宽心，因为他也很担心没有继承人的问题，并且劝道："卿可安心勿虑，须徐图之。"然而，他在信中并未提及《明史》记载的皇后死因。张璁回信，说明他担心皇帝过于遵守礼仪，每日在宫内的三座祖庙前行仪跪拜，并尊奉其生母与伯母。其母与张太后都敦促世宗另聘新后，皇帝最终同意了。他让新皇后与自己临幸过的其他妃子行"高禖"礼，这是在皇城东门神坛上举行的特别祭祀仪式，因为这个地点被认为能够接受朝阳的正面影响，从而有助于生育。[20]

最终，皇帝竟寻求春药及道教房中术的帮助，1533年终于有子，接下来的六个月又连添二子。不过，春药的成分虽然能够令他性致盎然，但也对世宗的健康造成了长期破坏。像先前的皇帝一样，世宗常常突然暴怒发狂，并患有胃病与皮肤疾病。更为常规的生育方式应该是与更多的妃嫔性交，张璁也屡次推荐这种传统方式。在一封信中，他首先建议皇帝保重龙体，然后才慢慢切入正题：他劝诫世宗减少忧虑，避免过热或过冷，好好休息，注意饮食，并适当进行户外活动；之后，张璁更为直接地提到性行为，劝导皇帝"啬精神，择妃嫔，充和乐，浦恩爱"。《明史》提及张璁提醒皇帝效法古代君主纳一百二十名妃子的先例时，与这些私人信件相呼应，并肯定世宗"春秋鼎盛"，应"博求淑女"，从而达到"广嗣"的目的。世宗接受了他的建议，他经年纳娶的妃子数量可远不止一百二十人。[21]

为妃嫔所缢

1534年，世宗举行了一场盛大的典礼以纳九嫔，其中方妃取代张皇后，成为世宗第三位，也是最后一位皇后。她是第一位皇后流产之前向皇上进茶的另一位妃嫔，据说也是她在世宗受宫女袭击时将他救下。宫女们的刺杀行动如下：据说世宗对待宫中女性"性下"，这使得她们不仅惧怕，而且憎恨皇帝。[22] 1542年的一天，他驾临宠妃曹端妃的寝宫。曹端妃是世宗第一位公主的生母，她与另外九名嫔妃侍奉皇帝安寝后离开，随后另一群女子入房，将丝绳套在皇帝脖颈上，并堵住了他的嘴。她们骑在皇帝身上，并用钗尖刺扎皇帝的阳物，但误将绳索打成死结。其中一个名唤张金莲的女子惊慌失措，跑去将此事告知方皇后。皇后立刻前来，解开了绳索。此时皇帝还有意识，却无法讲话。方皇后召集宦官逮捕诸女子，并称曹妃与其他嫔妃串通。曹妃对这个计划本是一无所知，但由于皇帝仍惊魂未定，方皇后代其下令，将所有相关女性集体处死，并将头颅悬挂示众，共计十六人。

世宗服用一剂强效药之后得以痊愈。药剂使他吐血，但据说吐过之后，他便能讲话了。他对宠妃曹端妃被处决一事闷闷不乐，认为她并未参与此事。据沈德符记载，一团黑雾在处决地盘旋数日，人们认为这表明处决不公。据《明世宗实录》记载，这些女子密谋已久，这也表明了她们对世宗的仇怨极深。后来关于这件事的传言散播开来，世宗不得不表明自己并无大碍，让人们放心。关于此次刺杀的各种叙述并不一致，但都写了一名女子惊慌失措地逃走了。沈德符则说是因为皇帝窒息的喘息声传出室外，将皇后引来，她冲入室内将世宗救下。皇帝深感不安，为了自己的安全，他立刻移居至皇城内的另一区域。几年之后，1547年皇后惨死。一场大火在皇后宫中燃起，一位宦官问世宗是否营救她，但皇帝并未答复，最终导致皇后惨死。我们很难知道世宗为何要这样做，不过，他仍下令将皇后风光大葬，奉棺皇陵之中，坚持将其神位供奉太庙，群臣亦同意如此安排。不过正如刚才提到的，陈皇后的神位最终取代了方皇后的神位。[23]

为求长生，召纳处子

使用春药表明皇帝一开始便对道教饶有兴趣，后来他痴迷于道教的长生不老之术，并于1540年向廷臣宣布自己将投身于道教。根据古代秘术，一位道士建议他与处女交媾，尽管很多人认为此乃旁门左道，且不符伦常。根据传统，交媾应在第一次行经之后，因为那时的女子被认为蕴蓄着最饱满的能量。如果男子能够吸取这股能量，便可以让自己长生不老，而男子则需防止射精。以道教术语而言，从女子处吸取的精华乃"先天丹铅"。这种精华只在此时出现，据说道士们用它炼制供男性服用的特殊丹药。1552年，世宗征纳三百名幼女,她们的年龄在八岁至十四岁之间。1555年,世宗再次征纳一百六十名十岁以下的童女。据说世宗在晚年对此事更为执着,我们对他的性行为方式只能加以猜想。世宗早先对声色之乐的警惕似乎在道教房中术的影响下获得了新的内涵。[24]

沈德符讲述的一则故事提到皇帝与其征纳的幼女之间发生的一件事。几世纪以来,按照宫中惯例,如果一名女子被皇帝临幸,她将受到特殊的赏赐。登入档案之后,她需要表达感谢,其称呼将更为正式,并被封为妃嫔,去往指定的新居所生活。不过,据说由于世宗服用道士的药物,他随心所欲地与妇女或女孩交媾,竟致使记录无法跟上,部分女子因此从未得赐头衔(未能获封头衔的情况前代亦曾发生,朱元璋有过此类疏忽)。多少女子如此遭遇已无从得知,一些在死后才得到追封。沈德符的故事是他从一位老宦官那儿听来的。据说有一次,皇帝一边诵经,一边敲击石磬,但不小心敲到了别的地方,他那时看上去一定很傻。服侍他的女子都低下头,不敢直视皇帝,但一名年轻女子没能控制住自己,放声大笑起来。皇帝瞪了她一眼,在场的所有人都认为这名女子大限将至。可是仪式结束之后,她不但"承宠",且被封为"美人",这是低级妃嫔(正七品)的一种。该女子姓尚,当时不满十二岁,世宗对她宠爱有加。1566年,皇帝驾崩几个月之后,尚美人获封为"妃"。1610年尚妃去世,是少数如此高寿的妃子之一。[25]

"毋徇无涯之欲"

世宗的继承者淫逸放纵,但是我们对其淫逸的事迹却知之甚少,也没有相关的幻想虚构。朱载坖(1537—1572)在世宗之后继承皇位，其统治自1567年始，至1572年止，年号隆庆，庙号穆宗。世宗的首位太子比朱载垕早出生五个月，但不幸夭折，人们以为世宗会立朱载垕为太子。然而，皇帝却将朱载垕与小他一个月的弟弟一视同仁，这令大臣开始怀疑世宗更倾向于立弟弟为太子。这导致朱载垕在成长的过程中始终不知道自己是否会成为皇帝，也没有受过相关训练。他不善在众人面前演讲（有可能是因为言语障碍），上朝时则让大臣代他讲话，即使礼仪上要求皇帝亲自发言时亦是如此。幸运的是，当时的大学士能够独当一面，其中最引人注目的要属下一朝仍为大学士的张居正（1525—1582）。

朱载垕登基不久，群臣便首次连续上书，不满皇帝对性事的沉迷。1567年，一位给事中对皇帝在内宫中纵情逸乐表达了自己的"忧虑"。三个月以后，兵部郎中提醒皇帝近来天灾影响全境，而他登基不到半年，便有"传闻"说他耽溺于宫女的陪伴。皇帝接受了劝告，并传诏"素服修省"，因为其父皇刚驾崩不久，他仍应守孝。然而截至1568年正月，皇帝再也不能容忍这些诤谏。一位批评他的御史被廷杖六十，并降为庶民。其他批评的声音于1568—1569年接踵而至，并在1572年他驾崩两个月之前的一篇奏疏中得以最终体现。上疏的大臣敦请皇帝保重龙体，"毋逞旦夕之娱，毋徇无涯之欲"。他与后妃之间的相处细节并未在任何记录中保存下来，不过沈德符记载皇帝曾使用春药，宦官则是介绍者，但这毁掉了他的健康。春药令皇帝阴茎勃起异常："阳物昼夜不仆，遂不能视朝。"[26]

关于如何为生母守丧的争论

与之前至少四位皇帝一样，朱载垕由妃嫔所生，其生母姓杜。由于她在朱载垕被立为太子之前便去世，如何为她守丧成了问题。

1530年她进入世宗掖庭，1536年受封"康妃"，第二年便产下朱载垕，1554年驾崩。理论上讲，杜妃是皇子生母，而这位皇子那时虽应立为太子，但并未正式册封。与如何为杜妃举行葬仪相比，世宗的大臣们对立太子一事更为关心，但这两件事恰巧又挤到一起。群臣遍搜先例，却只找到孝宗不幸的生母纪氏。他们认为这两个例子很相似，但纪氏所生皇子在她死时尚年幼，而世宗的皇子则已成婚，且准备依据朱元璋的《孝慈录》举行丧仪。群臣觉得搬出明代开国之君能够让他们的提议更为合理，他们建议五天不上朝，并据《孝慈录》让年轻皇子守丧三年，但世宗否决了他们的提议。

大臣们后来援引孙贵妃的例子。她去世时，朱元璋让一名并非孙贵妃所生的皇子为她守孝三年。《孝慈录》的编撰便与她的去世有关。大臣们提醒世宗，朱载垕乃杜妃己出，所以他更应守孝三年。皇帝接受了守孝三年的提议，但想减少部分仪式。他最终决定采用之前妃子去世时的丧仪，改为只有两天不上朝，并将杜妃葬于妃嫔墓地金山。后来朱载垕登基，追封生母为皇太后，并将其棺椁移入世宗永陵，此时陈皇后与方皇后已埋葬于此。世宗因此成为明朝第二位与三位后妃葬在一起的皇帝。当然，杜妃的神位不能供奉太庙。最后关于朱载垕生母的一点是，他打破了禁欲的规定，在母亲死后不到一年便添了一个儿子。[27]

皇后批评皇帝耽溺声色

廷臣并不是唯一批评皇帝的人。朱载垕有四个儿子，长子为元配所生，但母子二人都在他登基之前去世。他的次子也是如此，但生母姓名无从得知。之后朱载垕娶了陈氏，登基之后陈氏便成了皇后。但由于她并无子嗣且体弱多病,后来便失宠了。据《明史》记载,1569 年她移居别宫。其他文献的记录则略有不同。一部文献说她移居之后才变得多病,且没有得到适当的治疗。一位大臣上书,建议更好地照顾陈皇后,但皇帝回复,她并无子嗣且体弱多病,因此不得不移居他所。皇帝还说,这名大臣并不了解皇帝的"家事"而胡言乱语。《明通鉴》记录了陈皇后被废的另一原因,即由于批评皇帝耽溺"声色"而触怒了他。不过她的结局不差,因为皇帝的第三位皇子,即太子朱翊钧每天拜见父皇与妃嫔生母后,便探望陈皇后。太子成为皇帝之后,他赐予陈皇后及其生母"皇太后"的称号,并对陈皇后致以最高的敬意,这是妃嫔所生的皇子通常应该对父皇主妻做的。[28]

第五章

明朝最后的皇帝们

(1573—1644)

严母与宠妃

在下一朝中,一位太后占据了主导地位。她是一位试图将儿子引上正轨的严母,却必须与皇帝儿子的宠妃斗争。这位妃子试图将自己的儿子立为太子,而非宫女所生的皇长子,这导致了长久的论战。朱翊钧九岁登基,比明朝其他皇帝的统治时间都要长,年号万历,我将以此称之,庙号为神宗。他延续了自武宗肇始的皇帝疏离皇家机构的趋势,并拒绝参与为皇帝制定的仪式性生活模式。然而,他并没有武宗那样的魄力与胆识,几乎完全在宫中度过了一生。与世宗形成鲜明对照,万历皇帝对佛教更感兴趣,而对道教房中术及求仙之道却无半分崇敬。他也没有像父皇那样耽溺于内廷性事。他聪颖博览,在统治之初听从来自母后、一位受人敬重的宦官及权势鼎盛的大学士张居正的建议。张居正死后,万历皇帝便开始按自己的意愿做事,对于皇室礼仪及政府机构均冷漠以对。十六世纪八十年代末期,万历皇帝已不再上朝,连大学士都几乎见不到皇上,他们之间依靠宦官进行交流。皇帝后来甚至完全终止了与大学士的沟通。群臣对此怨声载道，但皇帝置之不理。他不再处理文件，且不指派官员填补空缺的职位。但他又绝非玩忽职守，还关注着诸如税收方面的问题，因为他需要为自己、家人及宫廷生活积累财富，并意识到军备的必要性。[1]然而，群臣的不满日盛，且分裂成不同派系，周边少数民族也开始关注明朝的衰弱，尤其是东北的满洲在首领努尔哈赤（1559—1626）的率领下，首先对明朝施压。

截至十六世纪八十年代中期，万历皇帝的身体已经过于肥胖。八位妃嫔为他诞下十八个孩子，其中八位皇子，有五位存活下来，而十位公主只有两位活到成年。万历皇帝生命中最重要的女人是他的母亲李太后及其最宠爱的皇贵妃郑氏。《明史·后妃传》中提及的其他后妃只有：主妻王皇后、在后几朝中扮演一定角色的刘妃和被万历帝忽略的前宫女、继承人的生母王妃。

十六世纪八十年代以后，皇帝在宫中过起了与世隔绝的生活，主要由宫女与宦官陪伴。1583—1588年，他几次亲访皇陵，每次都与生母李太后、陈太后（其父的皇后）、王皇后及妃嫔同行。皇帝对御林军的一名成员产生了兴趣，与之前武宗的情况类似。群臣害怕万历成为另一个武宗，便上奏指明，出城游玩或对骑马、射箭等军务感兴趣皆并非人君所为。1588年后万历皇帝再未离开北京，1591年后再未出席公开祭祀。他早已取消传统的应于黎明来临前结束的早朝，也不再参加传统的应于日出后开始的经筵，不再与讲师交流。与此同时，立太子一事持续酝酿，直至他最终迫于压力，于1601年将皇长子立为太子。但是争议与丑闻持续蔓延，因为郑贵妃仍设法立自己的儿子为太子。关于万历皇帝、其母后、皇后及妃嫔的文献很多，其中一部独一无二且记录详细，这便是宦官刘若愚（1584—约1642）所写的《酌中志》，其中包含了对人物、事件及日常生活的描述，这些描述在其他地方是找不到的。[2]

"尔亦都人子"

万历皇帝的母亲是中国宫廷史上又一位强悍且受人敬重的女性，她也参与了内廷政治。虽然明朝对皇后的行为多有限制，她仍利用自己作为辈分最高的皇室女性和太后的地位，将自己塑造为圣母。[3]李太后（1546—1614）出身平民之家，1560年被选为朱载坖（隆庆皇帝）的宫女，那时他仍是一位皇子。1567年朱载坖登基时，她升为贵妃。1572年万历朝伊始，她被封为太后，与其夫主妻、被弃绝的陈皇后地位相当，这是少有的殊荣。通常而言，皇帝的妃嫔生母即使成为太后，其地位也低于原皇后。然而，此例中似乎并未有紧张的竞争关系，李太后最终甚至握有更大的权力。大学士张居正协助李太后掌握幼子的看护权，而她则依赖张居正代替其子领导政府。李太后甚至一度表态，她希望张居正能够辅佐其子至少直到三十岁。太后住在皇帝宫中，直至1578年皇帝大婚，她便退回自己本应居住的宫殿，从而遵守女子远离国政的祖训。之后她继续施加影响，但主要是以皇帝严母的身份，而并非干政者。通过李太后，我们可以了解万历皇帝的性格和关于立嗣的争议。[4]

如果年轻的皇帝学习不认真，李太后便罚他久跪，她的这一做法广为人知。她常常提醒万历皇帝起床，在黎明前上朝。如果皇帝行为不端，她便对儿子加以斥责，有一次甚至想废黜他而另立其弟。事情是这样的：1580年的一天，万历皇帝喝醉后要求宦官为自己唱一支新曲。由于宦官们对此一窍不通，皇帝便大发雷霆，并用剑威胁他们。其他人请求皇帝开恩，而他最终将宦官的头发砍下。李太后听闻此事后，便让张居正代皇帝撰写罪己诏，并让皇帝跪下，对其严加呵斥。年轻的皇帝大哭，并保证会端正行为，李太后才准许他起身。刘若愚还记载，皇帝曾下令将两名宦官几乎打死，李太后知晓后便脱下自己的皇家冠带，召集重臣至太庙，宣布废黜皇帝，以其幼弟代之。

1586年，立储问题早早出现，并成为万历朝经年最富争议的问题。李太后曾获悉，1582年恭妃王氏生下的长孙将不会成为太子。而皇帝从未宣布他将不立皇长子为太子，但对恭妃王氏十分冷漠，还在1586年将诞下皇子的郑贵妃升为皇贵妃，这暗示了皇帝的立储倾向。万历皇帝还将一位反对晋封郑贵妃为皇贵妃的大臣流放。李太后与皇帝当面对峙，他提出恭妃王氏本来只是一名宫女（都人）。根据朱元璋的《祖训》，如果皇长子之母并非皇后，皇帝未必非要立他为太子，尽管立皇长子为太子是长久以来的立储方式。的确，长子继承制只是一种规范，而非成文律条。太后听毕大怒，说道："尔亦都人子！"因为她自己也是作为宫女被选入裕王宫中的，隆庆皇帝登基之后，李太后才被封为妃子。万历皇帝"惶恐，伏地不敢起"。

《明史》的编纂者将母后的不赞同作为皇帝放弃原有计划而改立皇长子为太子的原因，但事实并非如此。万历皇帝将此事一拖再拖，首先将三位皇子都封王，而非只立一位太子，随后他又宣布要等王皇后产子才立嗣。他最终于1601年将皇长子立为太子，但很多年以后才把郑贵妃所生之子按传统分封出京。1614年有人就这一点质问郑贵妃，她说想让自己的儿子出席下一年李太后的生日宴会。作为回应，李太后次年传诏自己的另一位儿子潞王进京为自己庆生。根据明朝先例，多位藩王同时进京并在京城居住是不恰当的，他们有可能挑战太子的权威，甚至密谋篡位，这便是李太后对郑贵妃的暗示与威胁。郑贵妃之子最终搬离京城，前往封地。[5]

《明史·后妃传》中批评李太后佞佛，开销甚巨，以礼物、钱财及其他优遇赏赐僧尼、伽蓝。这一批评的背后，隐含着她通过观音菩萨的形象鼓吹自己的计划。其他的女皇及皇后，诸如武则天和宋朝刘太后，也都做过类似的事情，二者的权力要比李太后大得多。慈禧太后在清朝晚期亦如法炮制。明朝早期，朱棣的徐皇后也声称自己从观音菩萨那里获得经文，而孝宗张皇后则将自己描绘成道教成仙仪式中的天仙，尽管宫中只有少数人士目睹了这一切。李太后广泛宣传自己的仙者身份，既在北京兴建的佛寺中刻碑立像，又将这些碑刻拓下广传四方。她只不过做了世界各地其他女王、皇后都做过的事。作为一名信徒，她对于宗教活动的资助也为自己留下了功德记录。[6]

李太后晚年的一件事揭示了明朝宫廷生活的一些内幕。她曾邀请一位女医官进宫为自己治疗眼疾，但一名怀孕的女子偷偷与这名医生一道进宫，并将其怀有身孕一事秘而不报。通常情况下，怀孕的女性不允许进宫，正如上文提到的，只有怀有龙种的女子才能在宫中居住，但是像这名女子那样，希望在节日期间从宫中捞到礼物的大有人在。一天晚上，她产下婴儿，并将孩子溺死在马桶中。这件事后来为皇帝知悉，在他下令将该女子处死之前，太后出面干涉，并将她发配至通常处理这类事件的"礼仪房"。这名女子被杖责三十后逐出宫去，婴儿的尸首也被扔出宫门。此事之后不到一年，李太后便驾崩了，有人认为正是应了此不祥之兆。她被葬在隆庆皇帝墓中，其神位供奉在紫禁城的家庙中，但非太庙，因为她不是隆庆皇帝的皇后。[7]

皇后、宠妃与太子之母

万历皇帝的三位后妃恰好与无子皇后、宠妃、不受重视的太子之母这三种类型对应。事实上，正是一夫多妻制使得这种区别存在，并能满足三种从未公开阐明的目的，即精挑细选册封皇后、宠妃满足皇帝欲望、众多女性保证男性继承者不断绝。跟李太后一样，万历皇帝的主妻王皇后亦是平民之女。1578年，她嫁入宫中，当时才十三岁，而皇帝也只有十四岁。一个月以后，万历皇帝纳了两位妃子，1582年农历三月，又选了九嫔，其中便有不久成为其宠妃的郑氏。与此同时，他还令一位宫女受孕，1582年农历八月她产下了万历皇帝的皇长子。而王皇后生下了皇帝的长公主，但那之后便再无生育。《明史》对王皇后的评价是"端谨""慈孝"，并说她很受李太后赏识，正是后者为皇帝选择了她作为皇后。据说王皇后支持皇长子继位，但从未对郑贵妃表示不满。1620年王皇后去世，并被葬在皇帝陵寝中，其神位进入太庙。然而，刘若愚却写了王皇后性格的另一面，即其对宫女与宦官的残酷。她曾下令责打宫人，并导致超过百人死亡，还将其他人下狱或降职。[8]

万历皇帝年仅十八岁时与太子之母邂逅。负责记录明代最后几朝轶事的文秉（1609—1669）说，一日，皇帝拜访母后宫殿时与她偶遇，并要水洗手——此时这已成为皇帝邂逅新宠的典型场面。这位王姓宫女"奉匜以进，悦而幸焉，赏头面一副"。但年轻的皇帝并不想公开他们之间的关系，不过记录者仍写道，他临幸宫女且令其怀孕。1582年的一天，李太后提及此事。皇帝起初拒不承认，其母后将记录拿出，皇帝"面赤"，这段情事才公之于众。太后将宫女升至"恭妃"，不久她便产下皇子朱常洛（1582—1620），后来又诞下一位公主。然而，皇帝并未晋升她，甚至在1601年朱常洛正式成为太子之后亦如此。最终，她于1606年成为皇贵妃，这才是太子生母应有的待遇。

与此同时，郑贵妃严密监视太子，每次太子拜访生母时，她便派人跟踪他。1612年，王氏病笃，几乎去世，太子探望她时却不得不折断门锁才能进去。王氏双目失明，一边哭一边对他说："儿长大如此，我死何恨。"郑贵妃将其死讯瞒了几天，最终，一位大臣上疏要求皇帝为王氏举行葬礼。由于朱常洛的统治持续不足一月，直到其子继位时，恭妃王氏才被追封为皇太后，并与万历皇帝及王皇后一同葬于皇陵。[9]

"郑氏勤劳"

郑贵妃（约1568—1630）是继孝宗保姆万贵妃之后，明朝历史上最为臭名昭著的宫廷女性。有一则选妃的轶事与她有关。据说她的家人听闻宫中选宫女便匆忙将她嫁人，普通人家如此反应是常见的，因为这意味着女儿一旦中选，他们将再也不能相见。不过，当新郎家未能给付说定的聘礼时，郑家便没有让他们把女儿娶走，还引发了一场争斗。郑贵妃哭着跑到街上，恰好被负责征召的宦官遇见。宦官对她印象深刻，并将她加入待选宫女名单。[10]

郑贵妃长期策划扳倒太子，如果文献可信，她还曾计划谋杀太子。1582年，她作为九嫔之一选入宫中，可能不久便吸引了万历皇帝的注意。1583年，她生下皇帝的第二位公主后升为德妃，1586年产下万历第三子后晋升为皇贵妃。郑贵妃有六个孩子，比万历其他后妃都要多。1590年，在与首辅的一次值得注意的谈话中，皇帝承认自己对郑贵妃青睐有加。他召首辅前来探讨最近对自己行为过失的批评时说道："又说朕好色，偏宠贵妃郑氏，朕只因郑氏勤劳，朕每至一宫，他必相随，朝夕间小心侍奉。"[11]

史家文秉写道，郑贵妃"每与神庙戏，辄呼为老嬷嬷"，责备皇帝对册立她儿子为太子一事犹豫不决。皇帝则沉默不语，局促不安。类似这样的轶事很难证实，而文秉记述的另一则轶事更是如此。一次，万历皇帝与郑贵妃密誓后，将誓言写于纸上，装在盒中，藏于贵妃宫内。当他最终立皇长子为太子时，他对没能遵守约定感到愧疚（但文秉并未说明誓言与什么有关），并让人取回那张写有誓言的纸，但纸张已被虫蛀。更多关于皇帝对郑贵妃情有独钟的证据，在沈德符记述的轶事中亦有出现。沈德符说自己有一次拜访京城外一座庙宇时，发现有人祭祀皇帝、王皇后、郑贵妃。他非常惊骇，并让僧人将郑贵妃的祭品移除，因为这让他立刻想起了宪宗的万贵妃。然而，正如沈德符与刘若愚所说，万历皇帝毕竟能够与郑贵妃保持距离。有一次皇帝将要擢升一位宦官时，郑贵妃称赞他的决定，但这么做触怒了皇帝。万历下令痛打这名宦官，并将其流放南京。刘若愚说这名宦官是一位才华横溢的书法家、乐师，并长于设计扇子，但皇帝怀疑他一心攀高枝，且与郑贵妃同谋。[12]

驸马遭打

沈德符还记录了郑贵妃女儿寿宁公主的驸马曾被宦官殴打一

事。刘若愚叙述了选驸马的经过。像其他外戚一样，公主的驸马也不能来自精英家族。按照惯例，三名十三至十五岁的少年被引荐给皇帝，而皇帝从中挑选一位，令他习学孔孟之道。在三名面见寿阳公主的少年中，有两位盛装华服，头发闪亮，身上的香味弥漫整个房间。第三位候选人则头戴一顶不起眼的帽子，紧张地行礼叩头，并眼帘低垂。皇帝中意第三位候选人，并示意站在附近帘后的郑贵妃。1609 年，公主与驸马大婚。葡萄牙人谢务禄（Alvarō Semedo）曾在早先目睹过这样一场婚礼，并说男子如果有其他晋升或致富的机会，他们绝不会与公主结婚。"没有优秀的男人愿意成为皇帝的乘龙快婿。"他说道。在这种婚姻中，男子处于劣势。[13]

驸马之所以挨打，是因为他一日傍晚去探访妻子，可是看守公主殿门的宫女正与其宦官配偶共饮而醉，拒绝让驸马进宫。这位宫女没有事先得到通知，不知驸马要来，并且酒醉发怒，殴打了驸马。公主向母亲抱怨，但已有人向郑贵妃通报了另一个不同版本的经过，使得郑贵妃站到了宫女一边。当驸马要向皇帝控诉时，一群宦官将他打了一顿，驸马怒而离宫。皇帝下令让他回宫，罚他进行三个月的道德训练与反思，并将那位宫女调往别处，却并未处置宦官。郑贵妃依靠宦官与宫女来洞悉宫中情况，帮她达成目的，这一事件便很能说明问题。[14]

梃击案

关于郑贵妃的流言和控诉此起彼伏。1598 年及 1603 年，匿名传单在京中流传，说她图谋立自己的儿子为太子。传单中引用了郑贵妃 1595 年资助重新出版发行的士绅吕坤（1536—1618）所作的道德训诫之书《闺范》，而作者本身却与此次再版并无关联。

郑贵妃正是效法之前明代两位皇后，即编撰《内训》的徐皇后与编撰《女训》的蒋太后。三部书都是皇室女性在不合常规取得权势之后为自己正名的方式。在重新出版的《闺范》中，郑贵妃又加入了自汉至明的十二位女性传记，其中包括她自己，但将万历帝的主妻王皇后与泰昌帝的生母王妃二人排除在外。人们觉得这只不过是自我标榜的一种行为。有些人说这是她在立储问题上触怒皇帝以后重新得宠的手段。[15]

1615年发生了一起更为严重的事件。一名男子手持棍棒闯入宫禁，并冲击太子寝宫。调查人员起初判定他是一个疯子，由于受到不公待遇而做出此事。但进一步审问表明，这个疯子是受人蒙骗袭击太子，而他与两名和郑贵妃及其兄弟关系密切的宦官有关。郑贵妃坚称自己是无辜的，关于郑贵妃是否参与此事的进一步调查也被迫停止。相关官方仍记载这名男子是疯子。为证明这点，皇帝曾召见群臣，并拉着太子的手说："此儿极孝，朕极爱。使朕有别意，何不早更置？外臣何意，辄以浮言间朕父子耶？"之后他让太子朱常洛重申那名手持棍棒的男子是疯子，并斥责群臣妄议密谋及陷太子于不孝。持棍棒的男子与两位宦官都被处决，而郑贵妃在《明史》中的传记则以两条简短的备注煞尾，其一说万历皇帝驾崩时留下遗诏，封郑贵妃为皇后，但群臣拒绝执行；其二是朱常洛死后，有传闻郑贵妃与他人有染，并共同谋划如何临朝称制，执掌大权。无论传闻真实与否，按照以往的历史，此时对于女性临朝及人们散播女子称制的谣言都是成熟的时机。[16]

皇帝与他的宦官们

沈德符、刘若愚及其他作家都写到宦官与皇帝及宫中女子的关系，其中包括宦官们所做的稀奇古怪，甚至耸人听闻的事。[17]据沈德符记载，约1583年后，万历皇帝便喜欢让聪敏英俊的年轻宦官陪伴左右。这些宦官长发飘飘，一些人还与皇帝"同卧起"。然而几年之后，这些宦官却无法安享富贵。由于他们滥用职权，万历皇帝最终将他们处死。他们之间的关系有可能涉及同性情欲，这从一则轶事中可以窥见端倪。这则轶事与一位英俊的锦衣卫指挥使（而非宦官）有关。一次他随皇帝出巡陵寝，途中在驿站歇脚，皇帝便临幸了他。沈德符提及此事时，用词委婉，说该指挥使享受了汉哀帝（公元前7—前1年在位）给予男宠董贤（前22—前1）那样的宠爱。后来这位指挥使的同僚都取笑他。在刘若愚看来，皇帝喜爱宦官是因为后者对他的悉心照料，用心奉承。一日，万历皇帝对一位宦官提起另一位宦官时说："我常想张宏好个老儿，每见我谴罚一个谏官，即叩头流涕，善言宽解，我亦为他息怒，何等忠爱！"[18]

宦官与宫女之间亦会形成亲密关系，这从前述朱棣妃子及殴打寿宁公主驸马的宫女的事例中便能看出。关于这种关系的最早记录见于汉朝，术语"对食"便指称两位宫女或宫女与宦官之间形成的类似夫妻的关系。明朝时这种关系以"菜户"称之。[19]朱元璋规定这种关系不合法纪，他和朱棣都激烈反对，但这种关系仍然持续出现。据沈德符记载，至万历时期，宫女如果没有一位宦官为伴，便会成为笑柄。几个世纪以来，宦官可以娶妻，甚至纳妾，还能领养孩子。宦官与宫女之间的假婚时有发生，人们认为原因有二：其一是大部分宫女从未见过皇帝，即便她们有幸一睹龙颜，也不一定能长久地吸引皇帝的注意，因此她们大多形单影只。其二，她们依赖宦官以满足许多需求，他们之间的关系可以变得很密切。据沈德符记载,他们会举行非正式婚礼,动用媒人,开销甚巨,仿佛举办一场真正的婚礼。据说他们还会立誓,对彼此忠诚,如果其中一位去世,另一人则终身不再嫁娶。

沈德符还提到,一名来自郑贵妃宫中的侍女曾长期服侍名为宋保的宦官,但这名侍女突然与另一名宦官相好,宋保因此非常沮丧,以至于退职出家。刘若愚的叙述更为委婉。他说,失去那名侍女的欢心使得宋保看破红尘,他决定抛弃宫中繁华,转投佛门的质朴生活。刘若愚认为这样的宦官只占少数。

刘若愚对"对食"习俗并不看好,不像沈德符那样将之描绘得十分普遍。刘若愚代表的宦官群体受过良好教育,品位高雅,且恪守宫中规矩及行为规范。由于朱元璋反对这种关系,刘若愚对此也不能接受,并说那些宦官"无骨气,贪脂粉……甘心为之驱使供给"。他写道,一些更为卑贱的宦官为了每月几两银子,为宫女做脏活、累活。他们穿着极为廉价、满是油污的衣服,亦为人蔑视。不过刘若愚认为,是贫穷让他们走到了这一步。最终,这些宦官比刘若愚更幸运,因为刘的名声和地位到头来却为自己带来了灾祸。刘若愚在天启年间卷入魏忠贤丑闻,在监牢中等候处决,下文我们将会详细讨论。[20]

关于宦官的许多骇人听闻的故事中,几乎没有哪个人像沈德符讲的那名试图再次成为正常男性的宦官那样极端。这令人联想到清朝一部小说描绘刘瑾吞药以重新长回阳物的一幕。传言刘瑾的药做法如下:先将年轻女子头胎生下的男婴煮至骨肉分离,外加一头黑驴及一只黑狗的阳物与睾丸。在沈德符的故事中,一个术士哄骗一名负责税务的宦官,告诉他只要吃了年轻男孩的脑子,其阳物便能再生。结果许多男孩被杀,被用来制药。一部晚明小说中也有类似的故事。一名祈求长生的宦官吸取了四百九十名男孩的脑子，他将一支金管加热后插入健硕的年轻男孩头颅中。类似这样的故事在明清时期广泛传播，并形成了一个常见的有关宦官的母题。21

宦官与乳母

明朝的最后三位皇帝是一父二子。22 皇父朱常洛，年号泰昌，继位不到一月便驾崩了，其宠妃在他死前试图成为皇后，并想将继承人纳入自己的控制之中，但两件事都没有成功。继任者是朱常洛的皇长子朱由校（1605—1627），他受到中国历史上干政最为严重的一对双煞的影响，即宦官魏忠贤（1568—1627）与陪伴年轻皇帝终身的乳母客氏（1627 年去世）。由于朱由校并无子嗣，他的弟弟、明朝末帝朱由检（1611—1644）继位。朱由检在农民军攻入北京后上吊自杀，不久满人入京，建立了新的王朝。有关这一时期的史料宏富，不过刘若愚的《酌中志》仍很重要，因为他对宫中事务、同为宦官的魏忠贤及皇帝乳母客氏的行动都甚为了解。

"武氏之祸再见于今"

朱常洛与朱由校治下，内廷政治都扮演了重要角色。朱常洛的主妻早在其登基之前便已去世，之后他只纳了妃嫔，有两位分别为他诞下成为继任者的两位皇子。第一位诞下皇子的妃子原本是没有封号的宫女，她和另一位皇子的生母很快去世了。之后皇帝将两位皇子托付给宠妃李选侍照顾，她则是第八位公主的母亲。23 晚明时，"选侍"指称本无封号却诞下皇子的宫女。朱常洛死后不久,李选侍便成为争论焦点,争论内容如下:登基后三天,朱常洛便病倒,在他服用所谓的灵药之前,病情一直在恶化。皇帝第二次服用灵药之后,次日早上便驾崩了。有些人认为是图谋不轨之人给皇帝下的药,这便是"红丸案"。朱常洛驾崩前一天,李选侍让十四岁的太子朱由校代为请求皇帝,立她为后,大臣们对此表示反对,而皇帝第二天便驾崩了。之后李选侍试图防止大臣接近太子,并准备让他登基。群臣最终夺回太子,但李选侍拒绝搬出皇帝寝宫。她与群臣之间出现僵局,一位大臣抗议道:"武氏之祸再见于今。"这一事件被称为"移宫案",与"红丸案"及早先的"梃击案"一起成为之后党争关注的三大争议焦点。东林党人认为存在邪恶阴谋,且政府统治松散。然而,朝中权势视东林党人为极端分子,想要清理剿除他们。朱由校登基后发出谕示,痛斥李选侍,控诉她将他的生母痛打致死,并强迫他向父皇代请立其为后,还密谋"垂帘听政"。其他人,尤其是东林党人,亦反对李选侍。[24]

朱由校的统治期为1620年至1627年,我将称其为天启皇帝,庙号熹宗。他是一位软弱的君主,受教育水平不高,且不善学习,喜好嬉游玩耍,不重统治。他对乳母客氏感情深厚,1605年年轻皇帝失去生母之后,客氏便扮演了母亲的角色。终其一生,朱由校都需要客氏陪伴左右,甚至结婚生子之后亦是如此。成为皇帝之前,朱由校便很赏识宦官魏忠贤,并赐予其很大权力。反对魏忠贤与客氏的大臣被排挤,与此同时,明朝的东北大部都落入满人手中,南部与西部亦是动乱不安。1627年,皇帝一病不起,享年二十一岁,之后魏忠贤与客氏很快便丧失权势。通过检视魏忠贤与客氏的一生及他们与皇帝、皇室成员(尤其是张皇后)之间的关系，朱由校的统治情况可见一斑。但首先，让我们看一下记述他们的宦官刘若愚。[25]

刘若愚声称自己对明朝皇室忠心耿耿，并为历史上能够在关键时刻帮助甚至拯救君王的宦官感到骄傲。刘若愚出身武官家庭，受过儒家教育，准备晋身仕途。不过他自述在1598年夏天，他因偶做异梦而放弃学业，并且自宫。他并未说明异梦的内容，也没有说明自己是如何自宫的，只是提及自己从儒学教育转学医药，最终又转学道家养生之法。1601年他被选入内宫，在太监陈矩手下工作，他觉得陈矩是一名好上司。刘若愚起初负责誊抄工作，后来不知为何在1611—1620年被下狱，其后他又经历泰昌、天启两朝。他因获得拥有权势的宦官高时明的帮助而被擢升，并供职司礼监。但刘若愚得罪了魏忠贤，被贬到御马监。那时，他在皇城西边高时明的宅邸工作，帮助后者写一部有关养生的书。1623年，魏忠贤将刘若愚召回。刘没有办法，只得前去服侍魏忠贤的亲信李永贞（1583—1628）。刘若愚亲历了魏忠贤与客氏的统治，并回忆在李永贞手下工作的时候非常艰难，常有不被赏识、受人中伤之感。由于魏忠贤不通文墨，他不得不依靠像李永贞、刘若愚这样的人来起草书札、理解奏疏和宫中其他文书。崇祯皇帝登基以后，魏忠贤与李永贞从权力巅峰跌落。魏忠贤自杀身亡，而李永贞则被处以极刑。刘若愚被判下狱，在囚牢里度过余生，并撰写了《酌中志》。[26]

宦官独裁

许多轶事提及魏忠贤成为宦官之前的生活，有一些很明显是虚构的。魏忠贤出身比刘若愚低微，但像后者一样，魏忠贤也是在青春期之后才自宫的。那时他已娶妻，且育有一女。据《明史》及刘若愚的《酌中志》记载，魏忠贤幼时父母双亡，他"好色，赌博，能饮啖嬉笑，喜鲜衣驰马"。由于受到其他赌徒的威胁，他便自宫躲债，进入宫禁。由于他来自京城南面经常输送宦官的地区，对他而言，这么做可能是司空见惯的。1589年魏忠贤进宫，时为万历朝。他在底层职位上挣扎多年，终于坐上了第一个比较有影响力的位置，即天启皇帝生母的厨师。魏忠贤与年轻的皇子逐渐熟悉起来。由于他能玩善谑，赢得了皇子的赏识。他还在两位显要宦官之间玩弄权术，后来将两人中伤并灭口，然而这两名宦官起先都帮过魏忠贤巩固地位。《明史》记载，其中一位宦官本是客氏的对食伴侣，但她不久就转投魏忠贤，据称是因为后者强健有力。[27]

魏忠贤喜爱射箭、蹴鞠、赛马，除此以外，还通过木偶戏、戏曲和枪炮等娱乐手段来取悦天启皇帝。皇帝对木匠活及建筑情有独钟，并学习如何制作家具。据说如果宦官有紧急事务需要向皇上汇报，他会一边听，一边继续手头的匠作，不过是一个耳朵进，一个耳朵出，最终还是让宦官去处理。1625年上演了惊险的一幕。张皇后刚回宫，皇帝与两位年轻宦官便划船到皇城湖中较深处。客氏与魏忠贤在远处另一艘船上饮酒。突然刮起一阵风将船掀翻，皇帝与两名宦官都落水了，且没有人会游泳。魏忠贤跳入水中，但距离太远。另有一人抓住皇帝并将其救起，另外两名宦官则溺死水中。

魏忠贤进入司礼监后，在1624年成为东厂之首。因此，他能够消灭异己，自外廷群臣至宫中宦官、女子毫无例外。前任皇帝的两位妃子就是他和客氏害死的。对他们而言，天启皇帝的一位妃子德行过著，在怀孕期间被软禁宫中，不进饮食，最终她"匍匐饮檐溜而死"。另一位妃子也被软禁，但幸存下来，后来被降为宫女。还有一次，魏忠贤向皇帝报告一位妃子暴毙身亡，皇帝却连问都没问。魏忠贤信仰佛教，还自命不凡地在全国为自己建立生祠。他自杀之后尸体被掘出，并处以死后凌迟——人们对于魏忠贤的愤恨憎恶已经达到如此程度。[28]

奶婆与终身伴侣

乳母客氏约十八岁时入宫，之前育有一子，入宫后不久便成了寡妇，她让我们有机会一睹明朝宫廷是如何筛选此类妇女入宫的。"奶婆"是俗称"三婆"的一种，她们受雇于宫廷，另外两类则是医婆与稳婆，前者李太后罹患眼疾时已有所提及。一旦被选入宫，她们便像宫女一般穿戴，虽然医婆与稳婆完成任务之后便可离开，但奶婆被指派给某位皇子或公主后，便要像客氏那样，终身待在宫中。礼仪房负责三婆的遴选，这也是上文提到的负责惩罚偷偷入宫的怀孕女子的机构。据刘若愚记载，每隔几个月，十名男婴的母亲与十名女婴的母亲就会被选入宫，分配居所，并在特定的区域饮食。她们的年龄在十五至二十岁之间。生下男婴的女子被分配给公主，而生下女婴的女子则被分配给皇子——显然客氏的分配没有遵守这一规定。礼仪房还负责为皇子、公主在足月时剪发及举办其他标志着成长阶段的仪式，并记录他们幼时的行为。[29]

皇帝从未停止对客氏的依恋，这与皇后及群臣的意愿相背驰。皇帝特封客氏为"奉圣夫人"，赐予她一枚珍贵的金印，两件事都有违先例。他还赐予魏忠贤皇家荣誉，并将他派到司礼监，在正常情况下，目不识丁的魏忠贤是不能进入这一机构的。客氏帮助魏忠贤平步青云。那时她已年届四十，住在皇帝寝宫附近，不过她在皇后人选敲定之后不得不搬至别处。不久，客氏嫉妒张皇后相貌出众，知书达理。她与魏忠贤同谋，试图废掉皇后，但未能成功。1621年秋，群臣声明欲将客氏逐出皇城，因为他们对客氏每天拜谒皇上至晚，回房后又与魏忠贤秘密会谈感到不满。后来，她搬到北京的私宅中，但一个月之后又回宫了，因为皇帝思念奶母。大臣们激烈反对，但皇帝让她留下。客氏还保留了自己靠近魏忠贤居所的私宅，每次回寓时都有成百侍从跟随。皇帝驾崩之后，她的运数亦随之急转直下。客氏在皇帝棺椁前恸哭，将一个金色小盒烧化，其中装有皇帝足月时的胎发，幼时的结痂、发夹、牙齿及剪下的指甲。不久，新皇帝下令搜查她与魏忠贤的寓所，没收了他们的财产。1627年农历九月，她被勒令徒步进入浣衣局，十一月，一名宦官受命将其鞭挞致死，她的尸身在皇城外西北方的宫廷火葬所烧化。[30]

张皇后入选

张皇后成了天启朝的内宫英雄，她蔑视魏忠贤与客氏，并试图让皇帝夫君驱逐他们，还从他们针对自己的阴谋中存活下来，最终在明朝灭亡时自尽身亡。张皇后的事迹可以分为两部分叙述。第一部分从她被选为皇后说起。这部分的记录非常稀有，因为几乎没有如此详尽的相关叙述存在。另一部分则与她在其夫在位时及驾崩之后的生活有关。清代纪昀（1724—1805）为她立传。尽管传记中充满了虚构的细节，但描述了她如何成为皇后，且显示了选后的程序旨在保证所选女子能够成为最称职的妻子与母亲。

天启皇帝登基不久，大婚的时机便已成熟。他是明朝三位登基之后才举行大婚的皇帝之一，另外两位则是英宗与万历皇帝。因为当时没有太后，太后的印信便交给了一位万历皇帝的妃子，即刘妃（1642年去世）。刘妃在1621年负责选后的最后阶段，先前的步骤则由宦官完成。他们广选五千佳丽，年龄均在十三至十六岁之间。这些少女与父母一同进京。初选过后留下一千人，那些被淘汰下来的则被认为"某稍长，某稍短，某稍肥，某稍瘠"。宦官在检查了她们的"耳目口鼻发肤腰领肩背"后，又剔除两千人，他们还要听这些女孩的声音，再淘汰声音"雄窳浊吃"者。下一步，宦官们会测量少女们的手脚数据，观察她们的步伐、风度，之后再去掉一千。宫女们把剩下的一千人带到密室，进行更为细致的检查，观她们的胸部，闻她们的腋下，摸她们的皮肤。只有三百名女孩能够通过层层筛选，成为宫娥，还要一个月测试其个性、智力和德行。最终，五十名入选成为"妃嫔"，之后刘妃亲自面试她们，测试她们的书法、算数、诗歌、绘画造诣，最终遴选出三位，再次入"密室"中复试，并让她们做好准备，等待皇帝的挑选。这三位佳丽分别姓张、王、段，后两者我们除了知道她们没有孩子，几乎一无所知。[31]

密谋废后

纪昀将张皇后的传记的标题定为《明懿安皇后外传》。他用皇后的尊号"懿安"来称呼她，而这一尊号是由天启皇帝的继任者崇祯帝授予的，他还尊张皇后为太后。这篇传记所属的文类历史悠久，常用来赞颂那些遭受不公后起而反抗试图摧毁她自身、家庭及王朝的坏人的女性。张皇后公开批评魏忠贤与客氏的所作所为，并有一次试图惩罚他们，但皇帝拒绝了。魏忠贤与客氏散播谣言，说皇后乃罪人之女，是被收养的。他们几乎让皇帝相信了这种说法。纪昀写道，皇后之父实际上是一名鳏居的穷诸生，在雪地中发现年幼的皇后被人遗弃。一名僧人告诉他，这名女婴是仙女临凡，被贬下界，她已经历了成百上千年的投胎转世，做过汉朝与北齐的皇后，还是南宋一位官员的妻子，她成为明朝皇后则是最后一次转世。[32]

纪昀进一步写道，皇帝与张皇后大婚时，年轻皇帝在她身旁看上去很"短小"。客氏则醋意大发，她与魏忠贤派人监视皇后，皇后却在他们的中伤之下不为所动，保持德行，博览诗书，勤习书法，教导宫女，崇信佛教。皇帝喜欢看戏，并邀张皇后一同观赏，但是一旦表演涉及淫乱之事，皇后便会愤然离席。皇帝试图取悦皇后，一次帮她沐浴时，他述说着她有多美：皮肤似白玉，丰臀预示着她不久便能生子。我们无法知道这部分记录有多准确，但这符合有关宫女的作品中内在的淫窥趋势。1623 年，张皇后怀孕，魏忠贤与客氏用他们亲自挑选的侍从替换了皇后那些不听他们使唤的侍从。据一些文献记载，他们还派去一名宫女故意用对胎儿有害的方式为皇后按摩。无论这种说法是真是假，孩子都没有存活下来。[33]

魏忠贤与客氏的最终企图是篡夺皇位。根据纪昀的记载，魏忠贤试图让皇后收养自己侄子的幼子作为太子，皇后可以临朝称制，魏忠贤的侄子则成为"摄皇帝"。另一位作者写道，魏忠贤及其同党计划让一名妃子假装怀孕，并将魏忠贤的侄孙伪装成皇子。在这两则轶事中，张皇后都宁死不从。皇帝即将驾崩，张皇后在防止魏忠贤与客氏篡位的过程中起了重要作用，从而保证皇位平稳过渡给皇帝的弟弟,下一任皇帝则尊张后为皇太后。[34]

纪昀作品中的另外两幕亦值得注意。第一幕与魏党余孽试图赢得皇后的信任有关。他们试图让皇后与一名宦官成为"对食"伴侣,希望这样能够认识皇后的亲信,却忽略了皇后与高级妃子通常避免这种关系的事实。他们贿赂一名宫女,提醒已成为太后的张氏她仍在壮年,既然没有生育,她一定很孤单,为什么不与陈宦官形成对食关系?陈宦官是魏忠贤与客氏几年前派去监视皇后的眼线。张皇后震怒,把宫女逐出,并将陈宦官贬黜。另一幕则与李自成攻入北京后张皇后之死有关。《明史》记载她自缢而亡,纪昀的传记与前朝史书类似,即后妃在王朝灭亡时英勇而死。在大火与奔逃的混乱中,张皇后找不到剑来自刎,她便试着自缢。第一次宫女们将她救下,求她逃走。第二次,叛军发现了张皇后并把她救下。张皇后苏醒以后,一名叛军要强暴她,但另一个人将其阻止,说她是皇后,不要碰她。宦官指认她之后,叛军让她等头目李自成到来。他们说,她有可能幸运地成为李自成的妃子,但皇后一心寻死。一名叛军头目将她与其他人分开,那些人正忙于抢夺宫女。张皇后独处时最终成功自缢,享年三十八岁。她自缢后"异香满室,红光烛天,咸见有仙舆冉冉上升,良久始杳"。后来有传闻她在叛军离开北京时与他们一道逃走,据说天启皇帝的一名妃子扮成皇后,成了一名叛军头目的宠儿。直到清朝首位皇帝的统治时期还有相关传言,据说一位明朝宦官劝说清朝开国皇帝将张皇后与其夫君一同葬于皇陵,并赐予谥号。[35]

有关魏忠贤的虚构故事

像张皇后一样,魏忠贤也激发了幻想与耸人听闻的传说,其失势之后立即出现在四部小说中担当主角。魏忠贤的事迹引人入胜，因为他本是目不识丁的无赖、宫中的奴隶，最终却差一点成了皇帝。正史中宦官的传记开篇通常简要介绍其如何成为宦官，何时净身，是幼时、青春期后，抑或结婚以后。小男孩有可能被迫净身，但像魏忠贤这样青春期之后才自宫的男人则是另一回事。一些基本问题浮入脑海：是什么原因促使一名男子主动自宫？一旦决定成为宦官，他如何净身？详细的资料非常有限，甚至并不存在，魏忠贤便是一例。不过，十九世纪的一些资料提到了净身专家，但不是所有人都去找他们净身，我们不知道在明朝或者更早的时候有没有这样的专家（尽管他们那时有可能已经出现）。小说写道，刘瑾与魏忠贤是自宫的，一些清代文献则显示有些男人的确是这样做的。[36]

无论如何，作者们以常识、文献和传言为依据，并非纯粹是自己的凭空幻想。关于魏忠贤的四部小说，有一部写他1615年与持棒试图刺杀万历皇帝太子的男子搏斗并取胜，但这根本不可能。在所有四部小说中，他都有超自然的力量相助，不论是算命先生预测他将平步青云，还是鬼魂显灵阻止他自尽，并把他引至北京，抑或是道士在他最无助的时候伸出援手。[37]作者在关于魏忠贤的故事中加入超自然因素，将他视为明朝因果命运的一部分，而并非仅仅是卑微宦官的巧妙经营。换言之，是魏忠贤自身以外的影响将他送上权力之路的。

有两部小说描写魏忠贤与李永贞及刘若愚二人在进宫当宦官之前的友谊。[38]作者给李永贞加上一位妻子，但据刘若愚记载，李永贞实际上四岁便已净身，至迟在1601年他十八岁时就已服侍万历帝的王皇后。一部小说写道，魏忠贤与客氏在入宫之前早有交情，入宫后他们再次相遇，彼此都感到惊讶。但魏忠贤已成了宦官，客氏必须通过与一个又一个伶人发生性关系来满足自己的欲望。[39] 这些小说描绘了无人能够知悉的细节。例如魏忠贤为什么自宫、如何自宫。一部小说中，他的阳物长疮溃烂，使他绝望得决定自戕。但一个鬼魂将他救下，他便自宫加入了阉人乞儿的行列之中。在另一部小说中，魏忠贤被打劫后失去意识。由于他的阳物喝酒之后勃起（作者们喜欢把魏忠贤描绘得极度不堪），两只狗发现了他，并咬下了他的阳物与睾丸。又一部小说中，魏忠贤负债累累。他想起宦官们在皇宫中生活优越，便决定自宫，但在那之前还与妻子最后一次行房，她还好奇为何丈夫如此迫不及待。[40] 最终，像战国时的嫪毐和后来清朝的宦官安德海一样，有传言说魏忠贤并未完全自宫，而是存留了部分阳物，并仍能通过房中术勃起。实际上，皇宫征选宦官的过程会确保这样的事绝不会发生，但人们坚定地相信，一些宦官仍具有性能力。[41]

命皇后自杀

尽管魏忠贤造成了许多破坏，但下一任皇帝的过渡则相当平稳。朱由检是朱常洛的第五子，他十六岁登基，年号崇祯，我将以其年号称之。他比兄长天启帝更有能力，但面临着内忧外患，这种情况持续到 1644 年清朝灭明。崇祯皇帝生命尾声的一些戏剧性时刻是与其妃嫔一起度过的，下文即将加以叙述。但我们要先谈谈他不幸的生母。她在崇祯皇帝登基之前便已去世，几乎为历史遗忘，她便是刘淑女。不知是什么原因，她在生下未来的皇帝后便失去了朱常洛的宠爱，受到惩罚，随后去世。那时还是皇子的朱常洛对自己的所作所为后悔不已。他害怕父皇会有所察觉，因此告诫他人不要提及此事。但是刘淑女的儿子，即未来的皇帝，知悉了生母的遭遇，并秘密出资在她坟前献祭。后来，崇祯皇帝要求一见生母的画像，但没有一张留存下来，他便找到认识生母的人，并让画师按照他们的描述绘制了一张画像。他对着画像"雨泣"，还将生母追封为皇太后。关于如何为她举办礼仪，崇祯皇帝提醒群臣，明朝有七位后妃的情况与自己生母类似，要么是皇帝的妃嫔生母，要么是接替废后成为继母的皇后。如上文所述，孝宗为皇帝生母设立奉慈殿，但世宗后来废弃。只有身为主妻的皇后的神位才能进入太庙与奉先殿，后者为朱家祖庙。但例外也曾发生，万历朝时，群臣发现世宗秘密将三名并非主妻的女子神位移入奉先殿。崇祯皇帝与群臣达成共识，在奉先殿中另辟一块空间，祭祀崇祯帝的生母和七位并非主妻的皇帝生母。[42]

节俭的末代皇后与一位受她冷落的妃子

崇祯皇帝的主妻周皇后出身苏州南部贫家，在皇帝还是皇子时便嫁给了他。起初他们的关系一定很稳定，因为她产下了崇祯皇帝的长子，即后来的太子，还有次子、三子及两位公主。周皇后"严慎"。毛奇龄说道，她从未忘记自己出身低微，于是在管理宫中事务时非常勤俭。毛奇龄及其他描写崇祯皇帝宫廷生活的作家都是由明入清的遗民，他们对明朝的灭亡感触很深，在提及崇祯皇帝及其皇室成员时恭敬有加。据他们描述，崇祯皇帝并未耽溺"声色"，他也没有数不尽的宠妃。不过，他的确开始宠幸皇贵妃田氏，据说皇后对此并无妒意。可是由于田妃变得骄横，在新年一个寒冷且雨雪交加的夜晚，皇后教训了她一顿。后妃们所居的寝宫不同,这意味着她们拜访别人时需要出行,沿着宫中路径穿梭。田贵妃到皇后宫中拜谒,但皇后让她在寒风中等待良久,最终才叫田贵妃进殿,接受了她的行礼,还请她快走,但皇后与袁贵妃相谈甚欢。田妃向皇帝大吐苦水,并在其父的怂恿下给皇帝写了一封道歉信,试图用花言巧语离间皇帝与皇后。一日,皇帝与皇后吵了一架,还把皇后推倒在地,这令皇后非常愤怒,拒绝进食。皇帝不久便愧疚满怀,派宦官去探问皇后,还赏赐她一套貂皮褥子,二人和好如初。后来,皇帝与田妃之间产生了严重裂痕,因为田妃试图为其父田宏遇臭名昭著、不守法纪的行为辩护。当田宏遇的不法行为传到宫中,田妃设法让其父收敛一些,但不久田父故态复萌。田宏遇后来被降职,而田妃也被打入别宫三个月。在那期间,田妃的儿子、崇祯帝的第五子离世,她自己也疾病缠身。在皇后的请求下,三人冰释前嫌,不过田妃于1642年病逝。[43]

子嗣方面,可以看出崇祯皇帝宠爱周皇后和田贵妃的时长基本相同,田贵妃是第四、五、六、七子的生母,但没有一名皇子活到清朝。田贵妃体态轻盈小巧,精通音律。其继母教她弹琵琶,她还将继母邀至宫中,为皇帝演奏。她在宫廷建筑设计上也做了一些改善,由于觉得住起来不舒服而不喜欢宫中的高门、伟柱、大窗,为了改变这种情况,她便下令重新设计廊房,改为更让人舒适的尺寸,装上较低、弯曲的栏杆,把屋顶降低,并将户外过道铺上织毯,从而让暑天及有风之日经过的人感到惬意。[44]

诗人、剧作家兼官员吴伟业(1609—1672)写了一首有关田妃的内容丰富的叙事诗,名为《永和宫词》,讲述了田妃在宫中直至其死去的生活。吴伟业是明朝遗民,基于自己在京中与宫中做官时的见闻,用感人的笔触记录了很多明朝灭亡的细节,他还在宫中见到了皇上。永和宫是传说中田妃被驱逐三月后,周皇后将其召回与皇帝和好的地点。换言之,是周皇后的慷慨大度促成了二人的和解,这发生在皇帝与皇后一日赏花之时。诗中大量指涉明代物品,并征引其他朝代,尤其是汉代人事的典故。诗歌开篇便将田妃比作臭名昭著的宠妃赵飞燕、张丽华、杨贵妃,但吴伟业并未强调这些妃子的不良名声,反倒赞扬田妃的相貌与才华。她善于绘画,长于书法,能骑马,会吹箫,并精通宫中蹴鞠,还是棋中高手。"君王宵旰无欢思""贵妃明慧独承恩""皓齿不呈微索问"。当有关其父滥用职权的消息传入宫中时,田妃在皇帝面前为了保护父亲而哭泣,吴伟业则用汉代外戚之名来指涉其父。诗人记载皇帝宠爱田妃次子,这位皇子五岁那年有一天患病,仿佛被灵怪附身,好似万历皇帝之母李太后上身,并说皇帝对外戚不好会伤及子嗣。恰巧皇帝当时要求李太后的侄孙捐钱给明朝军队,但这位外戚拒绝了,他被降职后去世。应该是有人让男孩的乳母教会小孩子说这些话的。但不久,这位皇子去世了。吴伟业的诗以田妃陵墓结尾,当地民众将皇帝与皇后一起葬在那里,那儿的树已经有两掌宽了。[45]

明宫廷最后的日子

据《明史》记载,京城陷入叛军之手后,皇后劝诫崇祯皇帝,事情到了这一步是因为在她服侍皇帝的十八年中,他从未听取过妻子的建议。史书并未说明她是什么意思。皇帝命她自尽,皇后走入房内,关上房门,奉行了圣旨。随后,皇帝又令袁贵妃自缢,但绳子断开,袁贵妃苏醒过来。与此同时,皇帝挥剑去杀其他人。

他将袁妃肩膀砍伤,但她最终幸存,清朝为她提供居所,赡养终身。其住处靠近皇帝陵寝。崇祯皇帝杀死了其他妃子和一个女儿,还砍下了另一个女儿的一只胳膊(两位公主都是皇后所生)。后者大婚在即,但由于叛军入侵而延迟了婚礼。后来,她向清朝统治者请求削发为尼,但清朝皇帝坚持让她嫁人,并赏赐她土地、家产,并赡养其终身。一年后,她在悲伤与病痛中离世。据说数以千计的宫女跳入皇宫的护城河自尽。最后一个具有英雄主义意味的故事主角是十六岁的费氏。被叛军从井中拉上来后,她自称公主,但一名宦官告诉李自成,她是冒牌货。李自成将费氏嫁给自己的手下,但费氏在成婚当晚在房中刺穿了夫君的喉咙,随后她亦自刎而死。[46]

结语:君主任性

明朝皇帝的任性程度是空前的,皇帝因私欲不断违反祖制,推翻大臣建议。不论是作为最高统治者及军事长官治理国家,还是执掌礼仪,抑或扮演夫君、皇储与祖宗的角色,皇帝都表现得很任性。在扮演家族性角色时,皇帝本应广播龙种,与皇后一同抚养太子,如果她没能诞下太子,则需要妃嫔产子。妃子应对皇帝、皇后忠心耿耿,谦虚谨慎,还要服从皇后。皇后是主妻,亦是母上,根据传统,如果并非行为不端,皇帝不应替换或废黜皇后,尤其不能以未生下皇子为由。毋庸赘言,保姆与宦官之流本不应卷入政治,无论是治理帝国抑或控制皇室,他们都不应占据一席之地。[47]

上述每一个角色,明朝皇帝都不能胜任。我们很可能视朱元璋为始作俑者，但他可能也会对自己作为榜样产生的影响感到惊讶。他改革中央政府，为皇帝增添了一份前所未有的职责，使得皇权更为独断。皇帝必须掌握的信息增多，其行政能力及道德影响力更强。他承袭了一种独裁趋势，史学家们自宋代便已观察到这种趋势的苗头。颇能说明问题的例子是宋朝皇帝与唐朝的不同，宋时的大臣不再与皇帝共坐议事。朱元璋进一步拉大了君臣间的距离，命群臣上朝觐见时跪着与他说话。朱元璋极不信任他人，经常离间群臣，从而保证他们都在自己的掌控之中。他还运用极端手段进行大清理，惩罚方式残酷，其中便包括廷杖，后世君主亦有人效法，但都未必达到朱元璋那么极端的程度。为达目的，他树立了自己的一套行为模式，这亦为他人模仿，却不一定以相同或朱元璋所赞同的方式执行。以武宗为例，朱元璋肯定会对他在紫禁城中的放荡生活、京外的随意出行和对妇女的任意掠取大加斥责。虽然武宗并非不知道评判一名伟大皇帝的崇高标准，但他仍按自己的意志特立独行，大臣们也无法动摇皇帝的所作所为。如果武宗想要去钓鱼，他便如此行事。他想要以自己的方式成为伟大的君主，并尽量通过与自己亲自挑选的人建立联系来达到这一目的。他的继任者也同样一意孤行，尤其是在家庭与性生活方面，但他们不像武宗那样游山玩水。世宗、万历和天启皇帝在日常生活中将自己与外界隔绝，与武宗一样，他们接触的不一定是通过严格标准精挑细选的大臣。

　　后妃的地位与待遇亦经历了类似的变化。明朝的开国皇帝削弱了皇后的权力，禁止她临朝称制。明朝皇帝随意废黜皇后的情况出现了五次，第六次废后的尝试没能成功。这六位皇后都没能诞育皇子，尽管几个世纪以来的祖制规定，皇帝不应该也不需要将无子的皇后废黜。如果皇后不能生子，那么妃嫔们可以。[48]尽管朱元璋有可能会反对其子嗣的行为，但也可能是他为他们间接开了先河，因为朱元璋在《祖训》中阐明，只有主妻所生之子才能继承皇位。[49]另一项举措有可能影响其继任者对待后妃的方式，即朱元璋对去世孙妃丧葬礼仪的改动。朱元璋命另一位妃子的儿子为孙妃守孝三年，他由此开创了一种模式，即把对皇室成员的现实情感置于传统礼仪规定的感情表达方式之上。他所建的私用家庙奉先殿在紫禁城之内，避开官员的视线，这是其态度的另一显现。后来，世宗为生父、生母争取权利，封赏他们应得的头衔，而不是接受大臣让他将亲生父母视为养父母的要求。尽管他咨询了大臣，且做过一番调查，但与朱元璋一样，他的个人主观意愿仍凌驾于集体客观先例之上。其他皇帝在涉及封赏后妃及其他皇室成员或宠臣时的做法与其类似，不论这些受封赏的人是死是活。

　　朱元璋对死去孙妃的赏赐进一步缩小了通常横亘在主妻与妾妇、生母及继母（即同父异母兄弟的母亲）之间的差异。这种差异的缩小从宋代便已在社会中出现，最具标志性的例证便是妃嫔生母在皇室地位的提升。宪宗和其他三位皇帝均对生母怀有深厚的感情，他们操控礼仪为己所用，从而封赐生母，并充分利用在内宫中新修祖庙的传统来达到目的。[50]这四位皇帝中，有一位创建了新的庙宇"奉慈殿"，其他三位则拓展了奉先殿的用途。由于他们理应是孝子的典范，如此推行自己的意志看上去无伤大雅，甚至令人赞颂。他们给予中低等级的皇室女性更多的尊重，不仅提高了妃嫔生母的地位，还允许皇后在内宫祖庙中参与祭祖仪式，以弥补她们不能参加紫禁城外太庙仪式的缺憾。但是他们这样做的另一后果，则是加大了朱元璋在内廷皇室与外廷群臣之间创造的距离。正如牟复礼（Frederick Mote）所说："明太祖视整个王朝为一己之物，不与高级官员们分享。"他对皇室利益的"私有化"是明王朝的标志特征之一。[51]

后妃的葬仪则是另一例证。从宪宗开始，皇帝、皇后与下一任皇帝的生母葬在一处。皇后仍然享有主妻的特权，因为太庙与奉先殿都执行每位皇帝一位皇后的原则，即一位皇帝的神位只有一位皇后的神位相伴。但是在紫禁城内的祖庙及北京城外的皇陵中，皇帝生母都获得了新的地位。正统礼仪要求神位安排与棺椁埋葬遵循一夫一妻，而家庙与皇陵均摆脱了这种正统要求，提供了不同的情感空间。皇帝一夫多妻者的角色又多了一层意义。丧葬风俗及对皇帝生母的尊重，不仅对皇后与嫔妃生母之间的差异起到了调节作用，对其社会地位的区别亦是如此。如前文所述，至少有五位皇帝的生母连妃子都不是，只是宫女。但这点无关紧要：如果她生下了皇位继承人，她便能够在其子统治期间成为太后，并与前任皇帝葬在一起。[52] 这是古代"母以子贵"原则的进一步实现。[53] 这句话在万贵妃身上得到了最富戏剧性的体现，这位出身卑微的保姆产下了宪宗的首位太子，并在其夫君统治期间成为实际意义上的皇后。宪宗甚至为她创造了"皇贵妃"这个新头衔，使其离皇后更近一步，要不是群臣反对，皇帝一定会立万贵妃为后。

尽管皇后的权势被削弱，并且明文反对其临朝称制，仍有四位年长女性成功地对年轻皇帝产生了深远影响：一位祖母（英宗朝的张太后）、一位母亲（万历皇帝之母李太后）、两位保姆（宪宗万贵妃和天启皇帝保姆客氏）。但没有一例像唐玄宗及杨贵妃那样极端，尽管宪宗万贵妃、万历皇帝郑贵妃与后者有类似之处。张氏与李氏这两位最有权势的皇后只是护佑年轻皇帝成长,在她们有其他行动之前便驾崩了。而在太后死后,这两位年轻皇帝都做出了他们的监护人一定不会允许的事情。尽管孝宗张皇后在世宗继位时扮演了重要角色,但她不久便失去了影响力。两位张皇后及一位李皇后都不能与唐代武则天、辽代承天皇后、宋代刘皇后相比。明朝初期强势的马皇后与徐皇后亦是如此。如果说明朝在控制女性干政方面卓有成效,达到这种效果的手段便是增强男性独裁者的权力。万历及天启皇帝玩忽职守,看上去不像朱元璋那样专断独裁;但他们是另一种类型的独裁者,其独裁没有体现在对外界的治理与监管,而体现在他们如何处理私人生活。武宗、世宗、穆宗亦是如此。

至于一夫多妻制,这种制度发挥了其基本职能,即在皇后未能诞下继承者时提供子嗣。明朝十六任皇帝有十四位都是如此。[54] 只有两位皇帝由皇后诞下,即第四与第五位皇帝,不过共有六位皇后诞下太子(如果我们的信息准确无误)。朱元璋马皇后产下太子,但他登基前便去世了。建文帝的皇后亦产下太子,但朱棣篡位时,建文帝、皇后及太子都去世了。徐皇后与张皇后分别产下第四与第五位皇帝。紧急情况下继位的景泰皇帝亦有一子,但他的儿子不幸去世,他后来则被废黜。最后的皇后,即崇祯皇帝的主妻,有一个儿子,不过他登基之前明朝便灭亡了。理想状态下,皇后应该生下太子,但实际上,从史书记载来看,这种情况便很少发生。明朝进一步通过附加的规定与习惯弱化皇后的角色,并将妻子与母亲的角色分离,这种分离是一夫多妻制婚姻的重要效果之一。一个极端案例是世宗,轮番宠幸数量众多的妃嫔,而另一个极端则是万历皇帝,典型的一夫三妻,即如上文所述,包括精挑细选出的却无子失宠的皇后,一名皇帝自己选出的、形成亲密关系的宠妃,还有第三位女子,尽管不受宠爱也很少与皇帝见面,她却恰巧生下了成为太子的皇子。[55]

03

清　朝

（1644—1911）

第六章

清朝建立

（1636—1722）

满族社会体系及皇族家庭

  清朝不会知道自己是中国的最后一个王朝。但回顾历史，清朝仍有效吸取了历代的经验教训，例如大幅削弱宦官的行政权力以解决明朝宦官滥用职权的弊政。清朝从始至终宦官的影响力都非常有限。清朝还坚持女性远离朝政的原则，这方面比明朝更严厉。清朝超过三分之二时间里的统治者精力充沛、勤政负责，喜欢户外运动，这使得皇宫的主角是皇帝，而非宫廷女性。后来，这股精气神仿佛不复存在。清朝倒数第四任皇帝只有三个孩子，而最后三位皇帝则均无生养。自古以来，当男性统治衰落，强势女性便会登场，自元朝之后，慈禧太后（1835—1908）是第一位这样权倾朝野的女性，她三十岁不到便开始了长达四十七年的统治，成为实际意义上的最高统治者。女性不得统治的规矩也最后一次被打破。尽管在好事者的描述下，她与以往那些女性统治者一样放荡纵欲，但慈禧太后实际上可以被划归为办事谨严、能力卓著的统治者。她死后，清朝仅仅在幼帝的统治下维系了几年。1912 年清朝灭亡时，这位小皇帝还没有到大婚的年龄。我将以慈禧太后结束讨论。

清朝由满族人统治，他们是女真人的后裔。清朝的奠基人是努尔哈赤，1616年称汗，这远在其对明朝形成致命威胁之前。努尔哈赤之子皇太极（1592—1643）在1635年将族名由女真改为满洲，1636年改国号为大清，采用汉人的统治机制，并决定征服明朝。不过，皇太极在入关之前便去世了。1643年，他六岁的儿子福临（1638—1661）继位，即顺治帝。人们通常认为顺治帝是清朝的第一位皇帝，尽管其祖父早已建立政权。福临的叔父与其他部族领袖灭亡了明朝，随后清廷攻占北京，迁入明朝宫殿。此时，一些男性摄政大臣代福临执政。清朝皇帝由幼童担任并不常见，因为与蒙古人一样，满族人倾向于选择已经证明自己能力的成年候选人作为领袖。摄政代幼帝执政并非典型，但清朝以这种形式开端，以这种形式终结，并在当时都由强有力的女性主导：前期是福临之母布木布泰（1613—1688），后期则为慈禧太后。不过，整个清朝只有这两位女性达到了这个高度。大量关于清朝皇室的资料仍然存世，在中国的海峡两岸都有丰富的档案，许多资料由满语写成。《清史稿》由赵尔巽（1844—1927）率领遗民在清朝灭亡后编纂而成，其中包括史书中应有的《后妃传》。这部分的原作者为张尔田，但其所撰并未被接受，所以他于1929年将这部分文字单独刊行，即《清列朝后妃传稿》。我将利用的其他文献还包括家谱，一部关于清宫轶事的笔记，传记、小说及清代在中国居住的外国人的记录，这些外国人中有传教士、外交官、学者和旅行家。[1]

八旗制度、继承制度及婚姻习俗

满族人将自己与汉人区分编制，后者人数比前者要多得多。清灭明之前，满人已经形成了称为"旗"的社会军事组织，满人、蒙古人与汉人各有八旗，旗人地位均在战败的明朝遗民之上。许多汉人在明朝灭亡以前便已投靠了大清，形成了特殊的汉人八旗。满人鼓励蒙古八旗与汉人八旗中的成员转至满洲八旗编下，并常常将等级较低的旗人抬升到较高等级，皇后与宠妃的亲人尤其如此。清朝建国伊始，满人与非八旗汉人短期内仍有通婚。但 1655 年之后，满人只能与八旗汉人通婚。于是，汉族大臣和八旗之外的其他族群便不能通过与皇族通婚的方式获得影响力。满人通过不同的服饰风格进一步区分自身与汉人，以显示身份，力图避免辽、金、元采纳汉人生活方式后遭遇的困境。满族男子穿硬底靴，这样有利于骑马，他们下身搭配裤子；满族女子骑马打猎、射箭时亦是如此穿着。满人并未采用明朝精英阶层的宽袍长袖，而是选择合体的衣服，他们还设计了一套满族宫廷服饰。旗人女子每只耳朵佩戴三只耳环，不像汉人女子那样只戴一只，以显示自己的身份。旗人女子也不缠足。与明朝统治者不同，满族统治者常常离开京城出外巡游、打猎，在京城周边的避暑山庄、木兰围场和圆明园长期居住，并经常携带女性皇室成员同往。[2]

尽管满人在攻占北京前夕才确定了父子相继的继承方式（而不是兄终弟及），但仍与汉人王朝的继承法有根本区别，因为能否获得继承权的关键在于能力。任何一位皇子都有可能成为皇帝，不过，即位有可能很早，例如上文提到的皇太极的第九子福临；而福临的第三子玄烨继位时同样也是幼童。皇室男子常常一同接受教育，不论他们是否兄弟关系。例如，乾隆皇帝（1711—1799）与其弟弘昼（1712—1770）上学时，一同受教的还有与他同龄但长了一辈的叔叔、康熙皇帝（1654—1722）的老来子胤禧。理论上，皇子们的地位相同，通常需要一段时间来决定究竟谁最为贤能。自雍正朝始，继承人秘密选定，前任皇帝驾崩或濒死时才正式公布。康熙皇帝最终选定继承人之前曾有过长期的忧虑。与继承人的灵活筛选相似（这也与明朝迥异），皇帝的兄弟与儿子都能参政，且都能角逐权力。明朝将亲王分封至京城以外的地区，并禁止他们参政。清朝时，皇室子弟住在北京，没有允许不得擅离京城，还会受到严密的监管。皇帝的叔伯弟兄能够成为重要的政治人物。这一方面，满人与北魏拓跋氏、辽代契丹人、元代蒙古人相似；但仍有所不同，契丹人避免近亲担任重要职位，而蒙古人会将土地封赏给皇族。正如罗友枝（Evelyn Rawski）所说，满人在分配职务时更看重能力，而非继承顺序。他们通过贡献大小与忠诚程度来衡量皇室成员的价值。在与明朝作战期间，军事能力起到关键作用，皇室子弟缺少军事才能便代表处于劣势，这甚至适用于统治者的儿子。后来，衡量标准则聚焦于个人品行和行政效率。[3]

　　与契丹人和蒙古人一样，满族女性也骑马、射箭，并与男子一同打猎、作战，而汉族女性则避免此类活动。满族女性禁止缠足，不过还是有人不遵守规定。清朝时来访的外国人记载，他们看到满族女性骑马，在北京街头串门、购物，比汉族女子行动更为自由。满人还有一点与契丹人及蒙古人相似，即他们本来实行转房婚，但由于后来精英阶层采用汉俗，于十七世纪三十年代废除了转房婚制度，不过有人仍继续采用。满人可以隔辈成婚，男子可以娶姑姨侄女，这一点为汉人所诟病。满人从未废止这一习俗，但他们调整了传统的一夫多妻制。满族男性精英本可以有不止一名称为"福晋"的妻子（这与非精英阶层称呼妻子的方式不同）。除此之外，满族男子还有几类品级较低的妻子，她们类似妾妇,有几类在传统汉语中找不到对应词。例如,贵族男子的中等级别的妻子称为"侧福晋",她们的级别低于福晋,但高于妾妇。不过,清朝皇帝不久就采用汉族的方式,仅封一名妻子为后,并依据汉族体系为其他妃嫔排列次序。如同明朝一样,皇后与最高级妃子之间的差别并不像以往那样分明。[4]

清朝皇室成员能够与所有八旗成员通婚,但他们更倾向于蒙古八旗。据罗友枝统计,几乎60%的皇室婚姻是与蒙古贵族结亲,其中包括皇帝所选的后妃和为阿哥、格格挑选的伴侣。尽管妾妇可能是汉族旗人,但并没有汉族女性成为皇后的例子(有一名汉族包衣的确成了太子的生母,这位太子就是后来的嘉庆帝)。满人亦从特定的包衣家庭中纳娶妾妇(我们稍后将会讨论这一点),并提拔一些妾妇至很高的地位。如果她们是皇帝的生母,则甚至有可能成为皇后或太后。妻妾有可能来自旗人的顶层与底层。清朝皇室通过公主(皇帝的姐妹、女儿)和亲建立外交关系,并青睐蒙古驸马。这种情况下,这些女性能够从皇家得到一笔嫁妆,并在婚姻关系中占据主导地位。这是一种入赘婚姻,新郎进入女子家中生活。有时新娘会移居戈壁漠北,驸马所得的头衔与特权基于其妻子而非自身的地位。他也成为皇室的一员,而其妻子永远不会失去皇族身份。

与明朝不同,嫁入清朝皇室的女性社会出身较高,尤其是蒙古贵族。但满人通过女子入宫后切断其与娘家的联系来限制外戚的势力。实际上,这些女子成了皇室的财产。在成婚时皇室提供一笔钱,这等于为新娘开价,与汉人风俗截然相反。这类习俗适用于皇后及高级妃子,起源于满族另一项较早习俗,即男子在娶女子过门之前先在女子娘家服务一段时间或给予娘家一定的嫁资。

输送嫁资表明后妃永远离开了她们的娘家,并有了新的身份。尽管满人在征服明朝之前对皇室女性的姓名有所记录,但为了强调上述原则,定都北京后便不再这样做了。此时,后妃以朝廷赐予的封号称呼,只有得到特别的恩准才能与娘家人见面,并禁止与娘家人交换礼物。如果说以往朝代里位高权重的后妃与外戚还威胁、侵蚀过皇帝的权力,那么清朝则设法限制了这种联盟,同时还充分利用了自身优势,例如维系与非旗人精英阶层的良好关系,不论他们是蒙古人、汉人抑或其他族群。[5]

后妃的品级与聘娶

尽管满人将皇后与其他妃嫔明确区别,但与明朝相比,这种差异并不鲜明,因为任何一位皇子都有可能成为皇帝。换言之,皇后所生的皇子并不比妃嫔所生的皇子享有更多特权。在明朝与其他汉族统治的朝代,最理想的继承者是皇后所生的嫡长子,但符合这项条件的皇帝其实很少。1636年,皇太极采用汉人的方式将五位称为"福晋"的主妻排列次序,立其中一位为皇后,其余则为贵妃或妃。后来出现了更多的品级,这是向汉族王朝形式迈进的关键步骤。皇太极1614年迎娶的哲哲被立为正宫皇后;新宠海兰珠为东宫关雎宫宸妃,她是哲哲的侄女;娜木钟原本是皇太极的手下败将、蒙古林丹汗的妻子,她被封为西宫麟趾宫贵妃;林丹汗的另一位地位稍低的妻子则入主次东宫衍庆宫,封为淑妃;而海兰珠的妹妹布木布泰成为次西宫永福宫庄妃,虽然她比姐姐更早嫁给皇太极。因此,皇太极的主妻中有一位姑母、两位侄女,外加手下败将的两位妻子。他还有一些品阶较低的妃嫔,不过,地位仍高于类似妾妇的最低品级伴侣。[6]

直到康熙朝（1661—1722），后妃的品阶才最终确定为八级。在前四级中，每一级女性的数量都是特定的，她们的社会出身与皇后相同，并享有与皇后类似的特权。例如，皇帝迎娶皇后与前四等级的妃子时，都会赏赐彩礼与信物，前三级妃子收到的是一方印与一柄笏，第四级妃子则有笏无印。如明朝一样，皇后的印与笏为金制，与其他妃子的不同。册封皇后与前三等级妃子的仪式需要在太庙与奉先殿祭祀。只有皇后自午门进入紫禁城，其他妃子则从神武门入宫。别的方面亦有等级区分。着装上颜色是关键：只有皇后与一等妃子（皇贵妃）能够穿明黄色，与太后、皇帝的服色相同。贵妃与妃子的着装黄色降等，为"金黄色"，其余妃子则须遵守其他颜色规定。着装、头冠与首饰根据等级、场合与季节有严格区分。宫殿居所装饰亦有不同。就矮桌的设计而言，太后与皇后的矮桌四角有金镶包裹，而其他妃子所用的金属级别则较低。至于每年的供奉、给养，太后所得的银两与丝帛最多。除了日常例银，后妃还会在特殊场合收到钱财、礼物等赏赐，她们生产之时更是如此。与其他朝代一样，清代后妃的殡葬礼仪与身后封赐也有区别。与皇帝一样，皇后去世之后既有庙号也有尊谥，而高等妃子只有尊谥，低等妃子两者皆无。如果皇后在皇帝驾崩前去世，她会被葬在皇帝陵寝中；但如果她比皇帝长寿，便会被葬在自己的陵中，这也是指称皇帝陵寝的术语。尽管宠妃有时也与皇帝葬在一起，但妃子们通常葬于称为"园寝"的集体墓地之中，这一称谓不如"陵"尊贵。[7]

高等级与低等级妃子的挑选方式不同。每三年，皇家爱新觉罗氏的男子便从满族旗人中挑选"秀女"，她们在十三至十六岁之间，在嫁与他人之前需要先入宫待选。有一些直接嫁给了亲王或皇帝，而其他人则入宫服侍，五年期满便可出宫。有时皇帝侍亲自拣选侍女进入后宫。还有单独一群地位较低、称为"宫女"的女性，每年都会从内务府下辖的上三旗旗人、包衣中拣选。宫女数以千计，一些成了妃子，升到很高的位置。但大部分皇后与高等妃子是从秀女中选出的，而常在、答应等低等妃子则常从宫女中选出。与以往的王朝一样，清朝关于妃嫔的记录往往不准确，亦不常见。正如罗友枝所说，记录物资分配的清单可能提及玉牒与殡葬列表中并未出现的女性。以顺治皇帝为例，玉牒中提到十九位后妃，而殡葬列表中则有三十二位。以康熙帝而言，玉牒中出现了三十九位后妃，而殡葬列表中则有五十四位。此种差别有可能贯穿中国历史始终。即便如此，清朝的文献要比其他任何朝代都要丰富。[8]

包衣、内务府与宦官

清朝统治者将皇宫内务交给内务府管理。清灭明之前，满人特别指定一群世袭包衣来运行内务府。他们是一类新型侍从，附属于各个旗，大部分是十七世纪前三十年满人征服东北时俘虏的汉人。包衣中也包括蒙古、朝鲜、女真及其他族裔。一旦被满人俘虏，他们便只能像战利品一样接受分配，一些在农田中劳作，一些则从事内务或提供其他服务。皇帝接管上三旗后，其中的包衣成为皇帝在宫中的侍从，形成了一类单独的服务人员。他们便是内务府的主要成员，负责皇室财政、土木修建、御马饲养、宦官监管等事务。包衣职位世袭，不可与旗人通婚。尽管他们是朝廷的奴仆，但其在内务府中仍担任要职，赚得盆满钵满。如果他们的女儿在宫中任职，这些人便有可能获得自由或者提高社会地位。如果女儿成为乳母、宫女、妃嫔甚至皇后，她的家人便可获得自由，甚至成为贵族。女性包衣是宫女的主要来源，其中大约16%成为妃嫔。

清帝国建立之前，满人并未起用宦官。满人入京之时，明朝的宦官在城门口迎接他们，清廷决定接受他们作为自己的奴仆。1653年，顺治帝建立了十三个由宦官统领的衙门，以管理皇宫内务，宫中包衣协理辅助。但顺治帝驾崩之后，宦官衙门被废除，而宦官也永久归内务府包衣管辖。清朝宦官的权势与明朝宦官不可同日而语，其财务与品阶受到严格限制，1742年之后，没有宦官在皇家机构中可以晋升四品以上。直到乾隆朝，他们出入皇宫的人身自由还受到监控。数量也比明朝宦官要少，康熙朝时超过三千人，达到峰值；由于妃嫔与皇子、公主不多，宦官人数在十九世纪下半叶大幅减少。清朝禁止宦官与宫女成婚，不过宦官们仍能收养儿子，慈禧太后还鼓励她的一位宫女与宦官成婚。其他相关规定包括：禁止宦官聚集闲聊，禁止宫女以兄弟、叔伯来称呼宦官。满人不应成为宦官，但也有例外，例如清宫升平署的成员。自十八世纪中叶始，他们往往是旗人出身，角色也与拜占庭宗教仪式中的神职人员近似，不过后者的职位要高得多。一群内廷宦官负责藏传佛教的活动，他们的任务是诵经念佛、搬演仪式，尤其是在皇室成员去世之时。最终，尽管宦官主要为皇帝后妃服务，但皇家机构中最高两级的贵族与官员也可以聘用他们。平民则严禁使用宦官，但有些人仍然那么做了。在这方面，他们与伊斯兰教的一些人员相似。[9]

两位悲恸的皇帝

王朝建立者的故事往往引人入胜，例如汉朝刘邦、宋朝赵匡胤、明朝朱元璋。清朝奠基人努尔哈赤并不像前述皇帝那样吸引人们的注意力。康熙帝是清朝第一位个性极其鲜明的帝王，那时清朝刚站稳脚跟。因此，关于清朝前三位皇帝的统治，我将只讲述他们早期的几位后妃，其中两位的去世让皇帝悲恸不已。

努尔哈赤及其继任者奉行满人的一夫多妻制原则，他们都有多位主妻，并通过联姻形成政治、军事联盟，这与清王朝稳定后的君主有所不同。我们对努尔哈赤的第一位妻子知之甚少。他们于1577年成婚，这位妻子产下两个儿子、一个女儿。一则离奇的逸闻说努尔哈赤的第二位妻子为自己的儿子所杀。第一位妻子死后，努尔哈赤于1586年另娶了一位福晋，名曰衮代。她是努尔哈赤父族中一位远亲的遗孀，并产下努尔哈赤的第五子莽古尔泰（1587—1633）。莽古尔泰是最高级旗人统领中之一，满语中称为"贝勒"。后来，他与自己同父异母的兄弟、下一任皇帝皇太极发生冲突。1620年，衮代犯了过失，失去努尔哈赤的宠爱，随后去世，但《清史稿》对此语焉不详。皇太极1630年的一句话亦语义暧昧地暗示是莽古尔泰杀死了衮代。一些学者怀疑，可能是因为努尔哈赤并不像青睐皇太极那样中意莽古尔泰，因此后者以杀死失宠的母亲的举动期望得到父亲的关注。努尔哈赤1588年迎娶了第三位妻子，她在1591年产下努尔哈赤的继任者皇太极。这位福晋于1603年病逝，关于她的信息亦不多，不过，除了以牛马祭祀，努尔哈赤还命四位女仆为其殉葬。[10]

努尔哈赤的第四位福晋名叫阿巴亥，他们在1620年前后成婚。阿巴亥生下三个儿子，但努尔哈赤命她与另外两位妾妇为自己殉葬。据说直到1626年努尔哈赤去世之后，阿巴亥才知道这道遗命，那时她只有三十七岁。顺治帝统治时，她的神位有幸供奉太庙，因为其子多尔衮（1612—1650）担任侄子顺治帝的摄政。不过多尔衮死后，皇帝断绝了与他的关系，阿巴亥的神位也从太庙中被移出。为什么她要为努尔哈赤殉葬？《清实录》说她容貌美丽，但善妒。一则轶事讲道，努尔哈赤一位不知姓名的福晋与努尔哈赤第一位福晋的儿子代善关系暧昧，但我们不确定是否这位福晋便是阿巴亥，抑或他人。不论是谁，努尔哈赤最终都与她决裂，且不希望代善成为继承人。阿巴亥有可能被处以死刑，因为她的三个儿子都很有权势，使得她自己亦有可能大权在握。据说她曾试图拒绝遵命殉葬，但旗人中资历较高者最终将其处死。与明朝相似，顺治朝以后，为皇帝殉葬这一习俗才终止。[11]

皇太极迎娶劲敌之妻

盗妻与内部分配女俘在满族兵士之间司空见惯。下一任皇帝皇太极的两位福晋本是其蒙古劲敌林丹汗的妻子。林丹汗与努尔哈赤、皇太极常年对峙作战，但最终战败，并于1634年去世，这使得皇太极能够将其领土纳于满族的统治之下。这种情况中，战败者的妻妾及其他家庭成员往往投靠胜利者，例如林丹汗的妃子窦土门便与皇太极成婚。一年之后，林丹汗的主妻多罗大在另一位妻子苏泰的陪同下，亦投靠大清。苏泰还是林丹汗继承人的生母。据说林丹汗主妻多罗大非常贫穷，没有人愿意再娶她，但另一位妻子却美丽、富有，很多满族精英都追求她。皇太极试图把林丹汗这位富有的妻子嫁给自己的兄弟济尔哈朗（1599—1655），另一位兄弟代善也想将她据为己有，这位蒙古孀妇既是济尔哈朗亡妻的妹妹，又是代善的外甥女。皇太极试图劝代善迎娶那位较为贫穷的妻子多罗大，但代善不同意。他最终与林丹汗一位富有的妹妹成婚。后来还是没有人想要迎娶多罗大。最终在其他首领的极力劝说下,皇太极迎娶了她,并郑重地使其地位高于已娶的林丹汗的其他妻子。[12]

妃嫔生母、未来太后布木布泰

最终,皇太极有至少十四位福晋,二十五个孩子。1649年,来自蒙古科尔沁博尔济吉特氏的大福晋哲哲去世,她是皇太极另外两名妻子的姑姑,其中便有著名的布木布泰。布木布泰是成吉思汗兄弟的后裔,其子顺治帝继位后她成为太后,谥号"孝庄"。顺治帝是皇太极的第九子。布木布泰是孝庄太后的原名,这一时期后妃的原名仍有记录。尽管其夫治下,孝庄太后地位并不高,但在其子统治时,她成为宫中最有权势的女性,并在其孙康熙帝即位后成为太皇太后,并在辅佐两位皇帝执政期间影响深远。多尔衮死后,有人说顺治帝与孝庄太后有分歧,顺治帝废黜自己的皇后有可能透露这一点,因为这位皇后乃孝庄太后为顺治帝所选,且与太后有血缘关系。

有流言蜚语贬低布木布泰的贞操,不过,对她的中伤并不及针对之前的武则天或之后的慈禧太后那样严重。一则广为流传但并不可靠的轶事记载了布木布泰通过狱中探问、好言相劝、提供饮水等手段,劝降了一位被俘的明朝将领。另一则更为耸人听闻的轶事则提及她与多尔衮有染,甚至说她下嫁多尔衮。虽然这符合转房婚的习俗,但并无确凿证据。几世纪之后,学者吕思勉(1884—1957)写了一则故事在其家族内流传。故事写道,布木布泰曾经想勾引吕思勉的一位先祖,后者对此有所警觉,称病退职,逃回家中。不过,亦无明确证据证明这则轶事的可靠性。布木布泰在皇太极去世后很久才辞世。根据她的要求，布木布泰葬在了北京自己的陵墓中，靠近她的子孙，而不是与其夫合葬满洲。她的陵墓是在其皇孙的继任者治下才修建的。[13]

尽管布木布泰后来成了皇太极最有名的福晋，但他最喜爱的妻子则是布木布泰的姐姐海兰珠（1609—1641）。1634年，二人成婚，那时皇太极已有七个儿子。1637年，海兰珠产下皇太极第八子，他将这个儿子视为继承人。但这个孩子感染了天花夭折，两天之后，布木布泰产下了后来的顺治帝。1641年，在皇太极仍与明朝激战时，海兰珠不幸去世。皇太极听说爱妻生病便急忙赶回，但为时已晚。

皇太极停止进食，日夜悲泣，甚至魂不守舍，这使得亲属与大臣都很担心。亲王与大臣为了给他散心，陪他打猎。但出行时，皇太极经过了海兰珠的坟墓，这使得他再次悲不自胜。他不再参与军事战斗，据说甚至在对明朝的一次大捷之后仍无动于衷。最终，他于1643年去世，享年五十二岁。[14]

皇帝伤悼妃子

皇太极去世后，亲贵大臣们聚集起来选举继承者，最终由皇太极第九子福临在1643年继位，是为顺治帝。由于当时顺治帝仍是孩童，其叔伯代为摄政。起初，多尔衮与济尔哈朗共同摄政，后来济尔哈朗被排挤，多尔衮独自摄政，直至1650年他去世。顺治帝与其父一样，在宠妃去世后悲痛不已。他遇到这位宠妃之前，已于1653年将自己的第一位皇后废黜，他也是唯一一位废后的清朝皇帝。据《清史稿》记载，这位皇后是布木布泰的侄女，她喜奢华，性嫉妒，而顺治帝则崇尚勤俭朴素。他的大臣们反对废后，但顺治帝并未妥协。这位皇后没有生育。后来孝惠皇后（1717年去世）上位，但她也没有生育。让顺治帝悲痛不已的那位去世的妃子是内务府满人大臣董鄂氏之女。1656年入宫，她年方十八，不久便升为皇贵妃，并于1657年产下顺治帝第四子。皇帝封他为"皇第一子"，有些人认为这位皇子将会成为太子，但这位皇子数月后不幸夭亡。1658年，顺治帝指责孝惠皇后在太后病中礼节不周，试图废黜她，这看上去似乎是想将董鄂妃晋升为后。但最终太后与董鄂妃劝阻顺治帝不要这样做。1660年董鄂妃去世，顺治帝追封她为皇后，虽然那时他已有一位皇后。他为董鄂妃举办了隆重的葬礼，并惩罚那些没有表现出适度悲伤的人，还下令宦官与侍女为其殉葬。

许多人记录了这件事，但有一些记述远非事实。1651年初，德国传教士汤若望与顺治帝结识。他写道，皇帝忧郁不振，以至于他的侍从不得不守在他身边，以防皇上自残，甚至自杀。汤若望说，董鄂妃原为一名满族旗人之妻，他听说皇帝喜欢自己的妻子后便对她大加斥责。皇帝下令将这名男子痛打至死，也有人说他是自杀。还有一种说法提到董鄂妃原来的夫君是顺治帝同父异母的最年幼的弟弟。一个更广为人知的虚构故事则认为董妃其实是汉族名妓董小宛（1623—1651），满族兵士将其俘虏后献给顺治帝。如果是这样，这位妃子便比顺治帝大十四岁。还有人说这位妃子去世后，顺治帝前往佛教名山五台山剃度出家。明朝遗民吴伟业的《清凉山赞佛诗》以高妙的笔触描写了这段情事，并引述了其他有关皇帝痴迷宠妃的典故。的确，十七世纪五十年代末，顺治帝佞佛超过了处理公务的热情，还时常提及出家为僧，甚至曾经削发。但人们劝他重新蓄发，不要归隐五台山。这位妃子死后不久，顺治帝郁郁寡欢，最终死于天花。1663 年，他与这位妃子、康熙帝的生母葬在一起，后者也是一位妃子。三者火化后置于同一墓穴。[15]

五十四位后妃，五十六个孩子，掖庭无乱

康熙帝名玄烨，他是顺治帝的第三子，由出身汉军旗的妃子所生。康熙帝是一位多产的一夫多妻者，三十位后妃一共生下了五十六个孩子，还有至少二十四位后妃没有生育。他的二十位公主中，有八位活到成年，三十六位皇子中则有二十位，其中八位皇子又育有一百二十三个儿子。康熙帝看上去与后妃关系融洽，遏制了后妃之间的丑陋争斗，但其统治的最后几年，却为选出继任束手无策，最终在他驾崩前才决定继承人。与祖父及父亲不同，康熙帝有不止一位宠妃。自他十二岁时第一次发生性关系，直至六十八岁驾崩，不像皇太极与顺治帝那样只专情于一人。康熙帝有多位宠妃，一些更为受宠，另一些的宠爱则没有那么明显，而有关后妃受宠程度的信息主要来自她们生育孩子的数量，以及康熙帝及其他人偶尔的只言片语。康熙帝的第一个孩子于 1667 年降生，其生母是一名满人妃子；最后一个孩子则由一位名字不清的妃子于 1718 年诞下。1676 年，康熙帝立第一位皇后所生的嫡长子、1674 年降生的胤礽为太子。但在一场内斗后，康熙帝于 1712 年废黜了太子。之后，太子的位置便空了出来，被诸皇子争夺，直至康熙帝最终选择胤禛为接班人，他在活着的皇子中排行第四。胤禛生于 1678 年，其生母为德妃（1660—1723），她是康熙帝的一位满族宠妃。[16] 在康熙帝一生中，存在感最强的女性是他的祖母孝庄皇太后布木布泰，她帮助康熙帝于 1661 年年仅七岁时登上皇

位。皇帝年幼时，布木布泰便照顾他，尤其是在1663年其生母去世之后。孝庄皇太后还协助他在十五岁时解决了辅政大臣争权的问题。直到1688年孝庄皇太后七十五岁时去世，康熙帝都尽心照顾她，并在她临终之时连续几周陪伴在侧。康熙帝还将孝庄皇太后的神位供奉太庙，这与明朝及早先的惯例均不相同，因为之前每位皇帝的神位只有一名皇后的神位陪伴，级别较低妻子的神位则不能进入。康熙帝的统治时间是中国历史上最长的之一，一直持续至1722年。[17]

康熙帝留下了许多诏令、旨意、信札及箴言，我们从中可以推测出许多关于皇家生活的信息。欧洲传教士亦是其朝廷的成员，他们留下了有关康熙帝及皇室成员的记录。他与后妃在室内、户外长时间相伴，有时在紫禁城内，有时出巡，有时在京城之外的遥远地区。[18]他有三位皇后，她们在康熙帝驾崩之前很久便去世了。第一位皇后赫舍里氏谥号"孝诚"（1654—1674），她是康熙帝辅政大臣之一索尼（1667年去世）的孙女。1665年，布木布泰将她选为康熙帝的皇后，1670年她曾生育一子，不过这位皇子四岁时（虚岁）便夭折了。孝诚皇后在1674年生下第二个儿子胤礽时去世，胤礽便是之前提到的康熙帝的首位太子。康熙帝1672年已得一子，但由于这位皇子乃妃子所生，皇帝选择立胤礽为太子，但最终由于胤礽行为放荡而将其废黜。另外两位皇后谥号分别为"孝昭""孝懿"，她们都是高官之女，二人封后时都已患病。孝昭皇后乃遏必隆之女，遏必隆是四位辅政大臣之一。孝懿皇后则是康熙帝生母的侄女，亦是武将重臣佟国维之女。孝懿皇后1689年被册封后第二天便去世了。据说封她为后是为了显示对她及其家族的恩赏。除此以外，康熙帝还任用佟国维及其兄弟担任要职。这些都是清朝恩赐外戚的典型例证。孝懿皇后去世后，康熙帝便不再立后，并对封赠妃嫔高级品阶非常谨慎。他生前只有一位妃子成为皇贵妃，即孝懿皇后。1681年孝昭皇后去世，孝懿皇后负责管理后宫，在这期间实际上与皇后无二，但她直到生命的最后一刻才被正式封为皇后。只有两名女性荣升贵妃，即孝懿皇后之妹佟佳氏与孝昭皇后之妹钮祜禄氏。她们之后，康熙帝再没封其他宫中女性妃、嫔以上的头衔。随着他日渐年长，康熙帝也克制自己给予年轻的宠妃过多的赏赐。[19]

告诫皇子"大雨雷霆之际绝毋立于大树下"

康熙帝关注皇子的培养，还亲自撰写箴言。他的继承者将这些内容汇为一册，于1730年刊行，题为《庭训格言》。[20] 书名中的"庭训"历史悠久，指的是孔子之子一日穿过庭院时从父亲处接受的珍贵的教诲，后来"庭训"便专指儿子从父亲处受到的教诲。大部分建议是皇父对儿子的劝诫，如戒骄奢、好学习，注意身体与心智的培养，这些都是常见的建议。康熙帝引用孔子、孟子及其他先哲的话，鼓励皇子培养有关算数、天文、音乐、医药、军事、农业及洪水治理的兴趣。康熙帝还提及先祖，尤其是自己的祖母，强调自己如何周到地照顾她（第29a—30a页，第67ab页）。基于几个世纪的历史经验，我们推测一夫多妻的父亲也许会给予儿子一些有关妻妾的建议，可能康熙帝将这方面的训诫以言传身教的方式加以传授。《庭训》只有几次提到宫中女性及宦官，且主旨在于节制。此外，康熙帝还留下了一些有关自身的描述。虽然这些描述并非与后妃直接相关，但让我们看到他如何看待宫中长大的皇子。按照习俗，皇子起初与宫中女性居住，直到他们上学为止。上学后，他们便搬到宫中特定的居所，只有大婚后才搬出这一区域，但这需要皇帝的批准。[21] 康熙帝培养皇子的方式在胤礽身上并未奏效，后者所犯的罪行包括购买孩童作为性奴隶，还挪用公款。以下是康熙帝《庭训格言》中的一部分。

保留满洲传统

与其他非汉族统治者一样，康熙帝不想让自己的子孙过度汉化。他认为金元两朝在中原居住时间越长，他们采用的汉俗越多。康熙帝要求子孙保持骑射的能力与技巧，他自己也是这方面的行家。他还要求子孙在衣食方面保留满族传统，享受户外的宽敞空间，避免拘泥于汉人喜欢的狭隘、曲折空间（第46a、83b页）。因此，他还给予子孙关于长途骑马旅行以及如何搭建营地的建议（第17ab页）。他提到一条祖训是自己的长辈反复强调的，即"大雨雷霆之际绝毋立于大树下"，这是对经常出门在外之人的一条基本建议。

对待手下

康熙帝强调应该对于身居高位之人及下位者之间紧张关系有所意识。他教导子孙要虚怀若谷，接受批评。他说他在幼年时接受长辈教导后便对此身体力行。他注意到臣下侍从试图读懂他的心思，并试图以狡猾的方式，通过其好恶操控他（第2ab页）。他指的是皇子在宫中居住时身边充满了女性、孩童及宫中侍从。一些言外之意包括：潜在的男性继承人如何保持尊严、活力及权威？他们如何避免几个世纪以来所教导的有关皇宫生活不断对成长中皇子产生的不利影响？康熙帝还引用孔子广为人知的名句："唯女子与小人难养也。近之则不逊，远之则怨"（《论语》第17章，第25则）。然后他补充道：

> 朕恒见官院内贱辈因稍有勤劳，些须施恩，伊必狂妄放纵，生一事故，将前所行是处尽弃而后已。及远置之，伊又背地含怨。（第27a页）

康熙帝常常提及"小人"，即孔子用来指称仆人、下属、地位低下的人，以及那些狭隘且有奴性的人。他们合谋希宠，在康熙帝眼中最有可能将皇子引入歧途（第19a页）。宦官是这类人之中的典型代表。

对待宦官

下一则便讲到宦官。康熙帝坚持只允许宦官负责诸如洒扫之类的低微岗位，决不允许他们干政，还要严密监视他们的行踪。他说自己只用宦官"左右使令，家常闲谈笑语，从不与言国家之政事也"（第27ab页）。康熙帝年幼时，他的两位启蒙书法先生便是明朝宫廷中学养有素的宦官（第3a页）。与明朝宫中数以万计的宦官相比，康熙帝以仅有四百名宦官而自豪，并从未像明朝皇帝那样赐予宦官极大的权力。他不在意宦官之愁喜，不让他们变得富有。但我们从其他文献得知，康熙帝曾任用宦官向重臣传递机密消息，并有几名宦官是他的心腹。1697年康熙帝征战葛尔丹期间，给一位宦官写了十七封信件。此外，乾隆帝统治期间，普查宦官数量时发现康熙帝实际上曾拥有3343名宦官，比雍正朝（2575

名）与乾隆朝（2789 名）都要多。[22]

对待宫女

康熙帝提及明朝宫廷的奢侈时，讲到数以万计的宫女及供给她们所需的巨额费用。"今朕宫中计使女恰才三百，况朕未近使之宫女年近三十者，即出与其父母，令婚配"（第 71b—72a 页）。康熙帝还说道，其子孙亦应如此。此外，他不允许面容姣好的男孩服侍自己。康熙帝还喜欢将自己的开销与明朝皇帝比较，而明朝一宫妃嫔的花销就比康熙帝整个后宫的花销都要多，明朝宫廷一个月花在服饰上的钱也多于康熙帝宫中一年的服饰开销（第 12b—13a 页）。他还告诫后人不要溺爱孩子，称亲王、皇亲国戚及大臣们羸弱无用的儿子"痴愚"，吃喝无节制，寒暑不得耐（第 57a 页）。他还提倡利用空闲时间与妻子、儿子讨论善行及先贤之语（第 40b 页）。[23]

生命的各个阶段

康熙帝引用孔子对男子十五岁成人之后面临的性诱惑方面的告诫，以讨论男子生命中的各个阶段（第 77a 页）。他用诸如牙齿脱落等情形来谈论衰老，而并非通过性能力的嬗变。但据我们所知，康熙帝的最后一个孩子在他即将六十岁时降生。

读书学习

康熙帝反复强调自己对读书的热爱。他强调要花时间读书，读每一个字、每一句话，直到明白后才继续往下（第 8b 页）。最好读书时能爱不释手。康熙帝喜欢经年品味相同的篇章，并每次从中发现新的含义（第89b—90a页）。

照顾自己与行为得体

　　康熙帝鼓励子孙形成自我意识，并重视他人的才干。例如，他承认自己登高时头晕目眩，并因此欣赏那些敢于攀墙攻敌的兵将。他说如果你知道自己的极限，就能更好的欣赏他人的才华，认识他人的不足（第40a页）。他重视卫生，崇尚节俭，并以多年来穿着同样的衣服而自豪，虽然他坐拥一切（第12a页）。他还说自己在夏天从不使用扇子或脱下自己的帽子，康熙帝之所以能做到这点，是因为他"平日不自放纵"，"心静，故身不热"（第3b页）。康熙帝从不嗜饮，但在适当的场合也会小酌，从不超过几杯。他告诫子孙不要喝醉，更不要无故饮酒（第22ab页）。他说不要如小人一般行事，例如像宦官那样随意谩骂，口出污言秽语，即使在惩罚他人时，也不要使用此类言语（第24a页）。不要让心智为感官所迷惑（第18a页）。关于仪表方面，"凡人行住坐卧，不可回顾斜视"（第33b页）。据康熙帝极为敬重的满族长者说，"回顾"为"大忌讳"。康熙帝在《论语》的一则中为这一点找到支撑："车中不内顾。"这关乎尊严体面与仪表端正。[24]

　　康熙帝为皇子列举的主要榜样是自己对长辈的孝顺恭敬。由于父母双亡，康熙帝的主要孝敬对象是祖母，即太皇太后布木布泰。1688年布木布泰去世时，康熙帝显示出了极大的孝心，甚至打破满族旧规。满人在父亲或祖父去世时，会剪掉自己的辫子，但康熙帝在祖母去世时也这样做了。他为祖母守孝二十七个月，而非规定的二十七天，即使冬天也待在寝宫之外的帐篷里。康熙帝尊重祖母的遗愿，将其葬在北京城外，离自己的子孙更近，而不是按照习俗将其与夫君合葬。[25]

集中临幸与倾心汉女

康熙帝对于那些自己能够同房的女子仿佛遍施恩泽，并每隔一段时间集中临幸几位妃嫔。有两位满族妃嫔为他生育的孩子最多，且她们受宠的时段稍有重合。1667年至1681年，荣妃产下六个孩子，1678年至1688年，德妃也产下六个孩子，后者是康熙帝继承者胤禛与另一位皇位的有力竞争者胤禵（1688年出生）的生母。

有关康熙帝与这两位妃子及其他妃嫔的信息，来自其孩子数量、性别、出生日期的资料，以及孩子的存活情况，生母的族裔、家庭及等级，她们入宫的日期及去世的时间。从这些资料中我们可以得知，在孝诚皇后赫舍里氏产下两个孩子的这段时间（1669—1674）里，康熙帝还让其他至少五位妃嫔怀孕，共育有十个孩子。这五位妃嫔包括先后于1667年、1671年、1673年、1674年产下孩子的荣妃，1668年及1674年生产的张庶妃（康熙帝长公主生母），1670年及1672年生产的惠妃，1671年生产的端嫔，1674年生产的贵人兆佳氏。孩子的出生率也渐露端倪。1667年至1690年，康熙帝平均每年至少有一个孩子降生。期间的1676年与1684年一个也没有，属于例外；而有八年有两个或更多的孩子降生；1674年与1685年分别有四个孩子降生；1683年有五个。直到五十六岁时，康熙帝仍然有孩子降生。除了两位妃子有六个孩子，另外五位有三个，其他妃嫔则有一到两个。

尽管信息有限，但康熙帝的夫妻关系还是能够显现出来。例如，他限制提升后宫女性超过妃与嫔级别的信息便不少。[26] 将女子限制在较低等级是一则惯例，其目的在于防止女性取得荣誉及权力，从而干预继承人的选择、其他宫廷内务及性事，更不用说国家大事了——但宫中女性极有可能在这些方面产生了影响，只不过我们无从得知罢了。此外，这些资料还显示，在康熙帝的后妃中，至少有四对姐妹，其中包括三位皇后的姐妹，第四对姐妹来自郭络罗家族，她们在 1679 年及 1683 年都产下一个孩子。是康熙帝还是她们自己决定皇帝应该同时宠幸姐妹俩？其他几对姊妹则没有显示出此种共时性。[27]

最近有学者注意到，康熙帝在大约 1689 年之前多宠幸满族女子，1689 年之后则更青睐汉人女子。他存活下来的儿子中在当时有十四位已经降生，其中包括所有后来竞争太子之位的皇子。更精确地说，1689 年以前的十四位后妃中有十位是满族人，但从 1690 年开始，另有十四位产下孩子的妃嫔中则有九位是汉人，其中包括密妃王氏。康熙帝曾命传教士画师为王密妃画像。另一位经常陪同康熙的传教士 1709 年写道，皇帝钟爱王密妃。这位传教士有可能渲染了他们之间的情感。王密妃乃知县之女，1681 年之后入侍宫中（康熙帝最初与她邂逅时，她并非妃嫔），并于 1693 年、1695 年、1701 年分别产下一子。除此以外，我们对她知之甚少。1718 年王氏成为"嫔"，最终晋升为"妃"，1744 年去世，享年七十余岁。[28] 此外，1690 年后的十四位妃嫔中有十或十一位起初都是庶妃，即清朝后妃制度中品阶最低者；只有三位品阶较高：一位嫔，一位妃，一位贵人（妃与嫔属于前四级）。在康熙帝统治期间，她们大部分未得升等。有两位 1718 年晋升为嫔，其中便包括王氏，康熙帝治下有一位女性在死后被追封为妃（即孝诚皇后的妹妹平妃），有五位于康熙帝驾崩后晋升为嫔、妃，剩下四位则并无升等。[29]

惊吓妃嫔

意大利传教士马国贤（Matteo Ripa）提供了有关康熙帝与后妃关系的一条珍贵记录。1711年他注意到尽管只是去京城北郊，康熙帝也要带后妃同行。康熙帝乘轿，她们则步行。皇帝还会与她们在小船中钓鱼、划行，一同饮馔。康熙帝读书、写作的时候，后妃们就陪伴着他，"静坐椅垫之上，如见习修女般安静"。马国贤描述康熙帝调戏她们的方式很特别。他曾高坐于上，突然丢下"假蛇、蟾蜍和其他恶心的动物，从而享受欣赏女子惊逃之乐"。诚然，康熙帝在《庭训格言》中提到了蛇与蟾蜍，说每个人都有特别不喜欢的东西，有些人怕蛇，但不怕蟾蜍，有些人则相反。他继续强调，尽管自己不怕这些东西，他却从未用这些东西戏弄别人，因为如果这么做，被戏弄之人则有可能抽出剑来斩杀这些动物，但在皇帝面前挥剑，不论是否有歹意都意味着会被处以极刑。因此，康熙帝总结道，这样惩罚一名男子太可惜了。他并未提及自己向妃嫔扔假动物的习惯。马国贤的这段话中还有另一点值得注意。当他描述妃嫔们受到惊吓时，他说她们"跛足"惊逃，这是否表明这些女子缠足？马国贤可能觉得理所当然，但旗人女子，即使是汉族旗人也都不缠足。抑或康熙帝其实有缠足的妃嫔？另一种可能性则是这些妃嫔穿了宫廷女子特有的花盆底鞋，鞋底中部凸出一块木底，使她们走起来一瘸一拐，与缠足的女子颇为类似。[30]

1697年康熙帝远征离京城数千里之外的噶尔丹时，一些妃嫔曾与他同行。尽管康熙帝并未深入险境，但此次出征仍情势严峻，且政治、军事意义重大。在此期间，他给亲信宦官写了十七封信，这一纪录至今仍留存下来。在一封信中,康熙帝询问德妃的情况,因为德妃在他出征时身体欠安。另一封信中,他写道,他将给宫中后妃寄回一些精巧玩意。在第三封信中,康熙帝写道,蒙古亲王福晋来访,自己从妃嫔处取来一些衣服首饰赏赐这些蒙古福晋。除此以外,他还派人取来下衣、外衣及其他服饰给徐常在及另外两位不知姓名的答应。随康熙帝出征的女性没有一个生过孩子。[31]

康熙的一位妃子出身包衣之家,这类包衣满语称为"辛者库",他们是国有奴仆。自清初以来,辛者库便由包衣与旗人中犯下政治、经济罪案的人组成。他们并不隶属某位主子,而是公共财产,在八旗中负责各种粗活。只有上三旗的辛者库才能在宫中供职。出身辛者库的女眷被分派给宫中后妃及皇族子女,负责诸如洗漱、灯油、针指之类的活计。十八世纪时,此类女子有五千多人,卫良妃便出身这个群体。1681 年,她为康熙产下皇八子胤禩,1700 年被册封为嫔,1711 年去世,此时她已升为妃。康熙帝如何与她邂逅,我们不得而知,可能是在卫良妃为康熙帝的其他后妃做粗活时见到的。有一部文献提到康熙帝娶了自己的姑姑为妃,即皇太极之女、顺治帝之妹。当有人建议娶同姓女子不合礼法时,康熙帝反驳道,他的姑姑并非与自己同母所生,她也不是自己的孩子,也不是自己姐妹的孩子,因此与她成婚无伤大雅。如果这则文献可靠,从皇太极 1643 年去世推断,此时这位姑姑至少比康熙帝大十二岁。这是一例隔代婚姻,汉人对此非常忌讳,但满人从未停止这种习俗。[32]

辞世与丧葬

努尔哈赤、皇太极和顺治帝都是火葬,这与皇室其他成员一样。自康熙帝始,皇帝的尸身便入棺下葬。康熙帝与五位后妃同穴安葬，第五位是他没有预料到的。首先按照惯例，孝诚、孝昭、孝懿三位皇后与他合葬，她们在康熙帝驾崩前很早便去世了。后来雍正帝又在康熙帝 1723 年下葬时将另外两位妃子与父皇一同下葬：一位是雍正帝生母、刚去世的孝恭皇后乌雅氏（即德妃），另一位则是 1699 年去世的敬敏皇贵妃章佳氏。清朝皇室认为，作为继任皇帝生母的妃嫔与前任皇帝一同安葬是理所当然的，这与明朝不同。可是，章佳氏是康熙帝皇十三子胤祥（1686—1730）的生母，胤祥则是雍正帝最喜欢的兄弟之一。雍正帝将自己兄弟的妃嫔生母与父皇一同安葬是一个特例，但他坚持那样做了。雍正帝将去世的章佳氏追封为皇贵妃，并将她的遗体从原来的墓中移至皇陵，章佳氏此前与另外四十八位妃嫔葬在一起。董鄂氏的骨灰与顺治帝一同安葬则是另一个相似的特例，因为董鄂氏既不是妃嫔生母，也不是皇后（至少她生前不是）。将皇后与继任皇帝妃嫔生母之外的女性与前任皇帝一同安葬皇陵的做法在之后亦有发生，并成为新规。

另外一种新的做法是自康熙帝后，如果一位皇后或继承人的妃嫔生母在皇帝夫君之后去世，则分别安葬。皇帝的陵墓不再打开下葬新棺。清朝与明朝及其他王朝一样，每位皇帝在太庙与明朝建立的奉先殿中仅有一位皇后的神位相伴。皇族在内廷及圆明园中有其他祭坛，女性在那里也能参与祭祖仪式。在这些场所的祭拜具有选择性，正如另一案例中显示的那样。雍正帝遵从自己的情感，将生母的神位放到他私人祭祀的神坛处，但却没有将父皇其他后妃的神位放在那里。这种特例此前亦有发生，康熙帝便将布木布泰的神位置于太庙之中。后来亦有类似的特例发生，如乾隆帝给自己一位皇后的待遇比她应有的待遇降了一级。针对乾隆帝的做法，不断有批评的声音。[33]

第七章

从雍正到咸丰

(1722—1861)

勤政之君抑或篡位夺权

与其父皇的年幼登基不同,胤禛(1678—1735)继位时已经四十五岁,因此他在治理方面准备更为充分。胤禛年号雍正,自1722年始,至1735年终,我将以此称之。雍正帝是康熙第四子。他在位理政的时间很长,致力于加强财务管理,提高中央行政效率,并留下了数以万计的有关政府日常事务的文件。有人认为清朝再没有哪个皇帝像他那么有效率,但他与兄弟之间针对皇位继承权的争斗则导致了一些传言与诽谤,这使得他名声不佳,并一直持续至当代。这些故事有些不着边际,例如雍正帝弑父,还说他被一名女侠刺杀,因为这名女侠的祖父被雍正帝迫害致死。还有一些人认为雍正帝与其母孝恭皇后(即德妃)的死有关,理由是她一直不认可他。另一个故事则说雍正帝的继任乾隆帝的生母是一名辛者库,雍正帝打猎时吃下春药后恰巧与她邂逅。为了了解雍正帝作为勤政之君与邪恶的篡位夺权者的迥异形象,我们最好将储位之争与汉人仇恨满人的情绪等因素结合起来考虑,而这种仇恨在清末变得更为明显。[1]

雍正帝与其兄弟之间的争斗导致了皇八子胤禩、皇九子胤禟之死，他还软禁其同父同母的弟弟皇十四子胤禵（1688—1755），一度有人认为胤禵才是康熙帝选中的继任者。胤禵的支持者指责雍正帝毒杀父皇，并秘密地篡改了父皇的遗诏，将继承人从十四子改为第四子，即雍正自己。另一个故事则说他俩的生母与一位旗人有染，雍正帝真正的生父其实是年羹尧，而雍正生母才是修改遗诏之人。还有人说雍正帝还是皇子时嗜饮，喜好斗剑，召集了一群剑客作为侍从，他们才是修改康熙帝遗诏的罪魁祸首。[2] 十八世纪二十年代末期，湖南文人曾静等人相信湖南及其他省份的灾异是雍正帝罪行的报应，他们受到清初文人吕留良作品的影响，后者认为满人乃蛮夷，无权统治中国，而吕留良的孙女便是传说中那位刺杀雍正帝的女侠吕四娘。皇帝对曾静等人加以审判，允许他们悔过自新，并把他们送回老家——不过乾隆帝则反转了这一决策，并将他们通通处决。至于去世已久的吕留良，雍正帝将他剖棺戮尸，子孙斩首或流放。

亲王饮鹿血，喜得继承人

由于雍正帝登基时年纪较大，他成为皇帝后生育子嗣稀少。他共有十位皇子、四位公主，只有四个儿子、一个女儿活到成年。雍正帝有八位后妃留名玉牒，但下葬单上则列有二十四位，其中七位都生育过。雍正帝继位后又娶了多少妃嫔我们无从得知，但七位生下孩子的后妃都是在他还是皇子时便与其成婚，只有两位在他登基之后产子：敦肃皇贵妃年氏于1723年生下皇子福沛（夭折），谦妃刘氏则于1733年产下雍正帝的最后一个孩子皇六子弘瞻。雍正帝选择皇四子弘历作为继承人，即为后来的乾隆帝。继承人的名字一直密封于匣中，直到雍正帝驾崩时才打开。1727年去世的皇三子弘时生活极其放荡，以致雍正帝将其从玉牒中剔除，1735年乾隆帝将这位兄长重新纳入玉牒。³

雍正帝唯一的皇后谥号"孝敬"，由康熙帝为其挑选，1697年她产下雍正帝长子弘晖。1731年孝敬皇后乌拉那拉氏去世，之后雍正帝再未立后。雍正帝本想为妻守丧，但大臣们力劝他不要如此，并引用明朝先例，甚至在皇帝强调他们夫妻相敬如宾四十年后仍加以反对。最终，皇子与大臣代皇帝守丧。乾隆帝的生母（1692—1777）出身钮祜禄氏，雍正帝还是皇子时她便入侍，1711年产下了她的独子弘历，并于雍正朝晋升为贵妃。弘历登基后，他按父皇的吩咐将生母封为太后，直到1777年她去世之前都好生奉养。乾隆帝出京巡游时会带上母后，并为其举行隆重的六十、七十及八十大寿庆典。钮祜禄氏谥号"孝圣"，与布木布泰一样有自己的陵寝。一次，有人询问她是否要在雍正帝的陵寝中为她留下一处，但孝圣太后认为不应打扰先帝陵寝，这样也遵循了不再重开皇陵以下葬皇帝驾崩后去世后妃的习俗，也有可能这是此项惯例的开端。⁴

雍正朝有两则最为引人注目的传说，其中之一提及乾隆帝的生母是出身卑微、相貌丑陋的宫女，雍正帝令其受孕纯属无心。这则传说出现于何时我们无从得知，但乾隆帝的继任嘉庆帝则曾公开对此予以否定。故事说雍正帝当时正在避暑山庄打猎，射中一头鹿后令童仆将鹿角砍下，并自饮鹿血。鹿血是公认的春药，当时还是皇子的雍正喝下后便性致盎然。童仆匆忙为他找了一名宫女，皇子便将她带到附近的小屋之中。据说雍正帝起初并未仔细看清这名宫女的长相,后来发现她面貌丑陋便不想带她回宫。不过,雍正帝担心此事泄露出去,便将童仆推下悬崖,并抛弃了那名二十七岁的干粗活的怀孕宫女。后来她在避暑山庄狮子园的一个小屋中生下了后来的乾隆帝。康熙帝得知这个消息后,与德妃一同逼迫儿子坦白交代了这段情事。但当时雍正仅把男孩带入宫中,德妃为其找了一位养母,即后来的孝圣太后。康熙帝很宠爱这个孩子,并将他的名字录入玉牒,并声明他出生在雍正帝还是皇子时所居的宅邸之中。然而,另有说法提出乾隆帝生母是一名陈姓的汉族女子。雍正帝还是皇子时用自己的女儿换来了这名女子的儿子。据说乾隆帝喜欢穿着汉服这一点表明了他清楚地知道自己的生母是汉人。[5]

为侠女或"丹药"所杀

另一则雍正帝耸人听闻的传说运用了由来已久的复仇侠女的母题。故事中,侠女为祖父吕留良报仇。吕留良是被雍正帝剖棺戮尸的那位憎恨满人的汉人。这位侠女名为吕四娘,她跟从一位高僧学习剑术,另一种版本的故事则说她拜一位忠于明朝的尼姑为师。吕四娘抵达北京,潜入宫内,刺杀皇帝,从而导致雍正帝1735年突然驾崩。一部文献说该故事并非空穴来风。[6]

的确,雍正帝的驾崩很突然,且扑朔迷离。另一种解释说他死于道士炼制的延年益寿丹药。宫廷文档显示,从1730年至其驾崩期间,雍正帝要求宫廷作坊制作道袍、道帽、法器及其他道教仪式中需要的器物。他还征集燃料及相关化学物质,其中包括铅,而铅则是道教炼丹的原料之一。人们服用丹药以求延年益寿,不过有时候丹药只是生产出来,却并未被服用。如果雍正帝真的服用了丹药,他有可能与之前唐朝、南唐及明朝的一些君主的死因相同。雍正帝的确喜欢服用"既济丹",有些学者将它等同为丹药。不论雍正帝死因为何,他的确对道教有着浓厚的兴趣,在紫禁城与圆明园深处举行道教仪式,并对这些仪式活动尽量保密。7

雍正帝驾崩两年以后,他与其妻孝敬皇后、宠妃年氏一同下葬皇陵。1725 年,年氏在病入膏肓之时被晋升为皇贵妃,她曾产下四个孩子,但没有一个活到成年。她是年羹尧的妹妹,而年羹尧曾拥立胤禵为继承人。雍正帝起初对他青睐有加,后来则渐生疑心,1726 年命他自杀。由于乾隆帝的生母孝圣皇后在丈夫死后还活了很长时间,她后来被葬在自己的陵寝之中。年氏再次证明了除了皇后与皇帝生母,其他女性也可以与皇帝同葬皇陵之中,就像康熙时的章佳氏那样。8

并无宠妃,但有男宠

康熙帝有一百多个孙辈,但他的皇孙弘历令他印象深刻,最终雍正帝也选择弘历作为继承人。弘历二十四岁时继位,比中国历史上其他任何帝王的统治时间都要长。他的年号是乾隆,自 1736 年始,至 1796 年终,我将以此称之。乾隆帝的年号一直持续至其驾崩前三年才结束,他也早已宣布自己将于 1796 年退位,为了不超过自己功绩卓著的祖父。他秘密选定继承人,在自己退位时令其继位,此后他继续辅助下一任皇帝,俨然自己仍然在位,因此其统治时间实际上比祖父康熙帝更长。乾隆帝喜欢将自己视为汉武帝或明太祖朱元璋的翻版,并相信自己的统治足以与之前最卓越的统治者媲美。他与传教士交往密切,并对欧洲的地理、历史有所了解，例如沙俄、英格兰等国允许女性继位，法国却不允许等。1762年，叶卡捷琳娜大帝开始统治沙俄。[9]

与其祖父一样，乾隆帝似乎也没有特别倾心的宠妃，但在他统治晚期却有一名男宠和珅（1750—1799）。和珅本是官职卑微的宫廷守卫，当他注意到这个魅力十足、聪明机灵、讨人喜欢的男子时，乾隆帝已年逾六十五岁。由于乾隆帝的宠爱，和珅平步青云的速度令人咋舌。和珅的攀升使得人们质疑乾隆帝的道德品质，并与其他生活片段一道生发了一些传言、幻想，尽管许多逸闻直到清末才出现，并植根于反抗清朝的民族情绪之中。这些故事将乾隆帝描绘成具有暴力倾向且残酷不仁的花花公子，但并没有确切的证据显示乾隆帝贪好女色。与其他皇帝一样，他对表现不如意者严惩不贷，其中包括吃了败仗的军人，有一些被处以极刑；至于贪官污吏，1781年一年乾隆帝便处决了五十六人。[10]

没有哪位清代帝王比康熙帝有更多的后妃、孩子，而乾隆帝排名第二。乾隆朝的皇室下葬清单中包含四十一位后妃，其中有九位有生育。他的最后两位妃子在1777年入宫。乾隆帝共有二十七个孩子，其中十七位皇子、十位公主，有十位皇子、五位公主活到成年。乾隆帝驾崩时，只有四位皇子、一位公主尚在人世。十八世纪二十年代至六十年代，他的后妃不断为其诞下子女，1775年他的最后一个孩子降生，即他最宠爱的固伦和孝公主（1775—1823）。她降生时，乾隆帝已六十四岁。人们称她为"十公主"，后来称"和孝公主"。1790年，她嫁给了和珅的儿子丰绅殷德。据传乾隆帝曾对和孝公主说："汝若为皇子，朕必立汝储也。"人们用"刚毅"形容她，这也是人们形容几世纪前汉朝吕后的词汇。和孝公主能射硬弓，年轻时与乾隆帝一同打猎，喜欢穿着男子衣饰。乾隆帝对她的宠爱与其很难选出太子形成鲜明对照。他对自己的皇子一个比一个不满意。最终，乾隆帝缩小范围，决定在两位同母（孝仪皇后魏佳氏）所生的皇子中选择，并于1773年决定由兄弟中的大哥、皇十五子颙琰继位。他把继承人的名字放在皇座上方匾额后的秘匣内，直到其退位时才公之于众。[11]

为乾隆帝缝制燧囊的皇后

乾隆帝对其母孝圣太后无微不至。孝圣太后出身满族名门钮祜禄氏。与乾隆帝一样，她也潜心修佛，尤其是藏传佛教。据说她每日都要打坐。在她七十、八十大寿时，乾隆帝请了一位藏传佛教高僧率领一千名喇嘛为母后诵经。乾隆帝年幼时可能很少与生母见面，但他继位之后，这种情况有所改变。在乾隆帝第一任皇后孝贤皇后富察氏去世几年后，孝圣太后便敦促皇帝另立皇后，即乌拉那拉氏，可能没有大臣能够劝服皇帝这么做。孝圣太后年迈不良于行时，乾隆帝命人在北京仿照太后最喜欢的苏州南城建起一条街道，沿街设置店铺、餐馆、酒楼，所费不赀。1777年孝圣太后去世时，乾隆帝为其举办了一场隆重的葬礼，一位法国传教士描述道，送葬的队伍从皇宫一直绵延至北京西郊的皇家陵寝；骆驼与马匹载着她死后所需的供品：椅子、垫子、箱子及其他日用必需品，其中包括其晚年用过的拐杖。在五天的送葬行程中，乾隆帝全程随行。[12]

乾隆帝的第一位主妻孝贤皇后（1712—1748）出身满洲望族富察氏，由雍正帝1727年为他选定，1737年成为皇后。她有四个孩子，其中包括1728年降生的乾隆帝长女，但后来这位公主不幸夭折。1730年，孝贤皇后产下皇次子，乾隆帝本来私下将其定为接班人，但这位皇子也不幸去世。乾隆帝与孝贤皇后常常一起出行，但皇后在第二个儿子、皇七子永琮早殇的几个月后，1748年与皇帝东巡时，在山东不幸辞世。她以谦虚、节俭著称，曾据满洲旧俗为皇帝制作了一个简易燧囊，并注意避免使用珍贵材料。孝贤皇后去世时，乾隆帝为这个燧囊御制了一个小匣，匣中放了一首他用满语写的诗。他还将皇后去世时乘坐的那艘船带回北京，命人把船拖过京中街道，安置宫中，那时皇后的棺椁也停放于此，等待移至皇陵下葬。乾隆帝下令全国守孝，并写了一首长诗悼念亡妻。此后，他不断写诗缅怀孝贤皇后，直至生命的尽头。如果有人没有好好悼念皇后，乾隆帝便会予以惩罚，其中包括几十位大臣和他的两位皇子，此二人还因此被父皇从皇位继承人的名单中剔除出去。乾隆帝此前并未如此严厉，但在他后来的统治期内不时地如此行事。有传言说孝贤皇后之死可能与乾隆帝和嫂子的情事有关。行船途中，皇后对此表示不满，从而使得皇帝龙颜大怒，将其推入水中，致使皇后生病去世，据说后来乾隆帝追悔莫及。他对孝贤皇后之死的悲伤程度令人回想起皇太极与顺治帝。[13]

削发为尼的皇后

有关乾隆帝下一位皇后乌拉那拉氏（1718—1766）的一件事亦引发了类似传言。这位皇后出身不似孝贤皇后那般显赫，在乾隆帝还是皇子时入侍，1737年册封为妃，1745年晋升贵妃，孝贤皇后去世之后成为皇贵妃，执掌六宫，1750年成为皇后。1752年至1755年，她先后产下两位皇子、一位公主。1765年，乾隆帝第四次南巡期间游历杭州时发生了一件怪事。皇后不知为何触怒了皇帝,她自己则愤怒地将头发剪去,皇帝因此将她遣返回京,不再与她见面。不久,乾隆帝在北京以北的木兰围场打猎时,乌拉那拉氏不幸病逝,而皇帝拒不取消此次狩猎回京。乾隆帝命皇后所生的皇子料理后事,并宣谕她精神不稳定。尽管大臣们成功制止了皇帝废后,但乾隆帝仍以皇贵妃的等级将其下葬,与之前死去的一位皇贵妃共享陵寝,还流放了批评他未以皇后之礼下葬乌拉那拉氏的大臣。按照大臣们的建议,应该将皇后按规矩葬入皇陵。对乾隆帝的批评声持续经年,1778年一位大臣上书敦促皇帝立储,并另立皇后。乾隆帝在批复中阐明自己对乌拉那拉氏已经仁至义尽。他说他并未废后,只是将其葬礼降格。况且,乾隆帝此时已六十八岁,人们怎么能希望他再立一后?因此,他将上书之人处决。随后谣言四起,声称乌拉那拉氏在乾隆帝于杭州微服私访时发现他走访名妓并对此加以斥责,乾隆帝怒不可遏,要将她遣返北京,而皇后最终削发为尼,在杭州出家。宫廷档案记载乾隆帝多次离开京城出巡,他会带上太后与后妃同行,这次南巡便带了一位贵妃、一位妃、一位嫔,以及两位常在,此外还有数以百计的宫女。文档表明,有一次晚宴皇后没有出席,并显示她那时已返回北京,但没有记录原因。[14]

乾隆帝至少有四位妃子出身包衣,换言之,即来自奴仆家庭。这几位妃子均与皇帝同葬皇陵,其中最为著名的是魏佳氏(1727—1775)。她出身正黄旗满洲包衣,其家族后来被抬旗进入镶黄旗满洲。她共有六个孩子,比其他后妃都多。魏佳氏也是乾隆帝继承人颙琰的生母,她在1760年生下颙琰。她不断晋升,最终于1765年成为皇贵妃,在1756年至1766年期间产下四子二女。

她是清朝两位成为皇后的包衣之一，另一位则是嘉庆帝的皇后。两位皇后的父亲后来都被封为公侯。乾隆帝后妃其他三位出身包衣的妃子，有一位来自满族富察氏（哲悯皇贵妃，1735年去世），1728年她生下了乾隆帝的皇长子永璜。另一位妃子高氏（1745年去世）是汉人，出身内务府包衣世家，其父高斌摆脱了包衣身份，最终成为大学士。第三位妃子金佳氏来自朝鲜，即淑嘉皇贵妃（1755年去世），她产下四位皇子，其父与兄弟亦得封高官，这归功于她的显赫地位。[15]

孝贤皇后、孝仪皇后与淑嘉皇贵妃诞下的孩子最多，她们与富察氏、高氏一道在乾隆帝驾崩前便葬于皇陵中。[16]明清两代之中，没有另一位皇帝像乾隆帝那样与这么多后妃共眠皇陵。如上文提到的，一位女性并不需要成为皇后或产下孩子才能葬于皇陵，成为宠妃便已足够。

另一则关于乾隆帝内宫的轶事与一位打死侍女的妃子有关。皇室设法掩盖了她这么做的原因，但1778年此事发生后的一天，皇帝传召大学士与亲王前来通报这项罪行，并惩罚了罪魁祸首惇妃汪氏。惇妃出身满洲家庭，并生育了乾隆帝最小的也是最为宠爱的和孝公主。乾隆帝认为如此暴行在宫中实属少见，他在奴仆触怒自己时也只是略施薄惩。皇帝将惇妃降为嫔，还惩罚了袖手旁观的宦官，勒令惇妃负担宦官的部分罚金并给予死去宫女的父母一百两银子。不过，乾隆帝几年后恢复了惇妃的品阶。

1794年，即乾隆帝退位前一年，皇帝认为自己还在世的高等级后妃太少了。在他治期即将结束时，他认为没有一个妃子能在宫中事务上作威作福，即便她们获得晋升以后亦是如此，而自己的做法则会提升妃嫔的尊严，从而使整个皇室增辉。此时，只有两位女性处于妃位，另有两位处于嫔位，其余的位阶都更低。乾隆帝将两位嫔升为妃，两位贵人升为嫔，两位常在升为贵人。两位妃子品阶不变，其中包括打死宫女的惇妃。这四位妃子直到乾隆帝退位时仍是妃子。有九位女性比皇帝更为长寿，即上述他晋升的六位女性和两位品阶未变的妃子。此外还有一位贵人，嘉庆帝封她为太妃，这位太妃直至道光帝统治期间才去世。[17]

一位来自突厥的穆斯林妃子

乾隆帝有一位妃子来自维吾尔族，即和卓氏，有时亦称容妃（1788年去世）。许多年后，人们将她幻想成捐躯的女英雄。1760年容妃入宫，乾隆帝之所以迎娶她，是因为要与在回疆（即今新疆南部）作战的突厥穆斯林同盟联姻。容妃的叔父曾为清朝征战，并因此被召入京，荣膺皇族爵位，在其侄女入宫后一月便受赐皇宫附近一所宅第。此时容妃二十六岁，之前有可能结过婚，但即便如此，官方文献对此也只字未提。她入宫时被封为贵人，起先几年穿着突厥服，直到1768年晋升为妃才改变装束。她并无生育。

可靠记录提供了关于容妃的有限信息。乾隆帝常常赏赐她礼物，并派穆斯林大厨为她料理饮馔，使她能够保持饮食习惯，并遵守宗教禁忌。乾隆帝还带她出京游玩（乌拉那拉氏被遣返京城时容妃也在场）。一次，她让皇帝品尝了自己的食物，乾隆帝非常喜欢。1781年元宵佳节，容妃、和孝公主及其他人一道出席了一场盛宴。是年末，她在另一场宴会中位列上位者的座席。这种场合的礼仪讲究繁杂，列席人员根据等级不同，享用不同规格的饮馔。文献列举了她死后留下的遗物和这些物件如何分配，让我们了解到她这个品阶的妃子都拥有什么样的物件。容妃留下了两千多粒珍珠、宝石，数千匹绫罗绸缎，以及其他诸如挂坠、手镯、表、鼻烟壶及象牙盒等的饰品。当时十三岁的和孝公主及乾隆帝与孝贤皇后所生、年已五十八岁的固伦和敬公主得到的份额最多。更小的礼物分给了其他妃子，最小的则由宦官、侍女、乳母及容妃的姐妹分享。[18]

晚清与民国时期开始兴起传说，给和卓氏起了"香妃"这个新名字。人们将她幻想成满人统治下桀骜不羁的受害者。据说她是一名维吾尔族男子的妻子或女儿，该男子曾对抗清朝，而非为清朝而战。香妃则以旷世美貌与天然奇香著称于世。乾隆帝命人将香妃送入自己的后宫加以呵护，但香妃拒绝了皇帝的求欢，并表明自己会用随身携带的匕首报仇。太后直截了当地命令她服从皇帝，但香妃拒不从命，最终太后下令勒死香妃。有人认为香妃葬于喀什附近，还有人认为她葬于北京。1979年，考古学家在北京之外发现了她的墓穴，其中还有用阿拉伯语篆刻的古兰经文。关于她的传说经久不衰，是否事实并无多大影响，甚至在"香妃并不存在"这个真相水落石出后亦是如此。1914年展出了一幅来自清朝宫廷的画像，画像中的女子身着戎装，据说这便是香妃。1933年的一部戏曲和1955年的一部武侠小说也讲述了相关故事，它们都含有民族主义元素。该戏曲将香妃描绘成清政府的受害者，1955年的小说则挪用了乾隆帝是汉人所生的传说。[19]她是一位充满异国风情的性感美女，乾隆帝求而不得。香妃成了反抗满人的女英雄，抗拒皇帝直至身死，与传说中刺杀雍正帝的汉人女侠有几分相似。直至今日，喀什的香妃墓还吸引了大批游客，他们被告知乾隆帝对香妃宠爱有加，所以将其棺椁从北京运至喀什；还有人仍然讲述乾隆帝生母将香妃谋害的故事，并坚持她从未葬在喀什。[20]

皇帝的男宠

后来的皇帝中没有一个像康熙帝或乾隆帝那样大权在握，但从乾隆帝开始宠幸年轻男子和珅后，其统治为之一变。截至十八世纪七十年代末，乾隆帝给予和珅的权力大到让人不知是谁在发号施令了。这段关系不但标志着乾隆帝统治期的一个转折点，对于整个清王朝亦是如此。此后，清朝财政羸弱，十八世纪八九十年代贪腐横流，像和珅这样的大案，皇帝都没能严查。十八世纪著名文人袁枚（1716—1798）有这样一段描述试图探究乾隆帝与和珅之间的关系。他将和珅描述得与众不同，说他在皇帝面前厚颜无耻：

> 和珅为人身材停妥，粉面朱唇，声音脆亮，不矜威仪，喜诙谐，内外如一，无一毫装模作样之处。其侍上左右，记性极好，应对如流。虽在天威咫尺之前，而举止自在，上视之亦如婴儿，不甚拘束之也。

1793 年，来自英国的马戛尔尼公爵及其使团成员拜见乾隆帝时，认为和珅"和蔼可亲，精明能干，严整干练，魅力十足，至少看起来举止文雅"。然而，和珅也代表着乾隆帝与全球各地宫廷生活对皇帝威严及礼仪期待的严重脱节，而这些威仪与礼节在乾隆帝统治伊始时也广为推行。乾隆帝驾崩后，其继承人便将和珅逮捕，并赐其自尽，还没收了和珅的巨额资产。

人们很难理解为什么乾隆帝会被和珅吸引,他们质疑像乾隆帝这样睿智的人怎么会对和珅的弄权熟视无睹。一种广为流传的解释认为,在乾隆帝登基之前,年轻的皇子弘历见到父皇的一位妃子在镜前梳妆。弘历悄悄走到她身后,用手盖住她的眼睛。不知道身后是谁,这位妃子便用梳子扎伤了皇子的额头。后来弘历的生母注意到儿子额头上的伤,便坚持要知道儿子是怎样受伤的。她坚信是妃子与弘历调情,并下令将之处死。弘历大惊失色,由于他过于害怕,便未告知任何人这项处罚并不公正。最终,弘历想出一个弥补的方式。他找到这位妃子的尸体,在她的脖子上用红笔写上:"我害尔矣,魂而有灵,俟二十年后,其复与吾相聚乎?"故事继续讲道,乾隆帝第一次见到和珅便感到一股神奇的羁绊。皇帝召见他,让他跪着近前,仔细观察他的颈项。他在和珅的脖子上看到了多年前自己留下的印记,从而知道和珅便是死去妃子的转世。有人将他们的关系比附几世纪前汉哀帝与男宠董贤之间的著名情事。[21]

慈禧太后之前最后的皇帝们(1796—1861)

与上述三位皇帝相比,以下三位皇帝及他们的后妃则没有那么多故事可讲。在讲述宫廷女性史最后一出重头戏慈禧太后之前,我将简略提及他们。1795年,乾隆帝正式公开其继承者,一年后颙琰(1760—1820)继位,即嘉庆帝,不过他直到父皇驾崩后才真正掌权。嘉庆帝面临着一系列严峻的问题:政府贪污腐败,皇室财政空虚,鸦片毒瘾横行,经年叛乱天灾。嘉庆帝与之前的皇帝一样生活规律,并坚持履行皇帝的职责。像前任一样,他也喜欢阅读、写作。嘉庆帝还是清朝最后一位坚持秋狩传统的皇帝，康熙帝与乾隆帝在皇家猎场木兰围场也保持着这项传统。嘉庆帝有十五位后妃，其中七位为他生下十四个孩子，五位皇子、九位公主。他在位期间有八位后妃辞世，其中包括第一位皇后喜塔腊氏（1760—1797），谥号"孝淑"。这位皇后出身包衣，1782年时产下嘉庆帝第二子，即下一任皇帝。孝淑皇后亦是清朝唯一生育继承人的皇后，但她于颙琰继位第二年便去世了。由于乾隆帝尚在人世，孝淑皇后的葬礼规格有所降低，以示对退位的太上皇的尊重。1803年嘉庆帝皇陵完工时，孝淑皇后下葬其中，而她也是嘉庆帝驾崩前陵墓中唯一的女性。嘉庆帝的第二位皇后钮祜禄氏（1776—1850），谥号"孝和"，皇帝还是皇子时她便入侍，与乾隆帝的第二位皇后一样，在前任死后先晋升为皇贵妃，后来退位的乾隆帝将其封为皇后。由于孝和皇后的册封礼要等到孝淑皇后和乾隆帝的守孝期结束，她直到1801年才正式成为皇后。[22]

小说及电视剧中嘉庆帝的后妃

正如其前任两位皇帝一样，嘉庆帝也成了谣言的主角、幻想的对象。一部小说提到嘉庆帝将一位百姓的妻子纳为妃子。起先，嘉庆帝下诏告知，说皇后要其妻入宫服侍，后来又说其妻在宫中湖内溺水而亡，从而将皇帝已纳其妻为妃一事加以遮掩。此种不公导致有人试图刺杀嘉庆帝（这一片段基于真实的刺杀嘉庆帝的企图，但实际原因并非如此）。2004年，香港连续剧《金枝欲孽》将嘉庆帝后妃的生活搬上荧屏。宠妃如妃有历史原型，她在与皇后的争斗中失败。淳嫔亦有历史原型，电视剧中则是伪装成满人的汉人，由一名宦官引荐入宫。由于他牵涉和珅的贪腐，便想通过淳嫔来使自己免受株连。安嫔是另一个角色，她只想早日出宫，重新与祖母相见。安嫔与另一位妃嫔联手，而后者则为心机很重的淳嫔陷害。小说与电视剧都运用了几世纪以来宫廷生活积累下的情节与主题，电视剧则使观众产生了其他联想，有人将其视为影射女性在办公室政治中的明争暗斗，还有观众观看之余在网上留下了用心的评论。这部电视剧的主题之一是尽管王朝面临着多重危机，宫中女性仍然明争暗斗。一些情节历史上并没有发生，尤其是那名英俊的年轻御医不可能与妃嫔产子，后者更不可能将孩子假充是皇帝的。另一个类似情节则是一名年轻农夫（后来入宫成为侍卫）从叛乱的暴民手中救出还是待选秀女的淳嫔与华嫔，之后又与安嫔坠入爱河。可靠的历史记录中找不到此类情事的蛛丝马迹。[23] 2011 年关于雍正帝后妃的电视连续剧《甄嬛传》中，甄嬛怀有皇帝异母兄弟孩子的情节也不可能真实发生。给皇帝戴绿帽子这种想象由来已久，这通常是对皇帝、一夫多妻制及这种制度对女性的压迫进行的嘲弄。

道光帝降级妃嫔

嘉庆帝的继承人是皇次子旻宁（1782—1850）。1799 年旻宁被秘密选为太子，1820 年登基，年号"道光"。他的统治一直持续至 1850 年，以中国与欧洲列强的第一次冲突的失败而告终。此时的清王朝社会动荡不安，经济下滑，问题不断。道光帝至少有二十一位后妃，大部分比他年轻十余岁，七位后妃共产下十九个孩子，九位皇子、十位公主。不知什么原因，他将十位妃嫔降级，不过她们在接下来的两位皇帝任内全部恢复了头衔，得以晋升。[24] 另一宗悬案则是道光帝在 1808 年喜得皇长子、1813 年喜得皇长女之后，直至 1825 年才又有孩子出生。他的首位福晋钮祜禄氏 1808 年去世，并无生育，后来被追谥为孝穆皇后。在她之后，道光帝又有两位皇后，她们都在皇帝驾崩前便去世了。其中第二位皇后钮祜禄氏于 1831 年产下继承人，那时她还是贵妃。所有皇后都葬在皇陵中。博尔济吉特氏（1812—1855）在太子生母去世后成为其养母，并生育了恭亲王奕䜣（1833—1898）。恭亲王从十九世纪五十年代直至其去世都是清朝最为重要的官员之一。咸丰帝在博尔济吉特氏临终前几天将其从太妃晋尊为太后，并为其单独建造陵寝，不过规格仍有一定限制。她的陵寝与其他皇帝、皇后的不同，并非完全独立，而是与道光帝十六位妃嫔的墓地连在一起。[25]

最后一位女统治者的丈夫

奕詝（1831—1861）是清朝第七位皇帝，年号"咸丰"，自 1850 年起至 1861 年止。他是道光帝的第四子，三十九岁时去世。他在位期间，带有基督教色彩的太平天国运动大规模爆发，咸丰帝对此束手无策。丧失了作为统治者的信心之后，他逐渐从政治中抽身出来，并在 1860 年英法联军入侵北京时逃离，1861 年在远离京城的承德避暑山庄驾崩。他的皇位由其唯一存活下来的皇子继承，这位皇子由妃子所生，而这位妃子则成为从咸丰帝去世至清朝终结这段时间里最为重要的皇室人物，即慈禧太后，亦称孝钦太后。咸丰帝有十八位后妃，有三位产下孩子，两位皇子（第一位夭折）、一位公主。中国皇帝较高的生育率已成过往。1858 年之后，再无皇子降生。1861 年，咸丰帝的继承者同治帝继位，咸丰帝的皇后被尊为皇太后，徽号慈安（1837—1881）。奕詝的其他后妃都没有像慈禧、慈安那样出名，不过许多妃嫔在随后两朝都得以晋升。有一则无关紧要的轶事记载，1855年咸丰帝曾处罚一位常在，并将其贬为宫女。这位常在的罪行在于对宫女残酷不仁，并与一名宦官交谈、调笑。[26]

第八章

慈禧太后

（1835—1908）

帝制中国最后的女性统治者

作为中国皇室最后一位重要的统治者，慈禧太后自1861年起便开始主宰清廷，长达四十七年。与布木布泰不同，慈禧太后不仅正式称制，并且掌权更久。自此，人们便对她横加诋毁，指责她是致使清朝灭亡的罪魁祸首，批评她没有推行必要的改革以应对内忧外患，并在危急时刻仍过着奢靡的生活。新近研究则认为，这种看法夸大了慈禧太后应对王朝覆灭承担的责任。这两种观点都应纳入考虑的范围之内，以期理解慈禧太后的历史地位。不过，我将聚焦慈禧太后一生及其身边的人物，以及她作为女性统治者的形象，并不涉及她作为清朝的领导者本可以做什么或并未做什么。自慈禧统治之初，清朝便遭受了英国及其他外国列强的不断打击，在商业、外交及宗教开放方面受到外界施压。外国势力对北京及其周边宫殿、财产与人民的掳掠破坏致使慈禧太后两次逃离京城。巨额赔款使得清政府负债累累。尽管许多人曾经且仍然认为慈禧太后面对时代的挑战毫无准备，但她应负的责任大小很早便被人们对女性统治者存有的偏见所影响。除此以外，很重要的一点是，尽管她是当时最有权势的统治者，但慈禧太后的影响力比以往的女性统治者更为有限。十九世纪七十年代之前，慈禧太后及其宫中顾问并没有处于权力巅峰，真正大权在握的是李鸿章等执掌官僚机构的大臣及地方督抚，后者直至清朝灭亡之后都掌握着国内外政策的制定，并常常略过皇室，亦不向朝廷寻求财政、物质支持。[1] 换言之，慈禧太后不像之前的女性统治者那样享有高度的中央集权。在她的权力范围内，慈禧太后治理有方，并顺应改革需要，只是她夹在斗争的派系之间只能艰难抉择。回顾历史可知，她的选择是错误的。截至十九世纪九十年代末期，大趋势导致的必然且即将到来的变化已经超出了慈禧太后及其盟友所能接受的范围。皇室统治下的帝制中国行将消失。[2]

对于慈禧太后的指责植根于几个世纪以来关于女性统治者的偏见。人们说她干预皇位继承，篡夺皇帝大权，还说她残忍狠毒，性格阴郁，将敌人置于死地，虐待光绪帝的一位妃子，甚至说这位妃子为其所杀。然而，她的侍从和接触密切者则说，慈禧太后并非特别残忍狠毒、睚眦必报，只是她有时的确脾气不好。然而，不论统治者是男是女，坏脾气在君主身上绝非罕有，置敌人于死地更是司空见惯。由于慈禧太后统治期间在北京活动的外国人越来越多，外语写成的相关描述十分丰富。对于她的外国访客而言，慈禧太后魅力十足，亲善友好。这些访客包括美国驻华公使之妻萨拉·康格（Sarah Pike Conger）、为慈禧太后画过四幅肖像的凯瑟琳·卡尔（Katherine Carl）。她们记载慈禧太后仪容姣美，看上去比实际年龄年轻好几岁，还说她颇具魅力，聪颖异常，能力卓越。慈禧太后闲暇时间会学习绘画，练习书法，爱狗，且喜看戏，喜欢听她的心腹太监讲故事，有时候在他们表演时还会睡着。她身体健康，精神矍铄，六七十岁时仍是如此，人们随太后游玩多山的颐和园时意识到了这点。

叙写太后

关于慈禧太后的传闻轶事已自成产业，其中包括一些外国作家带有明显虚构色彩的作品，尤其是1910年出版的濮兰德（John Bland）与贝克豪（Edmund Backhouse）合著的《太后治下的中国》（*China under the Empress Dowager*），在很长一段时间被视为权威之作。该书1914年被译为中文，并影响了国内外读者几十年。此书真假参半是不争的事实，也是一部非国产的耸人听闻的"野史"，而这类作品由来已久。流言蜚语和骇人听闻的传说比比皆是，一些关于慈禧太后的信息可能永久失真，无法解密。例如，她是否鸩杀了光绪帝？通过对光绪帝尸体的化学分析，2008年的研究证实了他死于砷中毒，但谁是罪魁祸首仍是一个谜。很多人怀疑元凶是慈禧太后。女性回忆者对慈禧太后的叙述比从未与其会面的男性作者的记录展现出更多的理解支持，不过，这些支持慈禧太后的作者有时会在她们的记述中夹杂一些多愁善感及追忆往昔的成分。除了近来中国史学家的研究（仍未有专注慈禧太后的综合性英文专著），还有很多有分量的作品提到了慈禧太后，有些还运用了近几十年才对研究者开放的文档资料。与慈禧太后同时代的人写的传记作品包括：美国人凯瑟琳·卡尔1906年的《美国女画师的清宫回忆》（*With the Empress Dowager of China*）、萨拉·康格1909年的《北京信札》（*Letters from China*）、御前女官德龄（1886—1944）1911年的《清宫二年记》（*Two Years in* the Forbidden City）、满族宫女何荣儿的《宫女谈往录》，以及宫中宦官的一些记述。半学术作品主要有张戎（Jung Chang）2013年的《慈禧：开启现代中国的皇太后》（*Empress Dowager Cixi: The Concubine Who Launched Modern China*）。这部作品对慈禧太后的统治及改革加以认可，其程度超出了许多学者能够接受的范围，不过，也为慈禧太后提供了一部文笔流畅、引人入胜的传记。关于慈禧太后及晚清宫廷中其他人物的小说、电影，包括法国人谢阁兰（Victor Segalen）1922年的小说《勒内·莱斯》（*René Leys*）、赛珍珠1956年的小说《帝国女性》（*Imperial Woman*）、闵安琪2004年与2007年的两部小说《兰贵人》与《末代皇后》、1948年上海摄制的流行电影《清宫秘史》，以及2003年的电视连续剧《走向共和》等。[3]

慈禧太后及其共治者

慈禧太后起初是咸丰帝一位卑微的妃子，1835年生于满洲镶蓝旗家庭。其父从吏员升至道员，但后来受人诽谤，说他在太平军攻击时擅离职守。慈禧太后1851年被选为秀女，与另一位入选女子作为贵人入宫，1854年晋升为嫔，1856年生下皇子，次年晋封贵妃。其子载淳（1856—1875）即为后来的同治帝，他也是最后一位活到成年的清朝皇子。最后的两任皇帝没有子嗣（咸丰帝的另一位皇子夭亡，公主则存活下来；这两个孩子都是其他妃嫔所生）。在咸丰帝1860年逃离北京时慈禧随侍在侧，咸丰帝驾崩时成为太后。其子于1861年继位，未成年时由八位男性辅政掌权，这八位赞襄政务王大臣本是咸丰帝的主要顾问。不过，慈禧太后与咸丰帝主妻慈安太后联合咸丰帝同父异母弟恭亲王奕䜣发动政变，夺取摄政权，开始垂帘听政。他们将年号由原来的"祺祥"改为"同治"，以反映他们实行的"共同统治"。慈禧太后、奕䜣和另外一位盟友醇亲王奕𫍽（咸丰帝另一位同父异母的兄弟）那时都只有二十几岁。慈禧太后执掌大权，其子与下一任皇帝都在其掌控之中，直至慈禧太后去世。

慈禧太后曾三次称制：第一次在其子年幼之时。尽管清朝并无典章规定太后称制，但以往先例便足以效法。[4] 一些人认为她并不具备治国的能力，慈禧太后实际上曾研习历史与治术，阅读书籍，聆听讲书，尤其是阅读高官特别为她和慈安太后编写的帝后历史传记选集。慈禧太后熟稔女性称制的先例，并曾与先生及其他支持者长谈。[5] 同治帝大婚之后，慈禧太后便不再临朝。不过他驾崩时，她又重新称制，并选出了下任皇帝光绪帝，从而操控了继承大事。光绪帝大婚后，慈禧太后再次停止临朝。不过几年后的1898年，她再次称制，因为光绪帝试图从她手里夺回统治权，进行变法，这威胁了慈禧太后的利益。几年之后，她支持民间义和团运动，该运动的成员认为自己拥有超能力，能够将外国列强，尤其是基督教传教士逐出中国。尽管李鸿章及其他高官表示反对，慈禧太后仍然向试图侵略清朝的列强宣战。1900年，八国联军入侵北京，迫使慈禧太后及光绪帝逃至西安，他们在那里待到1902年初。光绪帝再也没有独立统治过，甚至慈禧太后也再未真正执掌大权，其权力转移到了地方大员手中，例如张之洞（1837—1909）等人。1908年光绪帝驾崩，比慈禧太后的辞世早一天，此时的清政府早已无力回天，革命已是势在必行。

与慈禧太后一同称制的慈安太后在咸丰帝还是皇子时便嫁给他，1852年晋升为皇后，谥号"孝贞"。慈安太后人称"东太后"，慈禧太后人称"西太后"。慈禧太后之子同治帝五岁继位，1873年正式掌权，但不是一位强力且自信的统治者。1872年，他与主妻大婚，即孝哲皇后（嘉顺皇后，1854—1875），这也是清朝五次"大婚"的最后一次，为此全国举行了持续二十天左右的庆祝仪式，包括在新娘家中向新娘父亲正式宣布订婚，将聘礼送至新娘家，赐予金印、金笏以正式册封。完成上述礼仪之后，才用轿子将新娘抬入宫中与皇帝成婚。在她之前，另外四位妃子已经以近似规模的盛大仪式迎入宫中，其中一位还是皇后的姑姑。⁶ 如上文所述，皇帝大婚标志着太后称制的结束，但同治帝在婚后仅仅活了两年，1875年死于天花。他有五位后妃，却无子嗣。慈安太后与慈禧太后再次临朝，1880年慈禧太后患病时，慈安太后曾短暂单独称制。后者于1881年四十五岁时突然离世，有传言说她是被慈禧太后毒害而死的。

皇帝微服出宫

一些耸人听闻的故事将同治帝描述成浪荡子。慈禧太后干预其大婚之后，同治帝便觉受挫，据说他开始微服出宫，在心腹宦官的陪同下遍访京中妓院。妓院老板发现同治帝的真实身份后假装并不知情。同治帝染上了性病，症状反映在脸上。一位御医意识到发生了什么之后，询问慈禧太后，太后说皇帝患有天花，并下令据此治疗，当然药物没有什么疗效。同治帝也知道自己得的病并非天花，不久便驾崩了。广为认同的传言还说他常探访且传染给他性病的是演戏的男旦。⁷

更为官方的记录则显示，同治帝开始受宦官及其他佞臣的影响后，明显需要其母后与继母的指导。慈禧太后担心同治帝的学习进度太慢。皇帝驾崩几个月前，恭亲王与其他大臣批评他行为不端。同治帝下令削去恭亲王的职位，但两位太后撤回了这一成命。同治帝驾崩时并未指定继承人，这时慈禧太后做了几世纪以来太后都会做的事，即选择一名幼童作为继承人，并临朝称制。与以往先例不同的地方在于，她选择的继承人是与同治帝同辈的载湉（1871—1908），即光绪帝。光绪帝是慈禧太后妹妹与醇亲王（奕譞）的儿子。清朝的惯例是从驾崩皇帝的下一辈人中选择一位继承者。大臣们反对慈禧太后的决定，他们认为这最大的问题是同治帝将没有继承人来祭奠亡灵。慈禧太后并未动摇，反而过继载湉为子，并保证将立载湉之子为储（最终载湉也无子嗣，这一问题的解决方法是将清朝末帝同时过继载淳与载湉）。

孝哲皇后之死

孝哲皇后在皇帝夫君驾崩几个月后亦去世，死时怀有身孕，关于皇后之死的谣言随之而起。人们普遍认为慈禧太后倾向册封另一位女子为皇后，但同治帝并未遵从她的意志，反而选择慈安太后青睐的孝哲皇后。孝哲皇后赢得了极大的同情。一些人说她在同治帝驾崩后绝食而亡，与皇上共赴黄泉；还有人则说，她是在与慈禧太后争夺权力的斗争中失败身死。在一则记述中，慈禧太后曾说："皇后如此悲痛，即可随大行皇帝去罢。"不过，另一则轶事则表明是慈禧太后强迫孝哲皇后吞金自杀。1876年的一份奏折为孝哲皇后拟定谥号，还提及她过于哀痛、绝食而亡的传言，并强调人们认为皇后的神灵应得到特殊的赞誉。慈禧太后坚持传言有误，并下令将上书的大臣降职。1945年，盗墓者将孝哲皇后的尸体剖开，以寻找传说中她吞下的金子，但没有人知道他们究竟找到了什么。孝哲皇后是唯一与同治帝同葬的后妃。[8]

慈禧太后喜欢看戏。一则逸闻记载，如果表演变得粗俗猥亵，孝哲皇后便会离席，以示不悦。这与明朝天启年间张皇后的事迹高度相似，张皇后在表演变得猥亵时亦觉受到冒犯。这些情景中"猥亵"很可能意味着演出涉及通奸等情节，而未必是动作猥琐——实际上，清廷禁止宫廷演出剧目中涉及淫秽之事。[9] 在旁观者看来，孝哲皇后与张皇后都符合王朝末期遭遇不公的贞节有德之妇的形象。同一则故事还记载，慈禧太后怀恨孝哲皇后，并指责她把皇帝带坏。皇后的侍从则劝说她与慈禧太后和解，但皇后拒绝了。同治帝病重弥留之际给了皇后一张纸条，就在那时，慈禧太后进入屋中，下令烧毁纸条，掌掴皇后，手上戴的戒指还划破了皇后的脸。慈禧太后将孝哲皇后送走，皇帝驾崩后，皇后便自杀身亡。这则轶事是人们诽谤慈禧太后的典型例子，最后关头事情本有另一种可能性，但并未发生，且永远只能是个谜。这种桥段较为老套。[10]

慈禧太后与她的宦官们

明朝魏忠贤以降，中国历史上有关邪恶宦官的一页便几乎宣告终结，不过，在慈禧太后治下，宦官恶势力最后一次抬头。乾隆帝统治期间，对宦官的监控便已开始放松。当时为了增加宦官人数，对其雇佣的限制变得松弛。乾隆帝开始允许私自阉割的男子成为宦官，无论他们是自己动手还是请人代劳，这两种情况均未经过内务府批准。乾隆帝给予宦官更多的行动自由。[11] 尽管慈禧太后统治时宫中宦官的人数较少，但她仍将他们作为耳目，依靠他们传递信息，监视官员。慈禧太后有两名最宠的宦官：安德海（1844—1869）和李莲英（1848—1911），他们比清朝其他任何宦官的影响力都要大。1861年，身处北京的恭亲王及其他大臣与身处热河的慈禧太后之间通过安德海传递信息。慈禧伴随咸丰帝此前已逃至热河,并在那里策划如何消除异己。不过,宦官的权力仍然有限。1869年,慈禧太后派安德海监管南京的皇家丝织品织造。在赶赴南京途中,安德海毫不掩饰自己的威势及权力。由于宦官离京违反清朝律例,一位地方官员向皇上参奏了安德海一本,并将他逮捕,后来这位官员受诏将安德海处死。有人说这条旨令来自恭亲王,还有人说是慈禧太后下令将其处死。慈禧太后肯定对这件事感到震怒,但并没有报复这位地方官员。

许多关于宦官的照片及描述被存留了下来,有一些带有窥探癖倾向,还有一些则带有鄙视的基调。十九世纪至二十世纪的描述记载北京城内有专门为别人阉割的专家,负责将睾丸与阴茎一同切除。有关阉割的自传体描述亦有流传。[12] 然而,并非所有男性都请这些专家净身。清朝灭亡很久以后,一位宦官在访谈中回忆,有的男孩是由自己了解净身基本流程的父亲阉割的,还有一些人则自己动手净身。1877年,司登得(G. Carter Stent,1833—1884)记录,1853年时有一名乞丐自己净身后,将割下来的阴茎拿去典当。割下的阳物之所以有价值,是因为宫中宦官会将之加以保存,但有时净身后没有存留或不幸丢失,因此他们需要阳物以接受定期检查,在升职、下葬时也会用到。更有耸人听闻的轶事说慈禧太后与安德海坠入爱河,并育有一子。事实上,一名未经阉割的男子是无法混入宫中的。皇宫验身手续之严格从晚清时法国医生马蒂农(Jean-Jacques Matignon,1866—1928)的报告中便可见一斑。马蒂农写道,一名二十二岁的宦官曾经到他在北京的医院就诊,因为宫中的检察官员告诉他净身不净,剩余部分过多,需要进一步剔除。[13]

宦官们究竟长什么样？青春期之后净身的男人与并未净身的男人看上去区别不大，但只有那些在皇陵等偏远地区工作的宦官才被允许有胡子，宫中宦官则不行。一些宦官担任随身护卫，他们体格健壮，威慑力强；另一些则英俊潇洒，非常迷人，明朝正德皇帝与万历皇帝的例子便说明了这一点。尽管乾隆帝并不想让宦官受到良好教育，但有的宦官的文化水平确实很高。他们有一项突出的技艺是唱戏，这也是他们引起注意、得以晋升的好途径。像明朝的魏忠贤一样，安德海与李莲英都是著名的伶人。[14]

光绪帝及其皇后与宠妃

载湉是清朝第九位皇帝，其统治自 1875 年开始，一直延续至 1908 年他驾崩为止。尽管他一直处于其伯母兼姨母的控制之下，但受到过良好的教育，并试图成为一位勤勉负责的皇帝。如上文所述，1898 年他曾短暂地反抗慈禧太后，但她和同党压制了光绪帝的反抗，并下令将其软禁。不久，慈禧太后支持义和团运动，1900 年八国联军入侵北京，慈禧太后与光绪帝逃往西安。他们回京后，慈禧太后只给予光绪帝一些微小的权力。光绪帝驾崩时并无子嗣，慈禧皇后便指定他的侄子继位，这便是 1906 年出生的溥仪。溥仪年号"宣统"，1912 年退位，清朝统治结束。

有关光绪帝的记述根据文献不同而千差万别。在华外国人描述光绪帝与他们见面时局促不安，说话困难，还说皇帝体型纤巧，个子不高。许多人认为皇帝羸弱、驯顺，据慈禧太后的侍女何荣儿的说法，连宦官都觉得皇帝精神不稳定。他们之所以这么说，是因为光绪帝害怕闪电，打雷时还用双手捂住耳朵，但雨停之后，他则喜欢倾听雨水流出御沟的声音。慈禧太后御前女官德龄与光绪帝待在一起很长时间，说他喜欢笑，还喜欢调戏别人，但在慈禧太后面前则庄重严肃。与宦官的看法不同，德龄认为光绪帝充满智慧。据德龄回忆，慈禧太后曾坚称光绪帝年纪尚小，并不成熟，需要监护。她不想让光绪帝与任何外国人见面，皇帝则将自己的束缚感向德龄倾诉，她在宫中时负责辅导皇帝英文。[15]

载湉的主妻是她的表姐叶赫那拉氏（1868—1913），也是慈禧太后的侄女，比皇帝大三岁。光绪帝驾崩后，她被称为隆裕太后，照片中的她身材瘦小，稍有龅牙。宫中一名老宦官回忆，光绪帝大婚之前，五位女子来到他面前，皇帝需要从中选出一位作为主妻，有两位女子还是姐妹。光绪帝本欲将玉如意递给自己心仪的女子，但就在他将要这么做时，慈禧太后示意皇帝选择站在最前面的女子，即太后的侄女。于是，光绪帝将玉如意给了自己的表姐，两姐妹则选为妃子，而第五位女子，即皇帝心仪的人选却并未得到头衔。据何荣儿回忆，宫中尽人皆知光绪帝不喜欢皇后，他还拒绝与她共寝。虽然他们会一同出席典礼仪式，但在其他场合，光绪帝则对自己的皇后避而不见。据说隆裕太后支持清朝向共和制转型，并希望光绪帝的陵墓能够得到精细修建及妥善管理，尤其是考虑到他大力支持变法维新。隆裕太后自我封闭，对宫外的世界知之甚少。正是隆裕太后签署了标志着清朝统治结束的溥仪退位文件，并交给新的共和政权。她与年轻的末代皇帝继续住在宫中，不久她便病逝。光绪帝的皇陵中只有她与皇帝两人，他们在清朝灭亡后的1913年才下葬。[16]

珍妃死亡之谜

光绪帝的珍妃之死是其统治期间最为神秘的事件之一。珍妃与同父异母的姐姐在皇后与光绪帝大婚时也嫁给了皇帝。照片中，姐姐瑾妃体型丰满，珍妃则较为纤瘦，面容亦更为姣好，据说气质亦更佳。姐妹俩起初都是"嫔"，后来晋升为"妃"，但因为珍妃不知为何触怒了慈禧太后，姐妹俩又一同被贬为贵人，不过一年之后的1895年，姐妹二人又都重新晋升为"妃"。1900年，珍妃溺亡在宫里的一口井中，就在慈禧太后与光绪帝因躲避八国联军入侵而逃离北京之前。《清史稿》对此事的记述语焉不详，因为有两种解读方式，其一为珍妃溺水而亡，其二则为慈禧太后命人将其淹死。文献并未详细说明。[17] 后来光绪帝发布御诏，说明珍妃在绝境中投井身亡。关于此事的传言始终脱离朝廷的控制，而它的轰动效应加上十九世纪九十年代开始的对慈禧太后的诋毁更是推波助澜。事实上，一些宫女的确惊慌失措地投入井中，因为她们觉得如若不然，自己将会惨遭强暴。美国公使夫人曾经遇到一名曾试图投井却大难不死的公主，她说其他三位和她一起投井的女性没能幸存下来。[18]

人们普遍认为是慈禧太后下令处死珍妃，但各个版本之间千差万别，甚至当时的宫人所说的版本亦差别很大。据一名宫女回忆，珍妃是光绪帝的宠妃，起初也颇得慈禧太后喜欢。珍妃爱穿男装，或者与皇帝互换衣服。但皇后嫉妒珍妃，并向慈禧太后抱怨。后来珍妃开始拍照，慈禧太后却不赞同，与珍妃为此事争吵，最终将其软禁在宫中偏远之处。珍妃的确受到软禁，但究竟为何仍是未解之谜。一些人相信珍妃卷入了光绪帝与慈禧太后有关1898年维新变法的冲突之中，并站在光绪帝一边。一则故事提到慈禧太后下令将珍妃痛打一顿，软禁起来，在与光绪帝逃离京城时授意将珍妃投入井中。另一则逸闻记载光绪帝更喜欢珍妃的姐姐瑾妃，珍妃不满宫中的腐败，并向慈禧太后报告。撤离京城时，慈禧太后告诉珍妃，入侵者可能会强暴她，自杀是更好的选择，但并未下令处死珍妃。后来慈禧太后得知一名宦官将珍妃用席子包裹并投入井中时，她坚持自己与此事无关，并将那名宦官流放。其他版本则说珍妃是投井而死。号称目击此事的宦官给出的叙述亦不一致，但他们一致认为珍妃是被扔下井的。何荣儿说光绪帝下令将珍妃的尸体捞起，并命和尚焚香念经，还令萨满女巫举行仪式，用舞蹈将珍妃亡魂引至西方极乐世界。光绪帝每夜守灵，并在余生拒绝与其他女子同寝。传说中珍妃溺亡的那口井现在已经是故宫里最受欢迎的旅游景点之一。[19]

慈禧太后侍从的追忆

慈禧太后的另一面则与其日常生活、兴趣及性格有关，有许多相关记述存世，首先便是何荣儿的回忆。在1950年去世之前，何荣儿接受过采访。她生于1880年，十二岁时入宫，被派给一位姑姑调教，学习宫中规矩。宫中女子一定要看起来尽可能美丽，仪态优雅惹人喜爱，脸上不流露出思想或情感。宫女不应大笑，走路时切不可转身回顾。服侍慈禧太后时要保持沉默，除非情况不允许。她们以姿势表明何时进出或取物。不过，何荣儿坚持说整体的氛围还是欢乐融洽的。室内熏香优雅，夏日异果陈列。无人皱眉，欢洽是真心的。服侍太后的宦官步伐缓慢安静，说话声音轻柔，态度庄严尊重。尽管何荣儿尊敬慈禧太后，但谈到必须陪太后看戏时，则充满了厌恶之情。慈禧太后看得不亦乐乎，侍女却不得不在整场演出保持静立。何荣儿说她侍立时几乎睡着。[20]

慈禧太后有特定的方式来表达她想要诸如烟草或汗巾之类的

东西。她并不"要"这些东西，而是"看"这些东西，然后再看一名侍从，这名侍从便负责将东西奉给太后。德龄只看慈禧太后的眼睛就知道她想要什么。慈禧太后的另一个标志性动作是用右手的两根指头敲击左手手掌，然后她的侍从便知道太后想要什么。[21] 服侍慈禧太后也包括伺候她出恭。由于宫中并无厕所，人们都是用装着木灰的恭桶方便。据何荣儿介绍，慈禧太后想要出恭时便让侍从"传官房"。这是为她与其他满洲贵族特制的物件，通常为瓷器，慈禧太后的则以檀木为材料，雕刻成龙形，四爪为四个支腿，尾部为把手，嘴中含着厕纸，盖子上亦刻有龙纹。官房中装有熏香处理过的锯末。慈禧太后示意后，宫女便传令随时待命的宦官用头顶着檀木官房送到慈禧太后殿内，然后将官房递给宫女，后者将官房放稳，随后离开，从而太后可以独自出恭。结束后宫女再把官房递给宦官，后者隆重地将其顶在头上带走。[22]

宦官们对慈禧太后也有类似的回忆。一名宦官说，慈禧太后中年时常常患病，一次病重，太医以人奶为药，太后此后便一直服用。一名孙姓女子是太后最喜欢的奶源。一些服侍慈禧太后的宦官在有了妻儿之后才净身入宫，因而能够定期出宫探亲。1950年接受采访的一名老宦官回忆，慈禧太后非常赏识一位这样的宦官，并对其成家后还愿意净身大加赞赏。尽管清初严禁宦官与宫女成婚，但慈禧太后还是将十八岁的何荣儿许配给为太后梳头的宦官（李莲英的养子）。何荣儿深深厌恶与这名宦官同住，并乞求回宫。然而，她后来被迫回到这名宦官身边，直至他去世之前都住在同一屋檐下，这时清朝已灭亡一段时间了，这名宦官最终成了一贫如洗的鸦片吸食者。[23]

1908年慈禧太后去世时，宫中为她举办了盛大的葬礼，陪葬品包括许多珍宝。1928 年，国民党孙殿英部将其陵墓炸开，搜刮了她的尸身，并偷走了与其一同下葬的价值连城的宝物。据清朝末帝溥仪说，当时的场面异常狼藉。满洲贵族发现慈禧太后的尸身面部朝下，上半身一丝不挂。他们将其尸身摆正，清理干净，并用丝绸包裹，然后将棺盖重新合上。与慈禧太后一同下葬的珍珠、宝石、冠冕都不见了，其中包括太后口中的夜明珠。贝克豪说他曾目睹现场，并在其未出版的回忆录中对慈禧太后的尸体进行了令人惊诧、稍带情色意味的描写。他于 1928 年 9 月伦敦《泰晤士报》上刊登的文章中称，陵墓中有价值百万英镑的金银珠玉等珍宝，比溥仪说的要多得多。[24]

面上无影：慈禧太后的画像、照片与传记

许多人以慈禧太后为题材进行创作，有关她的小说及传记包括中文、日语、法语、荷兰语、英语及其他语言版本，戏剧、电影及电视剧亦比比皆是。最为臭名昭著的早期叙述之一便是上文提到的记者濮兰德与学者兼骗子贝克豪 1910 年合著的《太后治下的中国》。书中内容非常有趣，写作风格专业，还有地图、照片及中文索引，然而，却有很大一部分内容是作者编造的，其中包括贝克豪捏造的一本高官日记。书中，珍妃勇敢地反抗慈禧太后，并恳求皇帝在义和团运动期间留在北京与外国人谈判。慈禧太后大发雷霆，朝她的宦官侍从们喝到："将此大逆不道之徒丢入井中！"[25] 正如英国学者休·特雷弗-罗珀（Hugh Trevor-Roper）证实的，贝克豪几年之后所写的回忆录中称自己曾与法国诗人保尔·魏尔伦（Paul Verlaine）、英国作家奥斯卡·王尔德（Oscar

Wilde)、奥斯曼帝国的一位公主,甚至慈禧太后发生性关系,还透露他与太后性交近两百次。贝克豪是许多金融敲诈的幕后黑手,其中包括"一战"时的虚假军火贸易,但他从未受到惩罚。他在世时几乎没人揭穿他的骗术。尽管关于慈禧太后的叙述充满臆想且并不准确,但它们仍然值得重新审视,因为慈禧太后作为历史人物的意义及其与以往中国史书中类似人物叙述的连贯性都是重要课题,其中包括汉朝皇后赵飞燕、唐朝女皇武则天、金朝废帝海陵,以及明朝武宗等。与他们一样,慈禧太后吸引了很多人的注意,并引发了诸多臆想,尤其因为她是行将灭亡的清王朝的最后一位实权统治者,并且还是女性。

作为女神的慈禧太后

与之前的统治者一样,慈禧太后也资助艺术活动,并亲身参与。男女宫廷画师受命,投其所好作画,一位男画师(即管念慈)深得慈禧太后欢心,甚至被允许进入太后寝宫。这位画师机智聪慧,以时新的趣闻及美妙的歌喉取悦慈禧太后。除了风景、器物和动物,画师们还描摹慈禧太后身着各种服装时的姿态。例如太后曾扮成观音菩萨,抑或摆出下棋的姿势,还在梦幻的山水中扮作舟中渔人。在同治年间的一幅肖像中,慈禧太后身边放着一本书与茶杯,这在传统上是男性文人的象征。慈安太后在自己的肖像中则摆出了传统的女性姿势。慈禧太后由女官指导,学习绘画与书法,最喜欢的女官是缪嘉蕙。这位孀妇长途跋涉从昆明来到北京接受测试,并被录用为宫廷画师。缪嘉蕙常常代慈禧太后作画(之前的统治者亦是如此)。有几百幅署名慈禧太后的画作,绝大部分却是由宫廷画师代笔,或由他们协助完成。与之前的统治者一样，慈禧太后亦将自己的书画赐予大臣及外戚。在一些宗教仪式中，她还仿照先例，尤其是乾隆帝，抄写诸如《心经》之类的佛经。这些行为都旨在创造一种修养良好、睿智精明、和蔼仁慈的帝王光环。

通常而言，除了地位相近的人，没有人能直接注视慈禧太后这样地位崇高者的面容。不过1903年，美国公使夫人介绍的肖像画家凯瑟琳·卡尔让慈禧太后破了例。皇室成员的肖像传统已经延续了几个世纪，自宋代便已有之，其角度必须是正面的，且绝不能有阴影。由于西方绘画的影响，清朝皇帝的肖像中允许少量阴影的存在。[26]德龄为慈禧太后解释，画西方肖像时应该坐姿如何，并在画师与太后之间担任翻译，不过，慈禧太后还是嫌时间太长，在画自己的脸以外的其他部分时，让德龄代劳静坐。卡尔在其书中并未提及此事。她一共为慈禧画了四幅肖像，其中最有名的当属1904年在密苏里州圣路易斯世界博览会展出的那幅。1905年，这幅肖像被赠予罗斯福总统。为慈禧太后画像期间，卡尔住在宫中，并需听从太后的指令。按照她所受的训练，卡尔习惯从侧面打光，这意味着慈禧太后一边脸要比另一边更暗，而画师也是这样画的。后来慈禧太后下令将脸上的阴影全部移除。1905年，荷兰画家胡博·华士（Hubert Vos，1855—1935）亦有类似经历。除了被告知避免在慈禧太后眼睛与鼻子上画阴影，他还必须将太后画得更年轻，眼睛更宽，嘴唇更为饱满。然而，华士又按照自己的风格为慈禧太后画了一幅肖像，对这位七十岁的妇人进行了更为真实的写生，只是太后从未见过这幅肖像。

摄影术在晚清非常流行。慈禧太后看到德龄的兄弟拍摄的照片后便对摄影术兴味盎然，并由此发展出一个新爱好，即穿着各式服装照相。慈禧太后对于摄影术的利用标志着一大重要转折，因为之前仅有一小部分人能够近距离见到一位皇室人物，不论是面对面还是通过画像。康熙帝与乾隆帝南巡时，允许当地百姓一睹天颜，但这种场合毕竟非常少有。皇帝通常将自己的画像赐予其他统治者。摄影术流行之后，皇室男子会与外国使臣及统治者交换照片，但慈禧太后之前的皇家女性则几乎不抛头露面。慈禧太后的赏赐是一种传播其形象的方式，而她的相片亦可于上海的一家报社及至少两家照相馆购得，但慈禧太后并未下旨准许他们进行传播。

在自己最著名的照片中，慈禧太后扮成了佛教大慈大悲观世音菩萨，这张照片有可能拍摄于1903年。她在至少五幅画像中身着同样的装束，扮作观音菩萨亦是中国统治者几个世纪以来用宗教符号装点皇室成员外貌的做法。慈禧太后喜欢扮成臣民们大慈大悲、和蔼慈祥的母后，随行的其他成员站在她身边，其中包括宦官李莲英、隆裕皇后、珍妃的姊妹和德龄。慈禧太后下定决心要消除义和团起义后自己的负面形象，当时一本法国杂志甚至将太后画得像老鼠一样。[27]

"永恒女性特质的完美体现"

德龄是慈禧太后生命的最后几年中青睐的人，她有四分之三的汉人血统，是清朝一位大臣之女。这位大臣曾出使法国，其妻是美国商人与汉人女子所生。德龄的英文名是 Elisabeth Antoinette，她最终嫁给了一名美国白人，用英文记录有关慈禧太后的故事及在太后身边的生活。虽然她的一些叙述并不可靠，但其主要目的之一是消除慈禧太后的负面形象。她们初次见面时，慈禧太后对德龄印象深刻，甚至邀请她与其妹一同入宫服侍，姐妹俩便于 1903 年至 1905 年在宫中担任御前女官。"老佛爷"（慈禧太后常被如此称呼）对这位年轻女子如母亲般慈祥，这与描述她脾气暴戾的报道迥异。德龄则称太后为"世界上最善良可爱的女性"。她还说慈禧太后喜欢自己照顾自己，不但喜欢打扮自己，还喜欢周围的女性也打扮起来。准备出席重大场合时，慈禧太后会从一批精致的朝服中进行挑选，其中包括一件饰有 3500 颗珍珠的披肩。德龄知道自己比其他服侍慈禧太后的人更为幸运。一次，宫女让德龄早晨叫慈禧太后起床，但不久以前，太后才刚斥责了一位叫醒她的宫女。德龄进房叫醒太后时，她起先亦不高兴，但看清是德龄把自己叫醒，便对德龄说，别人知道这不是件美差，所以故意让她干。德龄觉得她与太后合作融洽，尤其是在外国女性来访为太后做翻译时，更是如此。

与何荣儿所述理想国一般的皇宫形成对比，德龄则提及宫中女性的嫉妒与竞争，还有宦官的卑劣行径。宫女背着慈禧太后抱怨她老人家，还故意不将太后的命令转达给德龄，以此整治德龄，企图离间她与太后的关系。德龄认为宦官之间的竞争手段卑劣残忍，并且一意孤行。她只提到自己与慈禧太后的一次冲突，因为后者曾经两次试图为她安排婚姻，德龄却坚决拒绝。慈禧太后起初较为失望，但后来也就听之任了。[28]

两部外国女性所写的慈禧太后传记也强调她并非残酷不仁，卡尔说她是一位"魅力十足的小女士，拥有灿烂的笑容"。义和团运动期间在北京的康格后来写道："慈禧太后性格阳光、快乐，总是容光焕发……（她的声音）低沉、温柔，有吸引力。"卡尔待在慈禧太后身边的时间很长，她认为太后身材、面庞比例完美，"两黛精致"、"双眸黧黑且有神"、"嘴形漂亮"、"焕发着自然健康的光彩"。卡尔还写道，慈禧太后虽然已六十九岁，但看上去只像四十岁，是"永恒女性特质的完美体现"。这两位女性都深深景仰慈禧太后。有外国人曾不无讽刺地称慈禧太后为"中国唯一的男人"，而卡尔却认为，"慈禧太后既有童心，又是一位坚强、干练的女性"。卡尔出生于路易斯安纳州，曾在巴黎学画，是当时山东省一座城市海关税务司的姐姐。由于慈禧太后坚持自己的肖像要"没有阴影且几乎不使用透视法"，对于这些肖像，卡尔并不像对自己其他作品一样感到骄傲，但她只是自己心里这样想，并未向他人述说。卡尔没有提及宫中政治，只见到了宫廷生活欢乐的一面。她喜欢聆听宦官们用优雅的普通话为慈禧太后朗诵长诗、讲述故事时"动听"的嗓音。她注意到慈禧太后钟爱看戏，每次看戏前都会研习玩味，以确保能够跟上每一句戏文。慈禧太后的皇帝夫君，尤其是皇子在幕后推动着宫廷戏曲表演的复兴。宫廷戏曲表演在康熙及乾隆帝时期非常常见，但从道光年间便萎靡不振。29

"请皇爸爸安"

据1950年一位老宦官的采访记录，光绪帝每天一大早便要向太后请安，不但下跪，还要口称"请皇爸爸安"。德龄记载的语句略有不同，但仍然有"皇爸爸"这一词语。德龄觉得光绪帝及其他人叫慈禧太后"爸爸"听上去有些奇怪，但她猜想"人们之所以这么做是因为太后总是想要成为男性，所以要求每个人都要像男性一般称呼自己"。德龄可能并未意识到此类称呼的普遍性。如上文所说，慈禧太后也喜欢别人称自己为"老佛爷"，其中"爷"便是对年长男性的尊称。她还喜欢别人称自己为"老祖宗"，这也是对男性的称呼，但习惯上也可以用来称呼女性族长（例如十八世纪的小说《红楼梦》中便是如此）。我们不应像德龄那样过度解读这些称谓。不过，尽管慈禧太后在大殿上从未坐过龙椅，但她毫无悬念是整个皇宫的主导者。她通过具体的治理手段和象征永恒的行为确保这一点，一个例子便是1895年开始重新设计的太后陵寝。与以往的传统不同，慈禧太后要求陵寝柱子及其他表面的凤凰纹饰要高于龙。有一处一只凤凰主导着两只龙，仿佛象征着她控制同治及光绪两位皇帝。[30]

有关慈禧太后的小说与逸闻

德龄与卡尔之所以撰写有关慈禧太后的文章，部分原因在于想要修正报纸、杂志、书籍及大众对太后形象的扭曲与误解。关于太后的消极评价是当时反对清朝统治情绪及不满清朝危机局面的产物。1895年对日甲午战争失败后，时局更是每况愈下，1900年至1901年的义和团运动更是雪上加霜，海外列强的侵略亦加剧了形势恶化。诽谤中伤女性统治者的传统再度抬头，有关慈禧太后的离奇故事在中文、外文的记述中比比皆是，且都把太后描绘成淫荡老妪的形象，又说她喜爱年轻男子，具体而言，她的猎物包括伶人、掳来的男子，以及实际上并非宦官的"宦官"。从晚清直至今日，人们都认为慈禧太后恶行累累，还说她吸食鸦片。

慈禧太后的诽谤者中有一位是新加坡的政治家林文庆（Lim Boon-keng，1869—1957），他与康有为等人一起攻击慈禧太后，因为他们希望看到太后倒台。[31]濮兰德与贝克豪等外国作家则采取了另外一种视角。他们唤起的是公众对宫廷秘密生活的幻想,并假装自己或与他们类似的人有特殊渠道以获取这些秘闻。尽管他们知道清朝已步入末路,但他们仍沉迷于编造故事,并塑造出狡诈、腐败且老于世故的太后形象。她成了一名充满异域情调的东方女性,魅力十足,性感风骚,但也极为危险。法国人乔治·苏利·德莫朗(George Soulié de Morant, 1878—1955)是一位学者、小说家兼外交官,值得注意的是,他最先将针灸传至法国,并于1935年后亲自为别人施针。1911年他出版的慈禧太后传记《慈禧:义和团的皇后》(*T'seu Hsi: Impératrice des Boxers*)也将幻想与事实混为一谈。他说慈禧太后是"全世界迄今为止最伟大的女王,也是全世界做梦也没有想到的最怪异女性"。[32] 与皮埃尔·洛蒂(Pierre Loti)及维克多·谢阁兰(Victor Segalen, 1878—1919)等法国作家一样,德莫朗也相信清朝灭亡后的中国只会是又一个萎靡不振、了无生气的王朝翻版。在德莫朗的作品中,慈禧太后是一位精明的领导者,一位美丽动人且散发着东方韵味的独裁君主,说一不二,诗画并佳,与李莲英送来的年轻男子在床上尽欢。他说慈禧太后"除了自己的欲望,无视一切法律"。谢阁兰的小说《勒内·莱斯》在一定程度上呼应了贝克豪的作品,其中记录了隆裕太后诱奸一名年轻的比利时男子,在深宫中与其幽期秘约。下文选取了一组类似的故事,第一个故事便是关于咸丰帝如何邂逅慈禧的。

裸身送至君王前

在一个广为人知的故事中,虽然关于太平天国运动的警急战况日日传入宫中,但咸丰帝仍纵情声色。一天,他与妃子在宫中闲步,突然听到一人优美的歌喉,咸丰帝后来获悉歌者名曰"兰儿",即慈禧太后那时的称呼。咸丰帝让兰儿为自己表演,后来便将侍从遣走,自己与兰儿独处一室。另一个版本则记载他们初夜时,咸丰帝下令用毯子将裸身的兰儿裹起,由宦官送入寝宫。如上文所述,人们普遍认为这是宫廷的惯例,一种解释认为,如果女子裸身,她便不能身藏武器。有人提出这种做法始自明世宗,因为其妃子曾试图勒死他。还有人则认为这与传说中雍正帝被女侠吕四娘刺杀有关。据说珍妃很厌恶这种习俗,致使皇帝令宦官归还珍妃的衣服,并钦准其可以不遵此例。司登得1877年的文章记载,皇帝会在一支签上写下后妃的姓名,一名宦官将名签传递给相应的女子,后者乘轿辇进入皇帝寝宫。[33]

慈禧太后与宦官的亲密关系

慈禧太后与宦官过从甚密是另一项非议的焦点。一则逸闻说安德海死后,人们发现他根本没被净身。新加坡人林文庆记载,慈禧太后还是咸丰帝妃子的时候便"固执、易怒且暴戾",以粗鲁无礼著称,并在"满厅宦官面前搔首弄姿"!他还写道,慈禧太后征用英俊男子,把他们打扮成宦官,与其做爱,然后将他们杀死。林文庆的灵感有可能来源于长久以来流传的有关西晋皇后贾南风的故事。贾南风下令将男子秘密运入宫中,做爱后杀害。另一则故事记载,慈禧太后曾用装食品的箱子将一名男子运入自己的卧房,这有可能是受《金史》中一段记述的启发。史书记载,金海陵王的妃子定哥曾用衣服箱将自己的情人运入宫中。与此类似,贝克豪提到宫中的性事狂欢与骄奢淫逸,还说慈禧太后与安德海育有一子。德莫朗写道,慈禧太后对宦官怀有"奇特的情愫",还说有一年农历十一月的一天,一位年轻妃子入宫,安德海奉命验身以确保她并无残疾，且为处子。他帮这位妃子脱衣时"双手颤抖，眼中欲壑难填"。这种事情事实上不可能发生，因为只有宫女才能奉命为新入宫的女子验身。德莫朗笔下的安德海仍有性欲，怪诞不经，作者则说慈禧太后欣赏这种微妙情愫与男性特质的混搭。[34]

"罪魁祸首"李莲英

林文庆在其书中专辟一章描写李莲英。他以世界宦官简史开篇，并错误地断定中国直至汉朝才出现宦官。林文庆将李莲英描绘成慈禧太后肚子里的蛔虫，"可能世上没有谁比李莲英更了解慈禧太后了"，还补充道，"挥霍的慈禧太后将一切事务委任李莲英处理，紫禁城中没有一个人的处罚、去职、贬谪或砍头不经过李莲英的批准"。慈禧太后变得越来越依赖李莲英，直至后来"所有的掩饰都抛开了"。事实上，尽管李莲英的确是内宫的重要一员，但其主要职责仍为太后试尝食物，而非决定谁应受罚。贝克豪描述李莲英是主要的"压榨者"及"宫中许多惨剧的罪魁祸首"，尽管他"相貌英俊，举止庄重"。李莲英在慈禧太后那里享有特殊的自由，甚至可以在太后面前入座闲聊，并为太后按摩。受濮兰德与贝克豪的影响，蔡东藩在其1916年的畅销小说《慈禧太后演义》中描写了这样一幕：在慈禧太后与李莲英窃窃私语时有人误入，并看到太后的脚搭在李莲英的膝上，李正在轻揉。看到外人进来，他们马上恢复了更为合乎礼法的姿势。[35]

贝克豪完全不顾记录的可信度，曝光自己与慈禧太后有染，李莲英则为他俩跑腿，具体故事如下：义和团运动期间，外国联军盗取宫中珍宝，贝克豪说自己救下了很多宝贝，并将它们还给了太后。作为回报，慈禧太后决定御赐一面。1902年二人首次见面，太后将自己下令把珍妃投入井中一事告诉了他。同年晚些时候，李莲英突然召见贝克豪入宫，他意识到太后想与自己发生关系，便焦虑地自问："我的床上功夫能满足娘娘横流的肉欲么？"李莲英将慈禧太后的偏好提前告诉了他，例如太后好品箫。贝克豪觉得自己成了另一个波将金，即沙俄叶卡捷琳娜大帝的臣子兼情人。据说他们的情事一直持续至慈禧太后驾崩。还有一次，太后和他一起去了北京有名的男风场所，因为她想亲眼看看"放荡的青年男子"如何消遣娱乐。[36]

乔治·苏利·德莫朗亦受到林文庆等人作品的影响，并融入了自己的想象。他记载，有一次李莲英将一名年轻男子领到慈禧太后床上，而李莲英自己则侍立一旁，在二人高潮之时将匕首插入年轻男子背上。"死亡初体验的痉挛与交欢将尽的快感相交织"，年轻男子便在慈禧太后身上流血而亡，太后则"欣喜若狂"。从那时起，李莲英便常常夜乘黑轿遍访京城，从贫穷无助的家庭中带走年轻男子。后来，慈禧太后变了规矩，开始亲手将刀插入男子的喉咙，"溅到脸上的血使她发出尖叫，一阵眩晕"[37]。

宫女何荣儿对这些关于慈禧太后私密性生活的故事嗤之以鼻。她和其他每天侍奉太后的人对她生活的每一刻都了如指掌。与其他君主一样，慈禧太后从来不会自己独处。至于李莲英的长相，何荣儿描述"李莲英是个丑八怪，驴脸，长下巴，大鲶鱼嘴"。有关李莲英为慈禧太后按摩的传言纯属胡说八道，只有刘姓待诏被允许入宫为太后整理头发。没有一个普通男子能够触碰太后。卡尔从某种意义上肯定了何荣儿的说法，李莲英"又高又瘦"，"鼻子像罗马人那样高，下巴又大又尖，下唇突出，眼神锐利且充满智慧，从他下陷的眸子中闪耀出来"。卡尔记载，李莲英的皮肤皱巴巴的,"仿佛陈年羊皮纸一般",这让我们想到世界各地其他人口中老宦官的模样。[38] 贝克豪与德莫朗都声称慈禧太后吸食鸦片,在那时的中国,吸鸦片是普遍现象。不过,何荣儿对此则予以否定,而她的职责之一便是掌管太后的烟草。对于贝克豪、德莫朗及一众外国人而言,紫禁城中的生活是个谜。他们将清朝描绘成一个堕落的王朝,鸦片吸食现象比比皆是,但更为精确的估计则是,只有不到10%的人口吸食鸦片。据贝克豪说,尽管慈禧太后只是适量吸食鸦片,但她会"在一天事务完毕后,美美地抽上一杆"。德莫朗的描述更为细致,慈禧太后吸食鸦片是因为闲来无事,需要舒缓一下,但"鸦片的毒性成分刺激了她的欲望"。李莲英精心为她准备烟管,卷好鸦片,加热后置于碗中。一天傍晚,李莲英将准备好的鸦片递给慈禧太后时,后者斥责他作为"乐事总管",却缺乏想象力。就在当夜晚些时候,李莲英将第一名年轻男子送到了慈禧太后的床上。[39]

一部1916年小说中的慈禧太后

蔡东藩的《慈禧太后演义》读起来如史书一般,对晚清事件可谓叙写甚详。但纵观全书,作者掺入了幻想的成分,从第一回慈禧太后为本家叶赫那拉氏报仇而降生便是如此。蔡东藩的小说称,努尔哈赤在清朝建国之前屠戮过叶赫一族,慈禧太后的一位先祖发誓要铲除努尔哈赤的爱新觉罗氏,后来清朝诏令禁止叶赫那拉氏的女子嫁给皇族(第1回)。但到了慈禧太后时,这一规矩已被遗忘。事实上,这条规矩并不存在,叶赫那拉氏的女子常常嫁入皇族。蔡东藩继续讲述,年轻的慈禧做过一个梦,梦中她被称为"将来的国母"。这个梦让她觉得,如果汉朝赵飞燕那样的女子都可以从奴仆变为皇后，她自己为什么不可以（第3回）？她被选为妃子之后，皇帝着迷于缠足的汉人女子，从而冷落了"兰儿"，她则尽力讨好皇后，希图能够亲近皇上。一天，皇帝终于传她侍寝，她便赤身穿上一领袍子，由宦官将其送至皇帝寝宫，之后她便爬上了皇帝的龙床（第4回）。兰儿产下两位公主，但因为不是皇子，所以她非常沮丧，甚至置第一位公主于不顾，致使其死去。最终，她生下皇子，这使得她与皇帝更为亲近，可是他已爱上了一名缠足的汉人女子。然而，只要有麻烦，皇帝便会寻求慈禧的意见，并开始让她掌管宫中政事。其他章节中，德龄教导慈禧太后西方科学技术与治理方式，促使她实行革新（第33—34回）；卡尔为慈禧太后作画（第36—37回）；悲惨绝望又一蹶不振的皇帝徒然恳请慈禧太后饶过受到斥责的珍妃。整部小说中，慈禧太后都欢欣雀跃，充满生命力。

　　蔡东藩生活的年代已经有传言透露光绪帝死于谋杀。一则逸闻中，光绪帝听闻慈禧太后生病非常高兴，太后因此震怒，并发誓"不会死在他前面"。她召集大臣秘密会议，几天后，光绪帝驾崩。濮兰德与贝克豪在一个脚注中提及光绪帝的被谋杀："有充分的证据表明，光绪帝是被枕头闷死的，是老佛爷的命令。"德莫朗则写道，慈禧太后命宦官勒死光绪帝。其他人却说光绪帝是被毒死的，正如上文所述，最近对光绪帝尸骨的检验印证了这一说法，因为其骨骸中的砷含量很高。至于慈禧太后之死，濮兰德与贝克豪错误地认为是袁世凯将她枪毙，还说她的临终遗言是"不要再让另一个女人执掌国家大权"。蔡东藩的小说也几乎以相同的话收尾。小说中，慈禧太后临死前终于意识到女子不应该尝试统治中国。[40]

　　外国女子对慈禧太后的描述则绚烂多彩，她们认为太后作为个人和女性统治者都着实令人惊艳，即便她们理想的政权体制是民主制。慈禧太后比当时世界上任何一位女性更有权力，我的故事也将以她收尾，而非清朝末帝溥仪，因为他在清朝灭亡时还太年轻，尚未大婚。慈禧太后与隆裕皇后之后再没有像她们那样突出的皇室女性，尽管后来一些太妃在溥仪年龄适当时为其匹配了主妻及妃嫔，就像所有之前的皇帝一样，甚至还赐予她们前朝的头衔。那时，一夫多妻制距离其在二十世纪三十年代被法律禁止只有几年的时间了。[41]溥仪没有孩子。

结论：杰出子嗣的匮乏

纵观宋以降的王朝，清朝皇后的地位有何独特之处？曾经统治中原的游牧及半游牧民族的精英阶层女性比汉族女性享有更多的军事及政治权利。考虑到这一点，我们可能会认为女性在清朝扮演着重要的角色，正如她们在北魏、辽和元朝时那样。然而，除了布木布泰和慈禧太后，清朝的皇室女子几乎没有谁让人印象深刻。清朝延续了明朝便已开始的削弱皇后权势的趋势，不过做法更为缓和、精妙。例如，明朝因为皇后没有生子而被废黜有五次之多，而清朝只有一位皇帝废黜了皇后，另一位皇帝则只是将皇后拒而远之。明朝不断有包括保姆在内的卑微女性侵夺皇后的威仪及权力，清朝则对此类女性严加控制。清朝的后妃出身名门，社会地位高于明朝的后妃，她们多数来自蒙古贵族和为人尊敬的旗人家庭。清朝还允许外戚在朝廷中担任要职。另一方面，16%的后妃则是从宫女做起，有两人还成了皇后和继承人的生母，其中一位在死后被追封为皇后，另一位则是清朝唯一生育了继承人的皇后。^42 这两位皇后和其他一些妃嫔出身上三旗包衣家庭，并经过了严格筛选。来自奴仆阶层的她们并未因为出身低贱而受到歧视，不像歌妓汉后赵飞燕抑或宋朝出身乐籍的刘、杨两位皇后那样——正史还将她们的出身抹去，亦与明朝两位保姆万贵妃及客氏有所不同。[43]

皇后权势的削弱

　　清朝对于皇后权势的削弱最明显地体现在继承者的选择和生子问题上。皇后与妃嫔在选择继承者问题上似乎都没有起到重要作用。皇帝负责选择继承人，女性有可能在幕后施加了一定影响，不过我们无从得知。由于满人并不采用嫡长子继承制，生下长子未必会像过去朝代那样带来特权。尽管生育继承人的皇后的确很少见，但清朝以前的理想状态都是由皇后产下嫡长子，嫡长子成为继承人。在明朝，尽管只有两位皇帝的生母是皇后，但有六位皇后产下了太子，只不过四位太子在继位之前便夭折了。十五位明朝皇帝中有十一位是皇长子。清朝唯一生育继承人的皇后只是碰巧如此，而非实现了理想状态。清朝没有皇帝是皇长子，乾隆朝时，大臣们曾试图劝皇帝立皇长子为继承人。但乾隆帝拒不采纳，并追溯上古尧舜之君，说他们重能力，而非出生先后。[44]另一个例子中，康熙帝的首位太子的确由皇后诞下，但这位太子不幸夭亡。乾隆帝的第一位皇后也产下了皇子，据说皇帝也想立其为太子，但皇子亦不幸夭亡。汉人的制度仍有影响，但并未产生实际效果。

　　皇后地位的降低亦可用后妃之间差距的缩小来证明，尤其是皇后与上四品妃子之间的差距。她们来自相同的社会阶层，且都收到聘礼,虽然丰厚程度递减。此外,尽管自古妾妇不可升为主妻,但清朝则有五位妃子成为皇后(不包括死后追封的,因为这种情况明朝亦有)。[45]下葬规格亦表明了这一差距的缩小。明朝已经开始在皇陵中埋葬身为皇帝生母的妃嫔,但关于这一问题的争论此起彼伏,异常激烈。但这种下葬方式在清朝并无争议。康熙帝之后出现了些微变化,即如果前任皇帝驾崩在前,下一任皇帝生母去世在后,则她与前任皇帝分开下葬,并不合葬皇陵。这是因为重新开启皇帝陵墓犯了禁忌,而非生母地位降低。另一项变化亦并未引起争议,即只要宠妃在皇帝之前去世,她便可下葬皇陵,无论其是否是下任皇帝的生母。正如罗友枝设想的,满人多位主妻的一夫多妻制习俗——即与多位地位基本相同的主妻而非一位与众不同的主妻形成一夫多妻关系,对整个清朝产生了微妙影响。[46]诚然,皇后仍然享有最高地位,生前生后都是如此。她的衣饰与众不同,受到的服侍与供奉都优于她人,并在典礼中享有特权。大婚之时,只有皇后从午门入宫,死后则供于太庙,一位皇帝只有一位皇后相陪,不过,康熙帝为其祖母开了特例。只有皇后既有庙号又有谥号,如果与皇帝分开下葬,只有她们的墓葬能够像皇帝的那样称为"陵"。唯一未葬于"陵"的皇后是乾隆朝的乌拉那拉氏,皇帝为此屡受谴责。

清朝皇室体系的一个重要特点在于系统之间的制衡,不论是一群人制衡另一群人,抑或通过官僚法规实行制衡。宫中的包衣监督宦官,由外戚及满洲、蒙古旗人主导的皇帝内廷顾问制衡官僚体系。另一例证则是上文提到的清朝对于皇室及贵族成员数量的控制。出身的特权在几代之后便终止,皇族必须证明自己的价值,仅靠出身则无法坐享富贵。后妃待遇中亦有制衡。向入宫女性的家庭提供聘礼意味着皇室拥有这些女性，并赐予她们新的身份，而后妃们则切断与娘家的联系。正如罗友枝注意到的，其结果是有权势的女性不再与她们的亲族联盟，只依靠其夫君的兄弟，而后者与比外戚相比，跟皇室的利益关系更为紧密。[47]

举行典礼的方式进一步制约、规范了皇室女性的行为。皇帝每天都会向年长的女性问安，不论她们在世与否。皇帝以拜访母亲、祖母、太后、前任皇帝的妃嫔开始一天的活动，向她们问安，并赠予礼物。皇帝每日都要祭祀男女先祖（尽管他有时会让其他皇室男性代劳）。新年及其他节日场合，皇帝"跪于其母面前，后者则安坐宝座之上"。那一刻，根据传统孝道，皇帝将自己置于女性长辈之下，而后者在其他时候则仍是皇帝的臣属。然而，皇帝是典礼的最终司仪，掌管先蚕礼之外的其他所有国家大典，先蚕礼则由皇后负责。在明朝，这种典礼在世宗朝之外处于废止状态，清朝则将其恢复。正如罗友枝指出的，皇帝的主要特权之一在于每年制定礼仪日历，这赋予了他在现实世界与象征性宇宙中掌控时空的角色。尽管女性长辈受赐封赏，但除了先蚕礼，皇帝将她们限制在宫中及内室私下举行的典礼仪式之中。有一次乾隆帝让其母陪同自己参与国家性的祈雨典礼，但这一典礼是在皇室园林中举行的，而不是在宫外的寺庙中。尽管权势煊赫，慈禧太后也要遵循这项规矩，并且从未坐上龙椅。与宋朝刘太后不同，即便慈禧太后曾经祭祖，她也从未在太庙中进行，而刘太后甚至黄袍加身。与辽朝承天皇后举行的重生仪式相比，慈禧太后举行典礼的规模亦不可同日而语。1885年的除夕，慈禧太后曾主持过一次仪典，率领高级妃嫔前往内宫的大殿叩拜苍天。她在婆婆（即其皇帝夫君的养母）、夫君咸丰帝和儿子的画像前焚香，却不能在天坛操办这一典礼。[48]

优秀皇子的匮乏

清朝皇室中能力卓越的男性统治者治期极长,不过,关于优秀皇子匮乏和继承人筛选的焦虑早在康熙朝便已出现。有传言记载,乾隆帝由于找不到合适的继承人而备感挫折,传言还说他曾对自己最宠爱的女儿和孝公主说:"汝若为皇子,朕必立汝储也。"按满洲风俗,和孝公主穿着男子服饰,与乾隆帝一起打猎,亦能射箭。不论乾隆帝是否对女儿说过这番话,这都让旁观者联想到"男主角软弱或缺失时,女主角取而代之"的母题,这一母题在中国历史悠久。有一类反复出现的故事讲述的是,父亲含冤而死,女儿由于没有优秀的兄弟,自己女扮男装,开始实施复仇,并杀掉害死父亲的凶手。[49] 雍正帝死于女侠之手的传言便属于这种故事类型。在王朝危机时,这类母题尤为突出,如明末及清末的文学作品表现的那样。这些作品谴责男性没能拯救帝国,颂扬女性具备男性所缺乏的美德与勇气。

清朝最著名的小说《红楼梦》以女娲补天救世的古老传说开篇。女性的卓尔不凡是小说的重要主题之一,与男性的污浊及优秀子孙的缺失等主题并列,正如小说里提到的,贾家苦于儿孙"一代不如一代"。[50] 1905年的一部小说《女娲石》则以男子无能作为前提,认为是时候由女子取而代之。这部作品将女娲的传说借清末女性革命重新演绎,叙述女性刺杀男性领袖,参与运动改革性别关系,例如废除缠足,迫使男子释放小妾,从而隐喻补天。一位女主角试图刺杀太后胡氏,这无疑指代慈禧太后,"胡"则是对长城之外非汉族人的惯称。与此同时,诸如小说、报道和城市指南等作品中出现了另一类女主角,即上海妓女。她们精明狡猾,充满媚惑,工于心计,那些富有的嫖客争相与她们交际,但妓女们总是使他们身败名裂。那时,许多人将妓女丑化为冷漠、不贞的形象,但也有人视其为女英雄,其中便包括《女娲石》的作者。该作品中的女主角身处上海妓院之中,那里不仅是女子学校,更是推动性别平等、取消婚姻及与男性性交改革的大本营,女性未来可以通过人工授精受孕。

慈禧太后治下出现这样一部小说是对时事的大胆反应。对于革命的呼吁直截了当,不过慈禧太后并非领导革命,而是革命推翻的对象。《女娲石》出现的几十年前,一部不为人知的十八世纪小说《野叟曝言》首次出版,在那之前,它一直以手抄本的形式流通。其对性别的定位亦是保守的,聚焦于优秀子孙的显荣,而非缺失,还巩固了这些子孙的优越地位。小说主角是儒家意义上的超人,完美的一夫多妻者,生养了许多富有天赋、成就非凡的儿子,床上功夫了得,学识渊博,还具有战略才能,不但内敌,连外敌也加以征服,甚至设法让欧洲也信奉了儒教。最后这让欧洲转投儒教的细节在明清小说中独一无二。然而,这位作者如此设想是顺承小说前文的文脉一以贯之而来,并不意外。考虑到《野叟曝言》最初为人所知的年代,我们很难不把男主角视为清朝皇帝的理想副本,他也将使清朝回归本初的完整状态。但这一理想实为汉人的,而非满人的。《野叟曝言》信心满满地想象了一个男性统治者仍然掌权的世界,这与小说写作时的社会情况吻合。小说中的世界也是海外国家与清朝无涉的世界,这却与小说首次出版时的社会现实相背离。《女娲石》宣告了君主统治时代的终结,尽管小说并未点明,但它也意味着女性统治的终结,因为在以往的王朝中，女性统治者的地位自然而然得到默认的保障。换言之，尽管过去规定女性不应统治，但总有一些情况使女性实际上可以行使统治权，但这种情形现在终止了。清朝灭亡之后，接下来的新制度并没有为女性预留统治空间，所以不得不为女性创造新的条件及预期，从而使她们能够再次扮演统治者的角色。

第九章

定义女性统治者

变量与因素

拜占庭研究学者朱迪斯·赫林（Judith Herrin）说："当男性统治者的皇室威严不足，或优柔寡断、羸弱无能时，女性便可能取而代之。"[1]她总结的这条规律适用于很多地区，其中也包括中国。正因如此，世界上许多著名的女王才为人知晓。另一种情况则比较少见，即女性直接继承皇位，格鲁吉亚的塔马尔女王和英国的伊丽莎白一世均为例证。总之，由于没有男性继承人，抑或男性不愿或不能统治，女性便挺身而出。不过，女性成为唯一的最高统治者毕竟是少数个例，她们更多地通过"施加影响与提供建议"来行使权力，正如保琳·斯塔福德（Pauline Stafford）所写的那样。[2]有时候，尽管有人反对，甚至明令禁止女性称制，但她们仍然临朝，在中国便常常如此。在其他情况下，则是男性统治者自愿与王后及其他地位尊贵的女性分享权利。蒙古的成吉思汗系帝国、信奉伊斯兰教的帖木儿帝国和莫卧儿帝国都尊重年长女性，并允许她们对国家大事发表意见。英国的乔治二世视妻子卡罗琳王后为自己统治"不可或缺的主心骨",但他没有被人视作羸弱的君主,王后也并未成为人们眼中的干政者。[3] 皇室女性还通过物质财富及经济活动行使权力,她们拥有并管理地产,参与贸易,在欧洲、拜占庭、蒙古、中亚的帖木儿帝国、印度的莫卧儿帝国、尼日利亚及墨西哥的阿兹特克等地都是如此。这种情况在中国并不多见,因为皇室女性被禁锢在内宫之中。不过,皇后、妃嫔和公主仍能资助宗教及艺术活动,像臭名昭著的明朝万贵妃那样做生意敛财则极为少见。[4]

中国与其他地区一样,史书编撰的偏见导致我们很难如实判断男性统治者对皇后或女王的依赖,以及他们之间的合作程度。相关史料记载往往凤毛麟角,例如关于女皇武则天与其夫高宗的共同统治及唐朝张皇后在其夫君肃宗继位前后的作用的信息便少之又少。类似例子还有宋朝皇帝依赖皇后代笔,但这种协助具体深入到什么程度则不得而知。成为皇帝之前,朱元璋的夫人马氏曾协助他处理公文与信函,但他称帝之后,史官便将马皇后描述为自我牺牲、尊夫顺夫的典范。清朝康熙帝年轻时倚赖祖母孝庄太后,并在宫中记事官不在场时与祖母交谈。虽然康熙帝长大后更加独立这一点毋庸置疑,但他毕生都尽心侍奉祖母,似乎并未对其后妃如此依赖。

整个欧亚大陆的皇室中,年龄资历非常重要,孝庄太后便为明证。女性随着年龄的增长变得更有声望,不论她是孀居的女族长,还是并无生育的年长女性,其品格及血统会为其赢得较高地位,帖木儿帝国及莫卧儿帝国便是如此。[5] 基督教主导的中世纪欧洲,王后因生育子女而赢得赞誉及合法地位,并可以在政治事务中发表意见,使她们处于有利地位,否则女性处境往往是不利的。

王后的理想典范之一是玛利亚，她既是圣母，又是天后，也是欧洲传播最为广泛的王后形象，体现了"悲天悯人、慈祥和蔼、善良温和、维护弱者的庄严形象及女性美德"。[6]中国与这一形象有一定可比性的是圣母，这也是皇后们常常祭拜的神祇。例如，泰山女神及武则天治下化身女性的弥勒佛；宋朝刘皇后也出资赞助为此类女神修庙；明朝李太后以观音形象自居，并不断提升这一形象，大笔资助僧侣及寺庙；慈禧太后扮作佛教大慈大悲观世音菩萨拍照也有异曲同工之妙。作为母亲与统治者，王后最主要的品德在于节欲和克制。一般而言，男性喜欢报复，女性则倾向于冷静谏言。克里斯蒂娜·德·皮桑（Christine de Pizan，约1405）的《三德书》（Livre des Trois Vertues）劝告即将成为王后的女性应该充任协调者的角色，王后应善于言谈，并懂得言辞的力量，而这不是中国传统皇室女性的美德。后来在十七至十八世纪凡尔赛宫廷中，皇室女性及其侍女都学习交谈之道。[7]正如杰罗恩·杜丹（Jeroen Duindam）写道的，她们是"礼节的守护者，有助于塑造侍臣的典范"。据说受女性影响，宫中男性也变得更为"机动灵活、通情达理"，这与他们成长过程中对于好战尚武的强调形成对比。[8]由于王后协调、制约的角色常常没有记录，所以要衡量其作用并非易事，但在中国的史料中此类例子比比皆是。例如，忽必烈的妻子察必对刚被俘虏的宋朝后妃态度和善，并拒不欣赏呈献给她的战利品；朱元璋的马皇后则劝说皇帝减轻对大臣宋濂的刑罚，据说她还能让皇帝息怒，其他朝代的后妃亦是如此。当然，皇后与女王并不反对排除异己，无论敌人是男是女。她们也常常发动战争，并运用其他通常认为是男性政治谋略的手段。女性统治者亦威严十足，并且理应如此，因为她们往往面临更多来自传统的质疑与挑战。

研究欧洲女王的学者用"王朝资本"(dynastic capital)一词来指称"女性统治者的角色与影响"这项关键因素。这个术语表示与某一家族或国家(以及宗族、部落或联盟)联姻的价值,皇室公主嫁入其他皇室或君主国是这种现象的一部分。王朝资本可能是影响王朝命运的重要一环。与此类似,丽莎·巴拉班利拉(Lisa Balabanlilar)使用"宗族魅力"(genealogical charisma)来描述帖木儿通过迎娶具有超凡魅力的成吉思汗家族女子来弥补自己出身的不足,他的儿子亦是如此。这是统治者提高自己地位及合法性的手段之一。[9]王朝资本通常代表高贵血统之间的联姻,正如辽的统治者,其宗族只与另一地位高贵的宗族联姻,抑或像清朝皇帝那样,倾向迎娶特定八旗出身的女子,尤其是蒙古贵族女子。不过,王朝资本亦以相反的形式发挥作用,即与地位较低的家族联姻。如此一来,出身低微的妻子不会像出身高贵的女子那样带来联姻及忠诚度方面的负担。最为显著的一例是奥斯曼帝国的统治者,他们后来立下规矩,娶奴隶为妻并生育子嗣。明朝统治者青睐非精英家族的女子,与此有异曲同工之妙。[10]

与地位低的家族联姻的另一项优势在于,出身低微的女子怀孕后生下儿子成为继承人,皇室或一般贵族便获得了新鲜血液,这在皇后无子的情况下尤为重要。在中国,迎娶出身低微的女性往往是因为皇帝觉得皇后无趣,或对其产生厌恶,因为皇后的人选往往不是由皇帝决定。皇帝从宫女中选出自己最喜欢的,有时需要其母后的授意或其他女性的支持才能达成。或者他也可以和某位宫女行房,本来没想再次见面,这位宫女却怀上龙种,产下了唯一能够继承皇位的皇子,明宪宗便是一例。即使出身低微的女性没有生育子嗣,她仍有可能成为新宠,并对后宫甚至是外廷事务施加影响。[11]

一个具有可比性的主妻出身低微的例子是沙俄彼得大帝的妻子(1684—1727),她本是农民出身,据说是被俘虏后献给彼得大帝。当时沙皇与第一位妻子离异,有一位德国情人,之后又宠爱叶卡捷琳娜一世,并最终迎娶她,封其为后。叶卡捷琳娜一世育有十二个孩子。与那时西欧宫廷中出身高贵的王后不同,她来时"毫无拖累",没有必要议定聘礼及侍从人数。她地位稳固的基础是其自身的品质以及与彼得大帝之间的感情。由于沙俄允许女性继承皇位,彼得大帝死后她便开始摄政,不过并未参与国家事务。其女伊丽莎白·彼得罗夫娜(Elizaveta Petrovna,1706年出生)几十年后(1741—1762)亦摄政。由一位女性摄政传位给另一位女性摄政是罕见的。[12]

与此相对,中国皇帝可能与宫中的任何女性发生关系,不论她出身如何卑微。理想状态下,皇帝不应从普通百姓中直接挑选女子作为伴侣,而应只在宫中女子中拣选,因为这些女性不论出身如何,入宫前都要通过严格筛选。筛选过程将持续到她们入宫之后,因为皇后及其他人试图对皇帝可能见到哪些女子施加影响。皇后与高级嫔妃都经过最为严格的考察,并拥有最高权威,通常会毫不犹豫地干预皇帝对新欢的选择。皇帝最不应像汉成帝那样,出宫邂逅身为贱民的乐户赵飞燕,并将其封为妃子,最终成为皇后。明宪宗及明武宗都对筛选、拣择的规矩不屑一顾,前者与其保姆万贵妃相好,后者则从民间直接搜罗美女充盈宫闱。

欧洲的国王有自己不成文的"一夫多妻制"形式,不过我在这里特意微调了这一术语的指涉。他们有许多情妇,凡尔赛宫廷更是公开承认她们的存在,并在宫中为她们正式指派职务,从而她们能够与皇室及宫中其他男女一同生活。国王不能与王后离异。与王后形成对比,情妇与国王的关系被认定为不伦之恋,正如神职人员常常提醒的那样,这类关系可能随时终止。与中国的妃嫔不同,情妇的儿子是私生子,无法继承王位,尽管他也有可能认祖归宗,并在皇室中出任职位。没有人认为中国皇帝的儿子是私生子,虽然有些皇子可能被剥夺继承权。凡尔赛及欧洲其他宫廷没有严格隔绝女眷的居所,两性之间也没有隔离开来。国王的情妇大多出身高贵,其地位令人垂涎,她们可以利用自己的地位成为宫廷政治及人事擢升的"驱动力",这也为她们带来了财富及名声。路易十四有几十个情妇,其中最有名的是曼特农夫人(1635—1719)。她出身贫寒,1664年秘密受雇担任国王前任情妇蒙特斯庞夫人所生孩子的女教师。1667—1679年蒙特斯庞夫人得宠,但后来被另一位情妇芳达姬女公爵取代。与中国皇帝一样,路易十四有段时间同时宠幸三位情妇。蒙特斯庞夫人可能曾力促路易十四宠幸一名情妇(芳达姬女公爵),从而阻止他被另一位女性(曼特农夫人)吸引,这让人联想起中国皇后为皇帝引荐宫女,以提高自己的地位或阻挠夫君宠幸别的女子。蒙特斯庞夫人失宠后,曼特农夫人正式成为其子女的家庭教师,并受封爵位,还得到一座城堡及一些庄园。王后辞世后,她便与国王秘密地"贵贱通婚",即其子嗣对王位并无继承权。十七世纪末,她已被视为"无冕之后",在政治与军事事务上消息灵通,不过她既没有摆布国王,也没有很大的政治野心。然而,由于她得宠,廷臣能够通过她接近国王,她可以影响主教及其他职位的任免。曼特农夫人没有生育。[13] 其他欧洲国王、公爵的情妇没有曼特农夫人那么出名，但她们仍导致了王后的边缘化，并使其尊严受辱。乔治二世的卡罗琳王后成功地避免了其夫的第一位情妇可能带来的这种后果，而这位情妇还是王后的贴身侍女。不过，卡罗琳王后在发现五十三岁的乔治二世与一位新情妇坠入爱河后，还是觉得尊严受到打击。[14]

与一夫多妻或情妇成群的男性统治者形成对照，女性统治者结婚与做爱的机会则极为有限，中国帝制史的后一千年比前一千年更甚。英国伊丽莎白一世是极富典范意义的比较对象，因为她证明了婚姻对于一位未婚女王有多危险。在中国，未婚女王并不存在，因为没有一位皇后并未成婚。太后都是孀妇，武则天亦是如此。与其他地区的女性统治者一样，都铎王朝的伊丽莎白一世令英国陷入了意想不到的境地，其间的标准与预期都是极为模糊的。女性继承王位的规则还未制定。身为处子的女王可以成婚，但并无先例规定其夫的地位，他会成为非王朝宗世/宗室的男性。即使伊丽莎白一世曾经丧偶，她的处境仍是如此。尽管人们猜测伊丽莎白一世会结婚，但时局并不允许，尤其是考虑到产子、无子或丧子可能带来的种种危险局面。拜占庭皇后较为独特，她们在丈夫死后可以自由再嫁，并使新的夫君成为皇帝。格鲁吉亚女王塔马尔和十二世纪耶路撒冷王国的王后们亦是如此。但即便是在拜占庭帝国，女性也有沦为次要角色的危险。为了避免这种情况，一些女性选择不再嫁，还有一些则设法保住了自己的高位，就像塔马尔女王那样。伊丽莎白一世与更为不幸的苏格兰玛丽女王形成对照，前者决定终身不嫁，从而拒绝履行"作为女王最为显著的职能"。但伊丽莎白一世这样做是基于战略性选择，她向民众呈现出"处子女王"与国母的姿态，并声称没有人能比她更爱英格兰。十六世纪八十年代之后，她处子之身的"完整性"甚至被等同于英格兰从未被征服的状态，从而具有象征意义。[15]

不过，尽管伊丽莎白一世从未结婚生子，她仍通过蓄养男宠维持着一种婚姻之外且无性事的一妻多夫制，而对于男宠的求婚、求爱，她则公然乐在其中。伊丽莎白一世曾表示自己会嫁人，但后来改变初衷。她通常会同时宠幸几名男子，不同时期也有不同的宠臣，这样便将情感纽带与政治联盟、决策建议融为一体。在这方面，她与魏晋南北朝、唐代和辽代的皇后们遥相呼应，后者的男宠们亦是她们的政治参谋。伊丽莎白一世的男宠们是她的朝臣，她也喜欢不停更换宠幸对象，通过分宠，女王也避免了过度依赖其中任何一人。她可以随意对他们发怒，甚至要他们的命，就像她对沃特尔·雷利爵士（Sir Walter Raleigh）做的那样。[16]在这些方面，她与中国一夫多妻的皇帝类似，后者也避免被任何一位后妃主导。与中国的皇后类似，伊丽莎白一世也因性别而备受诋毁，被指道德败坏，行事傲慢。人们怀疑她与人私通，发生性关系，甚至育有私生子，这些谣言传了几十年。她的将军也常常不遵从其命令。[17]拥有情夫且成功治国的女性统治者的确存在，但是凤毛麟角。沙俄伊丽莎白沙皇（即伊丽莎白·彼得罗夫娜）从未结婚，只是将若干出身低微的男性作为男宠，但后者并非她的政治顾问。而叶卡捷琳娜大帝则两种男宠兼而有之，有的参政，有的不参政，她还和他们生下孩子，这是女皇在旺盛生育时期成功统治的罕见案例。虽然玛利亚·乔万娜·巴蒂斯塔女爵（Duchess Maria Giovanna Battista, 1644—1724）统治的区域较小，她曾作为萨伏依-内摩尔地区的摄政，并被誉为"积极主动且富有主见的决策者"。她先后有两名二十几岁的男宠。当时她三十多岁，而这两名男宠都是重臣的儿子。[18] 然而，丹麦女王卡罗琳·玛蒂尔达（Caroline Matilda，1751—1775）的下场则很悲惨，她也是上文提到的英格兰国王乔治二世与卡罗琳王后的女儿。为了惩罚她与治疗其精神不稳定丈夫的医生之间的私情，她的情人被处以极刑，她自己也被流放，与国王的婚姻则宣告结束。

以上简短的有关宫廷女性的对比显示，在比较女王、皇后、太后、公主、妃嫔、情妇及其他宫廷女性时，存在着多样且交织的变量。世界范围内女王和王后的比较研究刚刚起步，新的角度将会介入，并需要大量信息。此处我将暂时提出如下观点作为总结，与绪论中提出的一些因素呼应对照。不过现在，我们将回顾自汉至清的整个时段，并从其他地区的相关资料中获得启发，而这些资料主要集中在欧亚大陆。通过一系列问题，我将以中国为基点做出总结，不时参照其他地区加以比较。

一位女性能够作为最高统治者治理国家吗？如果可以，在什么条件下才能出现这种情况？其身份如何？是君临天下，还是临朝称制？正如前文所述，不论在哪里，女性统治的身份与权力往往不甚明晰。一个基本的区别在于，一些地区只允许女性临朝称制，而另一些地区的女性则可以继承王位。中国的女性统治者从来不能继承皇位。欧洲直到十二世纪以后才有成文的王位继承法。法国及其他地区最终实行的萨利克法禁止女性继承王位。[19] 临朝称制与君临天下有何不同则是另一个问题。如果女性统治者君临天下，许多问题便接踵而至：其夫君的地位如何，娘家人的权力赐予等。如果她临朝称制，一些欧洲国家则认为女性统治者比国王的男性亲属更为可靠，因为男性有可能趁机篡位。人们觉得称制的女性会更尽责地关注年幼继承者的福祉。[20] 中国历朝历代虽然也有类似的观点，但临朝的女性未必会如此实行。一些女性统治者操纵自己的儿子，甚至将他们杀害。也有女性称制时几乎篡位，当然，武则天篡位成功，其他人则故意选择尚在襁褓中的年幼皇子作为继承人，从而延长自己临朝称制的时间，男性继承人成年后她们仍拒绝归政。明朝以一种类似萨利克法的形式完全杜绝了女性称制。

女王的加冕在礼仪上如何定义？在中国，皇后需正式加冕，钦赐印信，在礼仪中被视作皇位继承者之母，即使继承者由其他妃嫔所生亦是如此。一个例子可以说明欧洲与中国有很大不同。直至十世纪末，西撒克逊/英格兰王后才需正式获封，不再被仅仅视为"国王的枕边人"。而封后仪式则源自女修道院院长的任命仪式，并不强调王后作为国王妻子及潜在继承人之母的角色。[21]

女王或皇后是否有自己的朝堂？她们在朝堂上会商讨哪些事宜？其用语与男性主导的朝廷有何不同？作为最高统治者，她是否坐在男性统治者的御座上，在同一地点召集群臣商讨国家大事？作为最高统治者，汉朝吕后、唐朝武则天等女性都曾在主殿升朝，并使用与男性统治者一样的语汇，例如自称"朕"。自宋朝以后，皇后临朝称制便不能在主殿升朝，也不能像男性统治者那样以"朕"自称。但纵观中国历史，皇后常在自己的宫殿召集朝会，就像其他地区的女王及皇后一样，参与者包括地位较低的妃嫔、宫女及宫外身份尊贵的女性。一个相关的问题是女性统治者是否能够与其皇帝夫君一同上朝？在中国通常不可以（但武则天这样做了，她与廷臣只有一帘之隔），不过以辽为代表的一些非汉族王朝是例外，这反映了突厥蒙古人的传统。

女性在国家事务中是否有发言权？如果有，是因为传统，还是经过正式批准，抑或是通过个人魅力取得了发言权，不论传统或形式上是否允许。[22] 在许多地区，身份尊长对于女性获得发言权至关重要，尤其是女族长。不过，"尊长"未必意味着"年长"，慈禧太后在其二十多岁时便大权在握。女性统治者的影响力是否包括决定职位任免、皇位继承以及皇帝的大婚对象？资助对象主要集中于宗教、艺术还是建筑领域？突厥蒙古女性以其在国家事务中的发言权著称，甚至在其皈依伊斯兰教后亦是如此，尽管这在蒙古及莫卧儿帝国境内更为明显。而奥斯曼土耳其、阿拉伯、波斯地区的穆斯林女性则没有那么多话语权，且限制更多。

皇家女性是否参与经济活动？她们是否通过买卖致富？是否拥有不动产？自宋至清，中国女性通常没有不动产，不过蒙元时期则不同。拜占庭、欧洲及莫卧儿帝国的王后都有不动产及收入，甚至有时欧洲国王的情妇也是如此。[23]

皇室女性有多大的行动自由？她们居住何处？是否与世隔绝？若如此，隔绝程度如何？这些因素都与政治话语权相交织。例如中国、朝鲜、日本、奥斯曼土耳其、波斯及阿拉伯等地区的皇室女性都高度与世隔绝，而蒙古、满洲、帖木儿、莫卧儿及欧洲的皇室女性则可以被见到，更行动自如，虽然王国不同，程度也不尽相同，且同一王国的不同历史时段亦有变化。元朝之后，中国皇室女性明显受到了更多的限制。

丧夫的女王或皇后可以再嫁吗？在中国，除非嫁给新王朝的统治者或其他成员，皇后是无法再嫁的。在其他地区，女王或皇后可以再嫁，但她们有可能出于战略考虑没有这么做，因为如上所述，其新夫君的地位将成为问题。许多中亚地区实行转房婚，即丧夫的女性要嫁给先夫的弟弟或侄子。不过，一旦采纳部分汉族式统治方式,这些女性便有可能抵制转房婚的习俗,就像金世宗丧夫的母后那样。

皇室女性的出身会发挥怎样的作用?汉族皇帝通常封汉族女子为后,但也有可能迎娶来自其他族裔的女子。与此类似,非汉族皇帝更倾向于从同族或邻近的非汉族群中挑选皇后及继承人的妃嫔生母(例如,清朝皇帝更青睐蒙古后妃),但有时也会挑选汉族妃嫔,这些汉人女子亦曾生育继承人。中世纪以后,欧洲大部分王后来自异国他乡(法国则是自十六世纪之后才是这样),不过她们都来自信奉基督教的国家。作为女儿与妻子,她们不得不"应对被分割的忠诚",这既影响她们如何给自己定位,也影响别人如何看待她们。在中国,被分割的忠诚这一问题在汉朝及后来的王朝作用巨大,尤其在外戚与皇室之间的关系方面,但明清时期便不再如此。[24]

女性的社会地位对其入选宫中及宫中待遇有何影响?直至唐朝,皇帝通常册封贵族出身的女性为皇后,妃嫔则可能来自精英或较低阶层。明朝统治者避免迎娶精英阶层的女性,不论后妃都是如此。而清朝则又恢复了从贵族及高官阶层中选拔后妃的制度,虽然并非一以贯之。不过明清两代,尤其是清朝,女性倚仗娘家施加影响、获得支持的程度受到极大限制。[25]

在一夫多妻的政权中,后妃如何排序?其品阶带来什么特权?品阶在其一生中如何变化?排序的体系方法每朝每代如何变更?是否有多个主妻、副妻或妾妇,还是只有一位主妻,其余均位居其下?[26]

还有,在一夫多妻的地区,诞下继承人的女性地位会如何变化?反言之,那些没能生育继承人的女性又会如何?尽管原则上母凭子贵，然而大段中国历史表明，成为继承人的生母会面临危险境地。在极端情况下，如北魏的拓跋氏，统治者甚至会强迫继承人的母亲自杀。皇后及其他竞争者有时也会暗害妃嫔生母。不过在明清两代，尤其是清朝，如果妃嫔的儿子最终继承皇位，她的地位便会随之提升。在整个帝制中国史中，皇后被认定为继承人形式上的母亲，并理应始终保持这一地位，不过有时其权威地位会被更有影响力的宠妃夺去。在中国，大部分皇位继承人都是由妃嫔所生，宋朝十八位皇帝中仅有四位的生母是皇后，明朝十六帝中只有两位，而清朝的比例更低，十位皇帝中仅有一位。[27]

在皇帝拥有多个妻子的王朝中，这些后妃是如何筛选出来的？中国采用从平民百姓中直接筛选的方式，加以严格拣选，同时还依赖推举引荐。官僚及其他精英家庭的女子被选入宫通常是皇室与利益相关方的协商的结果，一些官员甚至向皇帝施压，迫使其迎娶自家女儿。妃嫔有时被作为礼物献给皇帝。有些后妃则是从敌方俘虏，不过这通常只发生在王朝伊始。偶然邂逅或从百姓中随机挑选是最少见的做法，但仍然时有发生。

宫廷之中是否有宦官？中国的历史使人们认为一夫多妻与宦官同时存在。其他地区的王朝也采用同样的做法，例如伊朗、奥斯曼、莫卧儿、尼日利亚及朝鲜王朝。不过，日本及中亚的政权则只有一夫多妻制，没有宦官存在；拜占庭帝国则是一夫一妻制与宦官并存。

皇室婚姻及性事有何禁忌？在中国，迎娶父亲的妾是乱伦之举。跨代婚姻亦是一大禁忌，清朝除外。戴孝期间不得行房，但有些皇帝违反了这项规定，并因此受到谴责。突厥蒙古人实行转房婚，不过一旦采用了汉族王朝的制度，他们便倾向于废除这一汉人厌恶的习俗。[28]

最后，我们所知的有关宫中女性的信息大多出自男性史官之手，女性自己留下了哪些文字？以什么形式记录下来？中国的皇后、妃嫔及其他宫女留下了许多诗歌，她们的只言片语也在论著、断代史及其他文献中得以留存。但据我所知，并没有日记类的文献存在，不过其他地区则有此类文献。例如曼特农夫人就留下了大量信件，一大部分最近得以出版，其中便包括对路易十四的批评、抱怨。[29]

只要人们认为女性统治异乎寻常且令人不快，这一现象便构成了绝对的威胁。正如其他此类威胁，女性统治可以很容易被视为一种历史教训，因其与既定的常规做法截然相反。例如中国的男性是一夫多妻的，对于女性统治者的潜在假设便是她们也会实行一妻多夫制。魏晋南北朝时期的一些例子便体现了这种可能，武则天亦曾试探过这种可能性。仅仅是一妻多夫制的可能性便足以产生流传几个世纪的谣言。另一种假设则是如果女性掌权，她们便会压迫甚至报复男性。有明清小说写道，女性监督男性的一举一动，从而主导和控制男性。在一部著名的小说中，女性甚至强迫男性缠足。[30]不难想象，有人认为女性统治之下冲突将更易解决，前提是女性天性更为公正、温和。斡旋将会取代战争。我们可以说过去女性统治者的行为未必能预测未来的情形，不论未来是乌托邦还是反乌托邦的。尽管遭到禁止，女性仍能统治，但是其行动受到这一压力的牵制。对于女性应如何行事的期待及相关规范预期也影响着女性统治者，不过今天的情况已经比英国的撒切尔夫人遇到的窘境要好一些了。1979年有人提议撒切尔夫人不应参加电视直播的辩论，因为他们觉得如果她赢了，女性击败男性看起来非常糟糕。[31]

皇帝的床笫安排

一夫多妻君主的终极纠结与一夫一妻的并无二致,他们都要通过生育后代来接替自己。就数量而言,一夫多妻的君主能够比一夫一妻的生育更多后代。[32] 在中国,宋徽宗是历史上子女最多的皇帝,共六十五人。他们的孩子繁衍出更多孩子。不过,绝大多数后代对于宋朝的价值不大,反倒增加了朝廷的开支。唐玄宗有五十九个孩子,明太祖四十二个,清康熙帝五十五个。其他地区一夫多妻的统治者子女数量甚至更多。例如伊朗恺加王朝（1794—1925）的国王法特赫·阿里沙（Fath Ali Shah,1797—1834年在位）便有超过三百个孩子。不过,生育高峰期过后往往是子嗣数量的急剧减少,正如明清两代各自的最后五十年。法特赫·阿里沙的继承人只有五个儿子、三个女儿。恺加王朝之后的一位统治者纳赛尔丁·沙（1848—1896）去世时有八十五位妻子,却只有二十个孩子。后来恺加王朝的统治者娶妻数量减少,最后一位国王只有一位妻子,有可能是受到了欧洲习俗的影响。[33]

正如安妮·沃瑟尔（Anne Walthall）所写的,"信奉基督教的地区之外,大部分君主制王朝要么依靠一夫多妻,要么依靠纳妾来生育更多子女"。为了阐明这一点,她强调了我也在力图说明的一点,即一夫多妻制是规则使然,妻妾成群并不一定意味着"滥情荒淫"。[34] 毋庸置疑,有数十个孩子的统治者肯定要与多位伴侣行房,且从他与她们年纪尚轻时便已如此。康熙帝及宋徽宗的子女数量说明了这点,不过他们并非荒淫昏君。如果他没有被金朝所掳，宋徽宗很有可能被视为中国历史上最伟大的皇帝之一。不过，与许多女性交欢在一些皇帝看来似乎只是一种挑战，要看他有多放纵。虽然明武宗没有孩子，但他与男性及女性享受了很多年的床笫之欢，还常常从平民家中劫掠妇女。明世宗则征集成百上千处子入宫，并随意与宫女交欢，甚至宫中都无法记录，很多女子也未能获得头衔。据记载，隆庆帝有一次未能上朝是因为他阴茎持续勃起，有可能是使用春药导致，虽然他的大臣一再劝诫他在后宫不要过度淫逸。

不过，"性交也是一种义务"，安妮·沃瑟尔继续写道。一位十七世纪的文人描述了明朝皇帝的床笫安排。这种安排遵从以三及其倍数为基础的数字命理学。尽管没有办法想象事实究竟如何，这种描述仍然传递了一种象征意味。根据这位文人的记录，皇帝乾清宫后的暖阁有上下两层共九间屋子，共有二十七张床，每间屋子有三张床。"天子随时居寝，制度殊异。"这种以三为单位的数字命理学暗示了管理与秩序，同时也隐含了履行职责、达成任务的意味。遵循这一模式可以防止皇帝昏庸，因为这些数字还隐藏了一种神奇的魔力，尤其是吉祥的阳数"九"。这个数字据说能够使皇帝生育更多的男性后代。几千年以前，强调三及其倍数的情况便已出现在另一种类似语境中。据古代儒家经典《周礼》记载，皇帝有一百二十一位后妃：一位皇后、三位夫人、九位嫔、二十七位世妇、八十一位御妻。《周礼》解释道，八十一位御妻与皇帝共度九晚，二十七位世妇三晚，九嫔一晚，三位夫人一晚，皇后一晚，十五天一循环。不论是二十七张床还是一百二十一位后妃，这些数字都与宇宙秩序相协调。皇帝根据数理行房，自由选择床榻及时间。皇帝从床到床、从屋到屋轮换时自己记录（或由他人代劳）与后妃行房的次序。数理的顺序及律动保证了生育效果。[35]

中国一夫多妻统治者的行房之所以是一种义务，与皇帝不断受人监督有关，这些人包括他的后妃、母后、宫女、宦官、大臣及先祖（即同样拥有许多后妃的先皇）。没有人能够猜透皇帝的心思，或者看出他的焦虑不安和自我意识，但是没有任何统治者存在于真空之中，免受来自当下、过去及未来的压力。或者可以说，如果一位皇帝仿佛生活在真空之中，置以往的规矩于不顾，他便会遭到刺杀或颠覆，就像刘宋刘子业与金废帝海陵那样死后被废黜。以隆庆帝为例，即使他惩罚了自己的批评者，但仍有其他批评者前赴后继、不断出现，直至他驾崩为止。明世宗统治末期，一位大臣谴责他是一个失败的男人、父亲和统治者，并在进谏前准备好了自己的棺材，以期接受处决。尽管明朝的隆庆帝与世宗都未被推翻，但他们都备受谴责，包括史官与小说家的责难，其中不乏讽刺高手，海陵王与武宗的故事便是榜样。

几个世纪以来，记载中往往涉及普通百姓如何逃避皇帝征召女子入宫的成命。尽管女性有可能获得巨大的权势，许多人还是惧怕、担心成为宫女的前景——这与想要入宫成为宦官的庞大的男性数量形成了鲜明对比。明朝宦官的数量超过了宫中可以容纳的范畴。然而，一些女性还是成为宠儿，有时甚至严重影响了皇帝的行为。她们的生活成为很多故事的素材，下文一则短小却饶有趣味的奇闻轶事便是明证，这也是本书的最后一例：明武宗时，一位名叫王满堂的女子从宫中放出，被遣返回家。回家后，她开始做起奇怪的梦，梦中一名男子要娶她为妻，并保证她能享受荣华富贵。一个以行骗为业的道士听说后，便假称自己是梦中的男子，来到她家。王满堂的家人甚是欢喜，马上将她嫁与道士。于是，他开始招纳门生与追随者，进行密教活动，大家都被他对王满堂梦境做出的奇异回应给唬住了。道士的行为最终触怒了官府，后来武宗要将道士及其信众处死，不过赦免了王满堂。武宗将她发配至浣衣局，后来召王满堂入豹房，后来据说成为皇帝眼前的红人。[36] 如王满堂一般的女人由于没有地位，在正史中没有一席之地，她却在一则出处不明的趣闻中成为主角。不论是否真实，这则笔记反映了人们常常痴迷于女性受召入宫后发迹的故事。除了作为史料，关于皇帝身边女性的记录都是围绕着迷人的低级宫女如何打入皇帝的亲密圈子，不论她们被爱护、被尊重，抑或最终被遗忘，甚至被鄙夷。

假如再无女性统治者

归根结底，皇帝龙床上的女子到底应该是什么样的？回顾汉至魏晋南北朝的每部断代史，史书中似乎已经搞清该如何描写皇帝后妃的理想行为举止了。与之相对的坏女人——尤其是妒妇、淫妇，以及干政的妇人，同样存在。至于后来的皇帝、大臣和史官，宣传工作已经为他们做好了。现实中的问题变成了应该采取什么实际措施，最重要的是如何防止女性与外戚干预皇室权威。换言之，如何对后妃及外戚加以限制，从而使女性统治者销声匿迹。回顾整个王朝史，明朝最终成功地杜绝了女性临朝称制的可能性。垂帘听政是较早且较为中和的限制女性的手段，武则天与唐高宗一同上朝时便如此实行。后来武则天代其子睿宗执政时亦是如此。尽管武则天称帝后便停止垂帘听政这种形式，她实际上确立了之前已经开始流行，但尚未定型的一种做法，这反倒是由一位试图推翻她的大臣提出的。这位大臣反对女性参政，说她们即便参与国家政务，也绝不能在主殿升朝，且总是应以垂帘听政的形式出现。几个世纪后，宋朝最终正式确立使用垂帘听政这一形式，并禁止女性在主殿升朝。[37]

言语上反对女性掌权比实际阻止她们称制要简单得多。最有效的解决方法是极度限制女性临朝称制的可能性。太子过于年幼这种特殊情况才会让地位最高的太后介入，而这也是默认的解决方法，并且允许她短暂统治。至关重要的是，她虽然代理朝政，但并非刻意为之；一位女性不应该自己想要掌权，只有外界环境才能促使她这样做。这种解释女性主政的方式被广泛接受，因为太后通常毋庸置疑会为皇室的利益鞠躬尽瘁，这也成为令人敬仰的光环，使得她获准代为管理朝政。太后应该具有推动王朝发展的品质，而不是阻碍王朝前进，她甚至不必是年幼皇帝的生母或亲生祖母。

对于女性统治者的规避与厌恶意味着她们主政时，局势已变得异常且不可捉摸。搁置这个问题看上去简单可行，仿佛这个问题不会再浮出水面。不过，女性统治者却形成了她们自己非官方、非世袭的权位继承传统，拥有自己的规矩及先例，其中还包括形象与语言的运用。正如朱迪斯·赫林在有关拜占庭帝国皇后的论述中所写的："权力与影响力从未给皇后确立固定的女皇角色，只能为后来女性统治者提供可效法的案例及先驱。"[38] 有时候，统治者与他们的大臣实际上希望女性行使权力，重视她们的建议与协助，并与她们形成战略伙伴关系。最强势的女性出现在汉朝、北魏、唐朝、辽朝、宋朝及元朝，即帝制史最后的五个半世纪之前。回首以往，武则天的出现标志着巅峰，却并非终结，她之后女性当政沉寂了将近三百年。这段空白明显是由于武则天统治之后不久出现的一种奇特且意涵丰富的趋势，即皇帝不再封后，只拥有妃嫔。没有人明确规划，但这种做法自然而然地出现了，不论意味着什么——可能是男性统治者的潜意识信号，表明了他们对作为皇后的女性怀有警惕，因为皇后本身便拥有权力，且有义务监督、评判皇帝。宋朝恢复了对皇后人选的定期提名，并册封了一批强势的皇后，其中有九位临朝称制，除了一位皇后，其余八位都声名远扬。尽管武则天是需要避免的负面案例，宋朝皇后仍步其后尘，不过她们效法的是更为古代的仁慈的圣母典范。宋朝皇后与世界其他地区的皇室女性所做的事情一样，例如，为太子、皇帝或国王等皇室成员挑选婚娶对象，建议甚至约束、批评皇室男子，偶尔还会影响政策与策略的制定，她们还资助艺术、宗教事业。辽朝与元朝也有一些强势的皇后，不过备受赞誉者不如宋朝皇后多。辽朝与元朝的皇后是中国历史上最后一批成规模的大幅度地行使政治权利的后妃。明清两代削弱了皇后的权力，并见证了大权在握的女性在数量上较之以往急剧减少。尽管皇后在典礼及行政方面比其他妃嫔更有权威，但后妃之间的差距在不断缩小。将妃嫔生母与皇帝、皇后同葬皇陵这种新做法便是明证。

尽管皇后临朝称制面临着种种敌意，其称制的可能性却从未消失。自清朝咸丰帝起，急剧减少的妃嫔及皇帝子女数量最终再次带来女性统治的经典条件：皇帝在动乱中驾崩，太子缺失，一位积极向上、能力卓越的皇室孀妇出现，这便是年轻的慈禧太后。但她所处的是一个新时代，一个目睹君主制度开始崩盘的时代。此外，慈禧太后是满人，她所属的族裔及其统治此时被视为中国历史的污点。慈禧太后已尽其所能来塑造自己作为世界一大帝国统治者的光环，例如将自己的形象神化，并运用照相这种新技术来实现目的。不过，最终她还是只能被视为在旧体制中统治，这也意味着尽管女权运动与性别平等在其掌权期间已经开始萌芽，她之所以能够登上权力巅峰，归根结底还是因为缺乏能力卓越的皇室男性。如上所述，旧制度崩塌后，女性想要再次登上统治舞台，就需要寻求新的先例与模范。此后，中国再无女性统治者。中国附近诸如韩国、泰国、巴基斯坦及孟加拉国都有过女性政治首脑，她们都为重塑人民对领导人的预期做出了贡献。事实上，她们也担负着与以往女性临朝称制时相同的任务，即带领国家迈入新的时代。临朝称制的皇后设法实现前任皇帝驾崩到男性继承人掌权之间的平稳过渡。今时今日，女性领导者需要推动以往对领导人的期待向新形式的预期过渡，并摧毁导致女性临朝称制的默认假设，以及自古便有的将女性掌权视为男性无能的推论。

注　释

绪　论　武则天之后

1. 武则天之后的两位皇后是中宗韦皇后及肃宗张皇后。关于晚唐皇帝并未立后的信息，见［美］马克梦（Keith McMahon）:《牝鸡无晨：汉代至辽代皇帝的后与妃》(*Women Shall Not Rule: Imperial Wives and Concubines in China from the Han to the Liao*)（以下简作《牝鸡无晨》），第223—236页。
2. 见［美］弗朗西斯·欧克来（Francis Oakley）:《帝王身份：狂喜的政治》(*Kingship: The Politics of Enchantment*)，第16—17页，第39—41页；［荷］杰罗恩·杜丹（Jeroen Duindam）著，［美］罗丽丝·S. 格兰杰（Lorris S. Granger）与杰拉德·T. 莫兰（Gerard T. Moran）译:《权力的神话：诺伯特·埃利亚斯与早期现代欧洲的宫廷》(*Myths of Power: Norbert Elias and the Early Modern European Court*)（以下简作《权力的神话》，第108页。
3. 见［英］保琳·斯塔福德（Pauline Stafford）:《对英格兰十世纪中期至十二世纪中期皇家女性的描绘》("The Portrayal of Royal Women in England, Mid-Tenth to Mid-Twelfth Centuries"，以下简作《皇家女性的描绘》），收入［加］约翰·卡密·帕森斯（John Carmi Parsons）编:《中世纪女王身份》(*Medieval Queenship*)，第143—167页；［加］约翰·卡密·帕森斯:《家庭、性与权利：中古女王身份的律动》("Family, Sex, and Power: The Rhythms of Medieval Queenship"，以

下简作《家庭、性与权利》），收入前书，第1—11页。

4. 见［荷］杰罗恩·杜丹：《权力的神话》，第108页。

5. 这十一位皇后分别是晋朝皇后贾南风，北魏文明皇后冯氏、孝文帝冯润皇后、宣武灵皇后，刘宋山阴公主刘楚玉，南齐太后王宝明及皇后何婧英，北齐皇后胡氏（高湛之妻；除此以外，高湛的两位妃子据说亦与他人有染），武则天及韦皇后，闽国皇后陈金凤，还有梁元帝称帝之前就已迎娶的徐昭佩。她们都在正史中有所记载。汉皇后赵飞燕也可以收入正史，不过关于她事迹的记录却并未出现于史书之中。见［美］马克梦：《牝鸡无晨》，第132—134页，第273—274页。

6. 我的主要参照标准是波斯、中国及喜马拉雅山区，我的灵感来源于［美］帕特里夏·克罗恩（Patricia Crone）：《早期伊斯兰使其伊朗的排外先知们：农村地区反抗及本土拜火教》（The Nativist Prophets of Early Islamic Iran: Rural Revolt and Local Zoroastrianism），第391—438页。关于中国的一妻多夫制，见［美］苏成捷（Matthew H. Sommer）：《让性运作：清代中国作为生存策略的一妻多夫》（"Making Sex Work: Polyandry as a Survival Strategy in Qing Dynasty China"），收入［美］顾德曼（Bryna Goodman）与［美］文棣（Wendy Larson）合编：《运动中的性别：晚期帝制与现代中国的分工与文化变动》（Gender in Motion: Divisions of Labor and Cultural Change in Late Imperial and Modern China），第29—54页。

7. 在这十一位中，北魏冯皇后、南齐王宝明（她从未成为皇后，但是后来成为太后）及武则天自然死亡。我们对何婧英的死一无所知。有六位下场很惨，被下令自尽（不仅仅是因为她们的性行为），其中包括贾南风、冯润、灵皇后、山阴公主、韦皇后与陈金凤。关于武则天，见［美］马克梦：《牝鸡无晨》，第187—202页。

8. 见情颠主人：《绣榻野史》，第127—128页，台北：双笛国际出版社，1995。

9. 见《玉房秘诀》，收入［日］丹波康赖：《医心方房内》（东京：江户文学选，1976），第6卷，第75—76页。

10. 见［英］劳埃德·卢埃林-琼斯（Lloyd Llewellyn-Jones）：《古代波

斯的国王与宫廷，公元前559年至公元前331年》(*King and Court in Ancient Persia 559 to 331 BCE*)（以下简称《国王与宫廷》），第99—106页；［美］莱斯莉·皮尔斯（Leslie Peirce）：《皇家内室：奥斯曼帝国的女性与皇权》(*The Imperial Harem: Women and Sovereignty in the Ottoman Empire*)（以下简称《皇家内室》），第3—6页；［美］艾尔纳·K. 索夫昂（Elna K. Solvang），《向"内"再看一眼：内室与女性阐释》("Another Look 'Inside': Harems and the Interpretation of Women")，收入［美］斯蒂芬·W. 霍洛韦（Steven W. Holloway）编：《东方主义、亚述学研究以及圣经》(*Orientalism, Assyriology and the Bible*)，第374—398页；［英］玛利亚·布罗修斯（Maria Brosius）：《推陈出新？阿契美尼德王朝下波斯的宫廷与宫廷仪式》("New out of Old? Court and Court Ceremonies in Achaemenid Persia")，收入［英］A. J. S. 斯波福斯（A. J. S. Spawforth）编：《古代君主制下的宫廷与宫廷社会》(*The Court and Court Society in Ancient Monarchies*)，第17—57页；［美］彼得·布兰德（Peter Brand）：《国王的所有妻子们：埃及新王朝下的拉美西斯二世及皇家一夫多妻制》("All the King's Wives: Ramesses II and Royal Polygyny in New Kingdom Egypt")（以下简称《国王的所有妻子们》），即将载于《埃及史学报》（特刊；感谢作者惠赠手稿）。

11. 见卢埃林-琼斯：《国王与宫廷》，第xiv页，第3—6页；［荷］杰罗恩·杜丹（Jeroen Duindam）：《王朝国家与帝国中的皇家宫廷》("Royal Courts in Dynastic States and Empires")，收入杰罗恩·杜丹、［土耳其］蒂拉伊·阿尔坦（Tülay Artan）、［土耳其］梅坦·昆特（Metin Kunt）合编：《王朝国家与帝国中的皇家宫廷：全球视角》(*Royal Courts in Dynastic States and Empires: A Global Perspective*)（以下简称《王朝国家与帝国中的皇家宫廷》），第1—23页；A. J. S. 斯波福斯：《序言》("Introduction")，收入其编著：《古代君主制下的宫廷与宫廷社会》，第1—16页。

12. 拉美西斯二世有两位资历较高的妻子，诞下首位皇子的妻子是主妻。公元前九世纪至公元前七世纪的亚述统治者与中国统治者一样，只有一位主妻，并可以有妾。古代近东（包括阿契美尼德帝国）的其他统治者有多名妻子。见布兰德:《国王的所有妻子们》;[丹]戈伊科·拜嘉摩维(Gojko Barjamovic):《自豪、排场与境况:亚述皇宫、宫廷与家庭,公元前879年至公元前612年》("Pride, Pomp and Circumstance: Palace, Court and Household in Assyria, 879–612 BCE"),收入杜丹、阿尔坦、昆特合编:《王朝国家与帝国中的皇家宫廷》,第27—61页;卢埃林-琼斯:《国王与宫廷》,第119页;[美]鲁比·拉尔(Ruby Lal):《早期莫卧儿帝国的家庭生活与权力关系》(*Domesticity and Power in the Early Mughal World*)(以下简称《家庭生活与权力关系》),第172—173页,注134;皮尔斯:《皇家内室》,第31页。

13. 我对"一夫多伴"与"一夫多妻"不详加区分,通常同指称一名男子有多位妻子、多妻多妾,或一妻多妾。妻妾间的区别随着朝代更迭而变化,甚至一朝内不同的皇帝之间亦有不同,下文将会提及。所罗门王据说有"七百位妻子、公主及三百位妾妇"(《旧约列王纪》第11章)。阿契美尼德王朝的统治者们可能有成百上千的妾妇。相对晚近的非洲一夫多妻制中,男性甚至有成千上万的妻子。见皮尔斯:《皇家内室》,第二、三章;[美]华尔德·沙伊德尔(Walter Scheidel):《性与帝国:达尔文视角》("Sex and Empire: A Darwinian Perspective")(以下简称《性与帝国》),收入[美]伊恩·莫里斯(Ian Morris)与华尔德·沙伊德尔合编:《古代帝国动态:从亚述王朝到拜占庭帝国的国家权力》(*The Dynamics of Ancient Empires: State Power from Assyria to Byzantium*),第255—324页。

14. 《圣经·旧约》中大卫王取得了扫罗王内室中的女性(《撒母耳记下》第12章第8节)。见卢埃林-琼斯:《国王与宫廷》,第113—116页,第116—119页。

15. 见沙伊德尔,《性与帝国》。

16. 卢埃林-琼斯在《国王与宫廷》第118页提及阿契美尼德王朝的国王阿塔塞克西斯二世有150个儿子(华尔德·沙伊德尔引用其他文献在《性与帝国》第277页列举了118个儿子)。亦见卢埃林-琼斯前书,第7页,第114页;拉尔:《家庭生活与权力关系》,第153页。

17. 见皮尔斯:《皇家内室》,第17页,第42—43页,第53页。

18. 见马克梦:《牝鸡无晨》,第128页。

19. 见皮尔斯:《皇家内室》,第21—22页,第99—101页;[美]丽莎·巴拉般利拉尔(Lisa Balabanlilar):《莫卧儿帝国的皇族身份:早期现代南亚与中亚的记忆与王朝政治》(Imperial Identity in the Mughal Empire: Memory and Dynastic Politics in Early Modern South and Central Asia),第135—137页;马克梦:《牝鸡无晨》,第158页。
20. 见丽莎·巴拉般利拉尔:《神秘盛宴中的贝吉母女儿们:莫卧儿帝国内室中的突厥化蒙古传统》("The Begims of the Mystic Feast: Turco-Mongol Tradition in the Mughal Harems")(以下简作《神秘盛宴中的贝吉母女儿们》),载《亚洲研究学报》(Journal of Asian Studies),第69卷,第1期(2010),第123—147页;[美]普莉希拉·索切克(Priscilla Soucek):《帖木儿王朝的女性:一个文化角度的思考》("Timūrid Women: A Cultural Perspective"),收入[美]加文·汉布利(Gavin Hambly)编:《中古伊斯兰世界的女性:权力,赞助与虔诚》(Women in the Medieval Islamic World: Power, Patronage, and Piety)(以下简称《中古伊斯兰世界的女性》,第199—226页;皮尔斯:《皇家内室》,第212—216页;[英]安妮·J. 达根(Anne J. Duggan)编:《中古欧洲的女王与女王统治》(Queens and Queenship in Medieval Europe),第xv—xxii页,第xviii页。
21. 见[英]唐纳德·雷菲尔德(Donald Rayfield):《帝国边缘:格鲁吉亚史》(Edge of Empires: A History of Georgia),第103—117页。
22. 见[美]艾瑞斯·L. 哈尼库特(Iris L. Huneycutt):《十二世纪牧师笔下的女子继承与权力语言》("Female Succession and the Language of Power in the Writings of Twelfth-Century Churchmen"),收入帕森斯编:《中世纪女王身份》,第189—201页;[英]萨拉·M. 兰勃特(Sarah M. Lambert):《女王或配偶:东拉丁帝国的统治与政治,1118—1228》("Queen or Consort: Rulership and Politics in the Latin East, 1118-1228")(以下简作《女王或配偶》),收入达根编:《女王与女王身份》,第153—169页;[澳]琳达·嘉兰(Linda Garland):《拜占庭女王:拜占庭女性与权力,527—1204》(Byzantine Empresses: Women and Power in Byzantium, AD 527-1204),第161—167页,第168—179页(十一世纪的欧多西亚·玛克勒姆玻利提萨尽管不是

直接王位继承人，却握有实权，一段时间内是真正意义上的皇帝）。〔美〕法尔哈德·达夫塔里（Farhad Daftary）：《萨伊达·胡拉：也门伊斯玛仪教苏雷伊得王朝女王》（"Sayyida Hurra; The Ismāʿīlī Sulayhid Queen of Yemen"），收入汉布利编：《中古伊斯兰世界的女性》，第117—130页；〔英〕彼得·杰克逊：《苏丹拉迪亚·宾特·伊图迷施》，收入前书，第181—197页；〔摩洛哥〕法蒂玛·莫尼斯（Fatima Mernissi）著、〔美〕玛丽·乔·莱克兰（Mary Jo Lakeland）译：《伊斯兰教国家中被遗忘的女王们》（The Forgotten Queens of Islam）。

23. 见〔英〕克拉丽莎·坎贝尔·奥尔（Clarissa Campbell Orr）：《序言》（"Introduction"），收入其编著《1660—1815年欧洲的女王身份：配偶的角色》（Queenship in Europe, 1660-1815: The Role of the Consort）（以下简作《欧洲的女王身份》），第1—15页。本书中其他相关文章，例如：〔丹〕麦克·布莱根斯勃（Michael Bregnsbo）：《丹麦专制政体与女王身份：路易莎、卡罗琳·玛蒂尔达、朱莉安娜·玛利亚》（"Danish Absolutism and Queenship: Louisa, Caroline Matilda, and Juliana Maria"），第344—367页；克拉丽莎·坎贝尔·奥尔：《大不列颠女王及汉诺威王储妻子梅克伦堡-施特雷利茨的夏洛特：北部王朝与北部文坛》，第368—402页。

第一章　宋　朝（960—1279）

1. 见脱脱（1314—1355）等编：《宋史》，第242卷，第8606页；《宋史》成书于1345年，时值元代后期。关于赵匡胤的故事，见冯梦龙《警世通言》中《赵太祖千里送京娘》一则。

2. 见〔美〕牟复礼（Frederick Mote）：《帝制中国 900—1800》（Imperial China 900-1800），第95—104页，第126—135页；柳立言与黄宽重合著：《宋太祖、太宗、真宗治下宋朝的创立与巩固》（"Founding and Consolidation of the Sung Dynasty under T'ai-tsu（960-976），T'ai-tsung（976-997），and Chen-tsung（997-1022）"）（以下简作《宋朝的创立与巩固》），收入〔英〕杜希德（Denis Twitchett）与〔美〕史乐

民（Paul Jakov Smith）合编：《剑桥中国史》（*The Cambridge History of China*）第5卷第1部分《宋朝及其先导，907—1279》（*The Sung Dynasty and Its Precursors, 907-1279*）（以下简作《宋朝及其先导》），第206—278页；[美]柏文莉（Beverly Bossler）：《名妓、妾妇与忠贞之教：中国的社会与性别变化，1000—1400》（*Courtesans, Concubines, and the Cult of Female Fidelity: Gender and Social Change in China, 1000-1400*）（以下简作《名妓、妾妇与忠贞之教》），第411页。

3. 见李焘（1114—1183）：《续资治通鉴长编》；该史书覆盖960—1100年的历史。毕沅（1730—1797）：《续资治通鉴》；该史书覆盖960—1370年的历史。丁传靖：《宋人轶事汇编》及[美]章楚（Chu Djang）与[美]朱璋（Jane C. Djang）合译的简缩本《宋人轶事汇编》（*A Compilation of Anecdotes of Sung Personalities*）。亦见李埴（1161—1238）：《皇宋十朝纲要》；该书陈列了自宋太祖至高宗每位皇帝的后妃，并提供了母者身份的相关信息；[美]秦家德（Priscilla Ching Chung）：《北宋的宫廷女子，960—1126》（*Palace Women in the Northern Song 960-1126*）（以下简作《北宋的宫廷女子》）指引我找到了大部分文献；亦见杜希德与史乐民合编：《宋朝及其先导》。

4. 见[美]伊佩霞（Patricia Ebrey）：《内闱：宋代的婚姻和妇女生活》（*Inner Quarters: Marriage and the Lives of Chinese Women in the Sung Period*）（以下简作《内闱》），第41页，第266页；[美]高彦颐（Dorothy Ko）：《缠足："金莲崇拜"盛极而衰的演变》（*Cinderella's Sisters: A Revisionist History of Footbinding*）（以下简作《缠足》），第190—192页。

5. 见柏文莉：《名妓、妾妇与女子忠贞之教》，第59页，第142页，第128页，第64—65页，第341页，第346页，第351页，第357页。

6. 见伊佩霞：《内闱》，第270页；柏文莉：《性别与帝国：元代中国的视角》（"Gender and Empire: A View from Yuan China"），载《中世纪与早期现代研究学报》（*Journal of Medieval and Early Modern Studies*），34.1（2004）：第197—223页；柏文莉：《名妓、妾妇与女子忠贞之教》。

7. 该主题最好的文献是秦家德的《北宋的宫廷女子》。

8. 贵妃、淑妃、德妃及贤妃,四者均为正一品。一品分正一品与从一品,从一品包括淑仪、淑容、顺仪、顺容、婉仪及婉容。

9. 两者为正二品中的前两个封衔,余者为昭媛、修仪、修容、修媛、充仪、充容、充媛。还有四个品阶,从高至低依次是正三品婕妤、正四品美人,以及正五品的才人和贵人。

10. 有关宋代局属与封衔的信息来自秦家德:《北宋宫廷女子》(品阶英译时有所调整),第10—18页,第23页,第93—95页。并见高承(十一世纪晚期):《事物纪原》,第1卷,第17—22页。

11. 见脱脱:《宋史》,第242卷,第8607页;柳立言与黄宽重合著:《宋朝的创立与巩固》,第243页。

12. 见脱脱:《宋史》,第242卷,第8607—8608页。赵匡胤的第一位妻子在其成为皇帝前于958年去世,养育了两个女儿和一个儿子。关于赵匡胤在960年登基时的第二任妻子的描述,提到她能弹两种弦乐器,每天早上诵经,并深受赵匡胤之母的赏识。她在963年去世,享年二十二岁,并养育了三个孩子,但都不幸夭亡。亦见秦家德:《北宋的宫廷女子》,第26页;李焘:《续资治通鉴长编》,第17卷,第380—381页。开国皇帝驾崩之后,赵氏男子接连惨死。赵匡胤第一任妻子的儿子赵德昭(950—979)被赵光义逼迫自尽,而赵德芳则于981年病死。前两位皇帝的弟弟赵廷美死于984年,有传言指其参与针对赵光义的谋反(有人说他起初曾被考虑继承赵光义的皇位),而赵光义的长子赵元佐也因此精神失常。赵光义最喜欢的次子也在992年突然病逝。见柳立言与黄宽重合著:《宋朝的创立与巩固》,第258—259页。

13. 见丁传靖:《宋人轶事》,第1卷,第11页;蔡絛:《铁围山丛谈》,第108—109页;文莹(十一世纪):《续湘山野录》,收入《湘山野录·续录·玉壶清语》,第74页。在蔡絛的故事中,花蕊夫人姓费,其他故事则称其姓徐,见吴任臣:《十国春秋》,第50卷,第747—748页。

14. 李皇后是地方长官之女,由赵匡胤选定;她于984年成为皇后,998年真宗(赵光义第三子)嗣统时成为太后,于1004年去世。李贤妃于赵光义继位一年后去世。我将用庙号指代赵光义之后的宋朝帝王。

见柳立言与黄宽重合著:《宋朝的创立与巩固》;司马光:《涑水记闻》,第6卷,第62—63页;脱脱:《宋史》,第4卷,第69页;第245卷,第8705页;李埴:《皇宋十朝纲要》,第40页;秦家德:《北宋的宫廷女子》,第41页(提及一位会弹琵琶却无生育的妃子)。

15. 见脱脱:《宋史》,第242卷,第8612—8615页;刘太后统治的较好总结见张邦炜:《婚姻家族史论》,第233—264页;[美]贾志扬(John Chaffee):《刘皇后的崛起与临朝称制,969—1033》("The Rise and Regency of Empress Liu (969-1033)")(以下简作《崛起与临朝称制》),载《宋元学报》(*Journal of Sung-Yuan Studies*)31(2001),第1—25页;[美]李慧漱(Hui-shu Lee):《宋代中国的后妃、艺术与主体性》(*Empresses, Art, and Agency in Song Dynasty China*)(以下简作《后妃、艺术与主体性》);[美]麦克·麦凯格拉斯(Michael McGrath):《仁宗朝(1022—1063)及英宗朝(1063—1067)》(以下简作《仁宗朝》),收入杜希德与史乐民合编:《宋朝及其先导》,第279—346页。

16. 一个死于真宗成为皇帝之前;另一位则是他的第一位皇后,但并无生养,于1007年去世。

17. 见丁传靖:《宋人轶事汇编》,第1卷,第18页(*A Compilation of Anecdotes of Sung Personalities*:第28页);柏文莉:《宋朝宫廷的性别问题与宫廷娱乐》("Gender and Entertainment at the Song Court")(以下简作《性别问题与宫廷娱乐》),收入[美]安妮·沃瑟尔(Anne Walthall)编:《王朝之仆:世界史中的宫廷女性》(*Servants of the Dynasty: Palace Women in World History*)(以下简作《王朝之仆》),第261—279页;贾志扬:《崛起与临朝称制》。

18. 早于此前很长一段时间,男性精英就已经供养成群的女性伶人,但这种行为在唐朝之后,尤其是宋朝才蔓延开来。本段信息来自柏文莉的力作:《名妓、妾妇与女子忠贞之教》,尤见第16—18页,第25页,第49—50页,第68页,第179页。

19. 见柳立言与黄宽重合著:《宋朝的创立与巩固》,第277—278页;麦凯格拉斯:《仁宗朝》,第282页,第293页。

20. 见麦凯格拉斯:《仁宗朝》,第288页;马克梦:《牝鸡无晨》,第260—263页。

21. 见贾志扬:《崛起与临朝称制》,第12—14页,引李焘:《续资治通鉴长编》,第98卷,第2271页;第99卷,第2295—2296页。亦见脱脱:《宋史》,第117卷,第2774—2776页;第242卷,第8613页;马克梦:《牝鸡无晨》,第147页,第261页;马克梦:《帝制中国的女性统治者》("Women Rulers in Imperial China"),载《男女:中国的男性、女性以及性别问题》(Nan Nü: Men Women and Gender in China)(以下简作《男女》)15.2(2013):第179—218页。

22. 见贾志扬:《崛起与临朝称制》,第18页,引李焘:《续资治通鉴长编》,第107卷,第2494页;脱脱:《宋史》,第242卷,第8615页;第286卷,第9628页;李焘:同上,107卷,第2494页;麦凯格拉斯:《仁宗朝》,第285页,第288页。

23. 见贾志扬:《崛起与临朝称制》,第17—18页,引李焘:《续资治通鉴长编》,第112卷,第2605页;脱脱:《宋史》,第242卷,第8614页;文莹:《续湘山野录》,第75—76页;脱脱:《宋史》,第242卷,第8617—8618页;秦家德:《北宋的宫廷女子》,第60页。

24. 见脱脱:《宋史》,第242卷,8616—8617页;丁传靖:《宋人轶事》,第1卷,第19页(英译第31页)。此元剧乃《抱桩盒》。第二个版本的英译见[荷]伊维德(Wilt L. Idema)译,《仁宗认母传》("The Tale of the Humane Ancestor Recognizing His Mother"),收入《包公与律法:1250—1450年的八个词话故事》(Judge Bao and the Rule of Law: Eight Ballad—Stories from the Period 1250-1459),第xxi—xxii页,注38(相关文献);第67—104页。一个著名的版本则见清代小说《三侠五义》(第1,15—17回)。

25. 见脱脱:《宋史》,第242卷,第8619—8620页;第242卷,第8624页;李焘:《续资治通鉴长编》,第113卷,第2648页;麦凯格拉斯:《仁宗朝》,第292—293页。

26. 见脱脱:《宋史》,第242卷,第8620页;秦家德:《北宋仁宗曹皇后》,收入萧虹与[美]苏·维莱斯(Sue Wiles)合编:《中国妇女传记词典:唐至明,618—1644》(Biographical Dictionary of Chinese Women: Tang through Ming, 618-1644),第18—20页。

27. 见秦家德:《北宋的宫廷女子》,第48页,第67—68页;脱脱:《宋史》,

第317卷，第10355页；第322卷，第10439页；第285卷，第9604页，第9606页；麦凯格拉斯：《仁宗朝》，第325页。

28. 仁宗共有十六位后妃。其乳母之女产下一男一女；三者中最后一位九岁入宫。见脱脱：《宋史》，第242卷，第8623—8624页。

29. 见李焘：《续资治通鉴长编》，第198卷，第4792—4793页；第198卷，第4815页；第199卷，第4838页；第201卷，第4862页；第201卷，第4864页；第201卷，第4866页；秦家德：《北宋的宫廷女子》，第75页；丁传靖：《宋人轶事》；脱脱：《宋史》，第242卷，第8621—8622页；冀小斌：《北宋中国政治与保守主义：司马光的生涯与思想，1019—1086》(*Politics and Conservatism in Northern Song China: The Career and Thought of Sima Guang (A.D. 1019—1086)*)（以下简称《政治与保守主义》），第80—85页。

30. 见麦凯格拉斯：《仁宗朝》，第340页；关于王安石变法，见牟复礼：《帝制中国》，第138—144页；史乐民：《神宗朝与王安石新政，1067—1085》，收入杜希德与史乐民合编：《宋朝及其先导》，第347—483页，第389页，第406页。

31. 除了神宗，高太后还有第二子、第三子及一个女儿。见［美］李瑞（Ari Daniel Levine）：《哲宗朝（1085—1100）与党派时代》["Che-tsung's Reign（1085-1100）and the Age of Faction"]（以下简称《哲宗朝》），收入杜希德与史乐民合编：《宋朝及其先导》，第485—555页；脱脱：《宋史》，第242卷，第8625—8627页；第467卷，第13641—13642页。

32. 向皇后是之前一位宰相的重孙女，1066年入宫，神宗继位首年即成为皇后。

33. 第一位是朱德妃，她另有一子一女，并于1088年享受皇帝生母的待遇，1102年去世，享年五十一岁。另一位是陈美人，其母曾为宫中侍女，她于1089年去世，享年三十二岁。见脱脱：《宋史》，第242卷，第8627页；第243卷，第8630页；第243卷，第8631页；秦家德：《北宋的宫廷女子》，第75页；丁传靖，《宋人轶事会编》，第2卷，第43页；伊佩霞：《向皇后与正式传记以外的纪传文献，1046—1101》["Empress Xiang（1046-1101）and Biographical Sources beyond For-

mal Biographies"],收入[加]季家珍(Joan Judge)与[美]胡缨合编:《重读中国女性生命故事》(*Beyond Exemplar Tales: Cultural Politics and Women's Biography in China*),第193—211页。

34. 见脱脱:《宋史》,第243卷,第8632—8638页;第243卷,第8633页;第243卷,第8638页;李瑞:《哲宗朝》,第530页。

35. 见脱脱:《宋史》,第243卷,第8637页,第8638页;伊佩霞:《向皇后》,第208页。

36. 见伊佩霞的卓越研究:《宋徽宗》(*Emperor Huizong*)。

37. 徽宗在其父活着的皇子中排行第二,而其大哥则不适宜统治。见李瑞:《徽宗朝(1100—1126)、钦宗朝(1126—1127),以及北宋灭亡》,收入杜希德与史乐民合编:《宋朝及其先导》,第556—643页;李瑞:《哲宗朝》,第553页;伊佩霞:《向皇后》,第208页。

38. 见秦家德:《北宋的宫廷女子》,第22—23页,第37页;伊佩霞:《宋徽宗》,第307页(女真人的统计数字是143)。六位皇子与十四位公主不幸夭亡。

39. 郑皇后育有一位皇子、五位公主,不过皇子幼年夭折。见脱脱:《宋史》,第243卷,第8638页;第243卷,第8639—8640;第243卷,第8645页。伊佩霞:《宋徽宗》,第303—307页。

40. 见丁传靖:《宋人轶事会编》,第2卷,第59页;秦家德:《北宋的宫廷女子》,第31页;脱脱:《宋史》,第243卷,第8640—8643页;第243卷,第8643—8644页。

41. 见伊佩霞:《向皇后》,第203页。

42. 见伊佩霞:《宋徽宗》,第488页,第494页。

43. 第一位刘贵妃(1089—1113)"其出单微",于1100年入宫。见脱脱:《宋史》,第243卷,第8644—8645页;第462卷,第13528—13529页("神霄";该道士名叫林灵素[1076—1120],不久他便被驱逐出官);丁传靖:《宋人轶事会编》,第2卷,第55页。亦见李慧漱:《后妃、艺术与主体性》,第95页,第97—99页;[瑞典]施舟人(Kristofer Schipper)与[澳]傅飞岚(Franciscus Verellen)合著:《道藏通考》(*The Taoist Canon: A Historical Companion to the Daozang*),第1081—1082页;赵昕毅,《徽宗与神霄宫庙网络》,收入伊佩霞与

[美]毕嘉珍(Maggie Bickford)合编:《徽宗与中国北宋时期:文化政治与政治文化》,第324—358页,第327—338页。

44. 见脱脱:《宋史》,第352卷,第11128页;丁传靖:《宋人轶事会编》,第2卷,第57页;[美]威廉·O.亨尼西(William O. Hennessey)译:《宣和》(《宣和遗事》英译本),第63—83页;伊佩霞:《宋徽宗》,第312—314页,第525—528页。关于周邦彦的故事,见罗慷烈编:《周邦彦清真集笺》,第6—8页诗词注释。

45. 见亨尼西:《宣和》,第152页;伊佩霞:《宋徽宗》,第488页,第493—494页,第497—499页。

46. 见脱脱:《宋史》,第243卷,第8646—8648页;李慧漱:《后妃、艺术与主体性》,第128—149页;叶绍翁:《四朝闻见录》,第85页。

47. 1148年潘贤妃去世。见脱脱:《宋史》,第243卷,第8648—8649页。关于高宗不能生育的传闻,见陶晋生:《南渡与高宗朝(1127—1162)》,收入杜希德与史乐民合编:《宋朝及其先导》,第644—709页。

48. 见脱脱:《宋史》,第243卷,第8649—8650页;周密:《武林旧事》,第7卷,第116页;叶绍翁:《四朝闻见录》,第60页;丁传靖:《宋人轶事汇编》,第3卷,第75页;李慧漱:《后妃、艺术与主体性》,第128—149页,尤见第131—135页。

49. 见脱脱:《宋史》,第243卷,第8650页;丁传靖:《宋人轶事汇编》,第3卷,第75—76页;脱脱等编:《金史》,第129卷,第2782页;第131卷,第2808页。

50. 见丁传靖:《宋人轶事汇编》,第3卷,第77页;贾志扬:《天潢贵胄:宋代宗室史》(Branches of Heaven: A History of the Imperial Clan of Sung China)(以下简作《天潢贵胄》),第180页;[马]Gong Wei-ai(译者按:中文名不详):《孝宗朝(1162—1189)》,收入杜希德与史乐民合编:《宋朝及其先导》,第710—755页。

51. 见脱脱:《宋史》,第243卷,第8651—8652页;第243卷,第8653页。夏皇后兄弟引自的例证为宋弘,见范晔:《后汉书》,第26卷,第904—905页。

52. 见脱脱:《宋史》,第243卷,第8653—8655页。

53. 见贾志扬:《天潢贵胄》,第191—193页;戴仁柱(Richard Davis),《光

宗（1189—1194）、宁宗朝（1194—1224）》["The Reigns of Kuang-tsung（1189-1194）and Ning-tsung（1194-1224）"]（以下简作《光宗朝》），收入杜希德与史乐民合编：《宋朝及其先导》，第756—838页。

54. 见李慧漱：《后妃、艺术与主体性》，第160—218页，尤见163—167页，及270页注2（杨皇后出身的描述）；柏文莉：《性别问题与宫廷娱乐》，第273页；叶绍翁：《四朝闻见录》，第110页；丁传靖：《宋人轶事会编》，第3卷，第87—89页；戴仁柱：《光宗朝》，第762—764页，第772页。

55. 见戴仁柱：《光宗朝》，第813—814页。

56. 见脱脱：《宋史》，第243卷，第8656—8658页；第246卷，第8736—8737页；毕沅：《续资治通鉴》，第162卷，第4422—4423页；戴仁柱：《宋代中国的宫廷与家庭》（Court and Family in Sung China），第95—105页；贾志扬：《天潢贵胄》，第202—205页。

57. 见李慧漱：《后妃、艺术与主体性》，第86—91页，第160—218页；周清源：《西湖二集》，第120页。

58. 见脱脱：《宋史》，第243卷，第8659页；戴仁柱：《理宗朝（1224—1264）》（"The Reign of Li-tsung (1224-1264)"），收入杜希德与史乐民合编：《宋朝及其先导》，第839—912页；丁传靖：《宋人轶事汇编》，第18卷，第921页；第3卷，91页；毕沅：《续资治通鉴》，第174卷，第4756页；李慧漱：《后妃、艺术与主体性》，第219—238页。

59. 见脱脱：《宋史》，第243卷，第8659页。

60. 见丁传靖：《宋人轶事会编》，第3卷，第94页；脱脱：《宋史》，第243卷，第8660—8662页；戴仁柱：《度宗朝（1264—1274）及其1279年前的继任们》["The Reign of Tu-tsung（1264-1274）and His Successors to 1279"]，收入杜希德与史乐民合编：《宋朝及其先导》，第913—962页。

61. 见李慧漱：《后妃、艺术与主体性》，第59页，插图见第58、60、61页；[美]柯素芝：《宗教超越与神圣激情：中国中古时代的西王母》（Transcendence and Divine Passion: The Queen Mother of the West in Medieval China），第3页，第33页，第38页，第45—56页，第58页，第213页，第215页；李慧漱：同上，第48—49页，第52—69页；

[美]倪雅梅（Amy McNair），《晋祠圣母殿塑像的日期问题》（"On the Date of the Shengmudian Sculptures at Jinci"），载《亚洲艺术》49.3/4（1989）：第238—253页（刘太后在祖庙中加入自己的塑像，以及有可能资助专门供奉古代圣母的庙宇）。

62. 见[美]邓如萍（Ruth W. Dunnel）：《西夏》，收入[德]福赫伯（Herbert Franke）与杜希德合编：《剑桥中国史》第6卷，《异族政权与边疆国家，907—1368》（*Alien Regimes and Border States, 907-1368*）（以下简作《异族政权与边疆国家》），第154—214页，尤见第193—197页；李瑞：《哲宗朝》，第551页。
63. 见马克梦：《牝鸡无晨》，第128页。

第二章 金朝与元朝（1115—1368）

1. "渤海"是居住在朝鲜半岛及满洲之间的一个非汉族部族。《金史》是1344—1345年由元代的一批学者撰写的。见脱脱等：《金史》；福赫伯：《金朝》（"The Chin Dynasty"），收入福赫伯与杜希德合编：《剑桥中国史》第6卷，《异族政权与边疆国家，907—1368》，第215—320页；牟复礼：《帝制中国》，第193—248页，第265—288页。
2. 见福赫伯：《女真习惯法与金朝汉人法规》（"Jurchen Customary Law and the Chinese Law of the Chin Dynasty"），收入[德]迪特尔·艾克迈尔（Dieter Eikemeier）与福赫伯合编：《东亚国家与法律》，第215—233页；[美]张琳德（Linda Cooke Johnson）：《征服王朝的女性：辽代与金朝的性别及身份问题》（以下简作《征服王朝的女性》），第72页，第78页，第87—88页，第90—91页，第109—110页，第112页；脱脱：《金史》，第6卷，第144页；第64卷，第1518—1519页。
3. 第二等为九嫔，第三等为九婕妤，第四等为九美人，第五等为九才女，第六等为二十七位宝林，第七等为二十七位御女，第八等为二十七位采女。见脱脱：《金史》，第63卷，第1498页；第63卷，第1508—1509页。
4. 见李有棠（1837—1905）：《金史纪事本末》，第27卷，第473—474页。

5. 一部关于金朝的野史用"炀"字形容海陵王的荒淫,这个字也被用来替代隋炀帝杨广的姓氏。见宇文懋昭(十三世纪):《大金国志》。
6. 见脱脱:《金史》,第63卷,第1503—1504页。
7. 见脱脱:《金史》,第5卷,第117—118页;福赫伯:《金朝》,第239—240页。
8. 海陵王之父为阿骨打之子宗干。
9. 见脱脱:《金史》,第63卷,第1502页;第63卷,第1504—1505页;第63卷,第1505—1506页;第63卷,1507页。
10. 见脱脱:《金史》,第63卷,第1508—1509页。
11. 海陵王的主妻,即王后也姓徒单,她是阿骨打一位舅舅的女儿。王后与上述继母来自同一家族。海陵王开始与其他女性有染之后,徒单氏便失宠,不过她还是产下了太子光英。光英与海陵王一同被杀,而徒单氏则幸存了。见脱脱:《金史》,第63卷,第1508页。
12. 见脱脱:《金史》,第63卷,第1509页。
13. 定哥死后,海陵王将石哥驱逐出宫,不过后来又将其召回,并于1156年使其成为诸妃之一。见脱脱:《金史》,第63卷,第1510—1511页。
14. 见脱脱:《金史》,第63卷,第1512页。
15. 见脱脱:《金史》,第63卷,第1512—1513页。
16. 见脱脱:《金史》,第63卷,第1513—1514页。
17. 见脱脱:《金史》,第63卷,第1513页;第63卷,第1514—1515页。史书并未提及是徒单太后还是大氏从中调停。
18. 庄宗李存勖是后唐开国之君李克用之子,他依靠张承业对抗后梁。张承业病笃时,请求李存勖恢复唐朝皇室后裔的地位,不过李存勖拒绝了这一请求。张承业最终绝食而死。见欧阳修(1007—1072):《新五代史》,第38卷,第403—404页。
19. 见脱脱:《金史》,第131卷,第2807—2808页;第129卷,第2780页;第129卷,第2782—2783页。
20. 匿名:《金海陵纵欲亡身》,收入冯梦龙编:《醒世恒言》,第23个故事,第3ab页。此后页码于文中给出。此处得益于亚利桑那州立大学凌筱峤教授关于该故事的较长版本《海陵佚史》所做的研究。见凌筱峤:

《夷虏淫毒之惨：借〈西厢记〉阅读〈海陵佚史〉》（以下简作《夷虏淫毒之惨》），载《清华中文学报》第12期（2014年12月），第153—200页（该文原于亚洲研究学会2014年年会时宣读）。凌筱峤教授认为这两个版本从同一个源头发展而来（两个版本都出现于晚明）。

21. 《醒世恒言》中这首诗有所缩减，关于红叶的典故也消失了；见凌筱峤：《夷虏淫毒之惨》。
22. 见脱脱：《金史》，第63卷，第1513页。
23. 见凌筱峤：《夷虏淫毒之惨》。
24. 凌筱峤教授的作品对此有所探究。
25. 见脱脱：《金史》，第63卷，第1515页；第64卷，第1519—1523页。
26. 见脱脱：《金史》，第64卷，第1518—1519页；第64卷，第1524—1526页；第64卷，第1525页；第64卷，第1526页。
27. 见脱脱：《金史》，第64卷，第1527—1528页。
28. 见宇文懋昭：《大金国志》，第236—237页；张琳德：《征服王朝的女性》，第103—104页；马克梦：《牝鸡无晨》，第174—176页。
29. 卫王乃世宗第七子。见脱脱：《金史》，第64卷，第1535页。
30. 一部文献称，原太子的生母是宣宗首位皇后，但是这位皇后后来被人取代。另一部文献则称王氏姐妹入宫时，这位皇后便失宠，此时宣宗还只是皇子。之后这位皇后削发为尼；见脱脱：《金史》，第64卷，第1532页。
31. 见脱脱：《金史》，第64卷，第1532—1534页。
32. 这些妇德在《周礼》中便有所定义，并经由汉代女史班昭（45—116）进一步阐发。见脱脱：《金史》，第64卷，第1535页。
33. 见宋濂（1310—1381）：《元史》；牟复礼：《帝制中国》；[美]托马斯·爱尔森（Thomas Allsen）：《蒙古帝国的崛起及其在中国北方的统治》（"The Rise of the Mongolian Empire and Mongolian Rule in North China"），收入福赫伯与杜希德合编：《异族政权与边疆国家》，第321—413页；[美]罗萨比（Morris Rossabi）：《忽必烈汗治下》（"The Reign of Khubilai Khan"），收入前书，第414—489页；薛磊：《元代宫廷史》。
34. 见李政富：《中国古代后妃外戚研究》（2012年北京大学博士论文），

第120页；此处引述一部波斯文文献及鲁不鲁乞（William of Rubruck）的叙述。

35. 不过同时，女性一旦结婚便会获得夫君的部分财产，并在夫君去世时有继承权。

36. 见罗萨比：《忽必烈汗与其家中女子》（"Khubilai Khan and the Women in His Family"），收入［德］鲍吾刚（Wolfgang Bauer）编：《中蒙研究》（*Studia Sino-Mongolica*），第153—180页；亦见［美］詹妮弗·霍姆格兰（Jennifer Holmgren）的突破性研究《关于早期蒙元社会婚姻与继承习俗的几点观察——以转房婚为中心》（"Observations on Marriage and Inheritance Practices in Early Mongol and Yuan Society, with Particular Reference to the Levirate"）（以下简作《关于婚姻与继承习俗的观察》），载《亚洲史学报》（*Journal of Asian History*）20.2（1986）：第127—192页。霍姆格兰写道："蒙元对于与非家庭成员通奸的憎恶，使晚期帝制下中国对于贞节的观念发生了根本性的改变"（第176页），并且"两种文化中的唯一共同点在于要求孀妇禁欲，并待在亡夫家中"（第178页）。亦见［美］柏清韵（Bettine Birge），《转房婚与元代中国孀妇守节的复兴》（"Levirate Marriage and the Revival of Widow Chastity in Yuan China"），载《泰东》（*Asia Major*）第3系列8.2（1995）：第107—146页；柏文莉提到，至元代，有关女子忠贞的话语体系已然发展成熟，并"逐渐开始改变人们对女子行为的期待"，见柏文莉：《名妓、妾妇与女子忠贞之教》，第406页，第408页；亦见霍姆格兰：同上，第176页。

37. 见柏文莉：《名妓、妾妇与女子忠贞之教》，第289页，第372页；柏文莉：《性别与帝国》，第197—223页。

38. 见罗萨比：《忽必烈汗与其家中女子》，第172页；［美］杰克·威泽弗德（J. McIver Weatherford）：《最后的蒙古女王》（*The Secret History of the Mongol Queens: How the Daughters of Genghis Khan Rescued His Empire*）；［美］丽莎·巴拉班利拉（Lisa Balabanlilar）：《莫卧儿帝国中的皇家身份：早期现代南亚、中亚中的记忆与王朝政治》（*Imperial Identity in the Mughal Empire: Memory and Dynastic Politics in Early Modern South and Central Asia*）（以下简作《莫卧儿帝国中的

皇家身份》),第8—9页,第100—101页。

39. 见霍姆格兰:《关于婚姻与继承习俗的观察》,第157—158页,第159—161页,第162—167页;罗萨比:《忽必烈汗与其家中女子》,第158—166页;罗萨比:《忽必烈汗治下》,第414页。

40. [意]马可·波罗(Marco Polo)著,[英]亨利·玉儿(Henry Yule)英译:《马可波罗之书:关于东方帝国与奇迹的记述》(*The Book of Ser Marco Polo, the Venetian, Concerning the Kingdoms and Marvels of the East*),第318页(译文有部分调整)。感谢肯·厄比(Ken Irby)为我提供这本书。亦见罗萨比:《忽必烈汗与其家中女子》,第171—172页,此处引用[英]A. C. 穆尔(A. C. Moule)与[法]伯希和(Paul Pelliot)合编:《描绘世界:马可·波罗》(*The Description of the World: Marco Polo*),第205页。

41. 见宋濂:《元史》,第114卷,第2871页;罗萨比:《忽必烈汗与其家中女子》,第167—172页;罗萨比:《忽必烈汗治下》,第416页。

42. 见宋濂:《元史》,第114卷,第2871页;罗萨比:《忽必烈汗治下》,第487页;罗萨比:《忽必烈汗与其家中女子》,第169页,第171—172页。

43. 见萧启庆:《元朝中期政治》("Mid-Yüan Politics"),收入福赫伯与杜希德合编:《异族政权与边疆国家》,第490—560页。

44. 见宋濂:《元史》,第114卷,第2898页;萧启庆:《元朝中期政治》,第494—495页。

45. 见宋濂:《元史》,第116卷,第2873页;萧启庆:《元朝中期政治》,第504页。

46. 见宋濂:《元史》,第116卷,第2902页;萧启庆:《元朝中期统治》,第526页,第530页,第534页。

47. 见萧启庆:《元朝中期政治》,第532页,第534页,第549页,第556—557页;[美]窦德士(John Dardess):《顺帝与元末统治》("Shun-ti and the End of Yuan Rule in China"),收入福赫伯与杜希德合编:《外族政权与边疆国家》,第561—586页;宋濂:《元史》,第114卷,第2878—2879页;福赫伯:《铁穆耳》("Temür"),收入[美]富路德(Carrington Goodrich)与房兆楹合编:《明代名人录》(*Dic-*

tionary of Ming Biography），第1291—1292页；窦德士：《征服者与儒生：元末中国的政治变化面面观》(Conquerors and Confucians: Aspects of Political Change in Late Yuan China)，第68页；引自权衡：《庚申外史》，第5a页（"伯颜数往太皇太后宫，或通宵不出"）。燕帖木儿起初支持图帖睦尔与卜答失里的幼子燕帖古思继位，但卜答失里说，儿子太小，并劝说燕帖木儿立妥欢贴睦尔为帝。妥欢贴睦尔是海山的儿子和世㻋的长子，和世㻋短暂继位，却神秘死亡。有人说妥欢贴睦尔实际上并非和世㻋的亲生儿子，而是汉人父亲与穆斯林母亲所生，并由和世㻋收养。见窦德士：《顺帝与元末统治》，第566—567页。
48. 见福赫伯：《铁穆耳》，第1291—1292页；窦德士：《顺帝与元末统治》，第579页。
49. 见宋濂：《元史》，第114卷，第2879—2880页；第114卷，第2874页。
50. 见宋濂：《元史》，第114卷，第2880—2882页。
51. 见窦德士：《顺帝与元末统治》，第581—584页

第三章　自开国之君至1505年

1. 见张廷玉（1672—1755）:《明史》，第244卷，第6330页。
2. 见牟复礼与杜希德合编：《剑桥中国史》，第7卷，第1部分，《明朝，1368—1644》(Ming Dynasty, 1368-1644)（以下简作《明朝》）；富路德与房兆楹合编：《明代名人传》；[美] 艾伦·苏丽叶（Ellen Soulliere）:《明朝宫女》（"Palace Women in the Ming Dynasty"，博士论文）在文献与信息方面为我提供了很大帮助；谢葆华：《明代的皇后：明宫廷中的礼仪与生活》（"Empress' Grove: Ritual and Life in the Ming Palace"）（以下简作《明代的皇后》），载《近代中国妇女史研究》，第11期（2003）：99—187（文献范畴类似，聚焦仪式与礼仪相关信息）。谢葆华：《晚期帝制中国的妾妇与奴仆制度》(Concubinage and Servitude in Late Imperial China)（以下简作《妾妇与奴仆制度》）；林延清：《明朝后妃与政局演变》（以下简称《明朝后妃》）。我还参

考了牟复礼：《帝制中国》，第4部分；窦德士：《明代中国，1368—1644：活力帝国简史》(*Ming China: 1368-1644: A Concise History of a Resilient Empire*)；［美］鲁大维（David M. Robinson）编：《文化、侍臣与竞争：明代官廷（1368—1644）》(*Culture, Courtiers, and Competition: The Ming Court (1368-1644)*)（以下简作《文化、侍臣与竞争》）。

3. 关于明朝的相关讨论，我将给出每位皇帝的姓名，但更常用的则是他们的年号与庙号，因为人们对这些称谓更为熟悉。朱元璋与朱棣（永乐皇帝）的姓名已为人熟知，不过假如涉及英宗，其庙号则更有帮助，因为他有两个年号；使用"武宗"这一称谓的好处在于毛奇龄在他著名的文献中如此称呼这位皇帝；可是对于神宗来说，用年号"万历"代称则更为方便，因为这个称谓广为使用。这些皇帝之后还有南明的统治者，本书未涉及。

4. 与此相反，宋朝之前的皇帝常与大臣同坐，但宋朝的皇帝便已不再这样做了，朱元璋则进一步要求大臣下跪。见牟复礼：《帝制中国》，第100—101页；［美］蓝德彰（John D. Langlois）：《洪武，1368—1398》("The Hungwu Reign, 1368-1398")，收入牟复礼与杜希德合编：《明代中国》，第107—181页。

5. 朱高炽与朱瞻基的生母都是皇后。英宗与武宗据说由皇后所生，但有证据表明并非如此。见张廷玉：《明史》，第113卷，第3503页；明太祖：《皇明祖训》，《四库全书存目丛书·史部》，第11a页，第28ab页，第29b页；朱权等：《明宫词》，第93页（有关灯笼的信息引自王誉昌：《崇祯宫词》）。

6. 读者们可以参考［美］白凯（Kathryn Bernhardt）：《中国的妇女与财产，960—1949》(*Women and Property in China, 960-1949*)；谢葆华：《妾妇与女仆制度》。

7. 不论是在皇家或是整个社会，嫡子仍享有荫封继承权。太庙位于供大众观瞻的建筑群以东。见霍姆格兰：《关于婚姻与继承习俗的观察》，第188—189页；柏文莉：《名妓、妾妇与女子忠贞之教》，第413页，第419页注10。

8. 见谢葆华：《从侍女到太后：明代官廷中的服务女性》("From Char-

woman to Empress Dowager: Serving Women in the Ming Palace"）（以下简作《从侍女到太后》），载《明代研究》(*Ming Studies*)42(2000)：26—80（品阶，称谓，参照72—73页的表格）。用"妃"称呼的女性为1a，嫔妃为2a，才人为3a，直至10a淑人。并非所有称谓都从一开始便存在或经常使用。

9. 见艾伦·苏丽叶：《明朝官女》，第235—236页，第243—245页，第246—251页，第256—257页，第257—262页；沈德符：《万历野获编补遗》，第1卷，第805—806页；谢葆华：《从侍女到太后》，第37—38页，第38—39页，第46—47页；张廷玉：《明史》，第113卷，第3503—3504页。

10. 这两个机构也有非汉族成员。通常而言，"锦衣卫监督官僚阶层，东厂则处理平民事务"；见窦德士：《明代中国》，第36页；［美］蔡石山（Henry Tsai）：《明代宦官》（*The Eunuchs in the Ming Dynasty*），第13页。

11. 女史负责记录行房事宜；见谢葆华：《从侍女到太后》，第37—38页；［美］张珠玉（Scarlett Jang）：《宦官机构司礼监与明代皇家出版事业》（"The Eunuch Agency Directorate of Ceremonial and the Ming Imperial Publishing Enterprise"）（以下简作《宦官机构司礼监》），收入鲁大维编：《文化、侍臣与竞争》，第116—185页。关于临幸对象的选择，见［英］司登得（G. Carter Stent，1833—1884）：《中国的宦官》（"Chinese Eunuchs"），载《皇家亚洲学会华北分会学报》（*Journal of the North China Branch of the Royal Asiatic Society*），新系列，第11期（1877）：第143—184页。蔡石山注意到二十世纪早期的一篇文献对选择临幸女子程序的记录是不可靠的（蔡石山：《明代宦官》，第43—44页，第52页）。于云瀚提及皇帝晚宴过后，一个盛有妃嫔姓名的银盘会被呈到他面前，见于云瀚：《阉宦》，第323—324页；谢葆华：《明代的皇后》，第148页注53；别处亦有提及，但并无具体文献。

12. 见《梼杌闲评》：第20回；刘云龙（约1595—？）：《魏忠贤小说斥奸书》，收入《明代小说辑刊第一辑》，第3册，第819—820页。该史料为沈德符：《万历野获编》，第6卷，第178—179页。亦见鲁大维：《强盗、宦官与天子：明代中期中国的反叛与暴力经济》（*Bandits,*

Eunuchs, and the Son of Heaven: Rebellion and the Economy of Violence in Mid-Ming China），第35—36页，第101—103页。

13. 见刘若愚：《酌中志》，收入《长安客话·酌中志》，第7卷，第37—42页；张廷玉：《明史》，第93卷，第7813—7815页；蔡石山：《明代宦官》，第109—112页；沈德符：《万历野获编补遗》，第3卷，第891页。
14. 见张廷玉：《明史》，第113卷，第3505—3506页。
15. 见张廷玉：《明史》，第113卷，第3507—3508页；何乔远：《名山藏列传》，第30卷，第4a页；房玄龄等：《晋书》，第31卷，第950页。
16. 共有十五位产下皇子公主的后妃身份明确，其中还有一位高丽妃子，但还有五位皇子、七位公主的生母姓名不详。见［美］邓嗣禹（Teng Ssu-yu）的文章，收入富路德与房兆楹合编：《明代名人传》，第381—392页；张廷玉：《明史》，第116卷；第120卷。郭惠妃产下第十一、十三、十九子。关于被处决与殉葬妃子的故事，见查继佐：《罪惟录列传》，收入《明代传记丛刊·85》，第59—60页。
17. 见张廷玉：《明史》，第113卷，第3509页；郭宁妃是朱元璋第十位皇子的生母。
18. 根据古代传统，一等母亲包括养母，在儿子为父亲主妻守丧的情况下，其待遇优于生母。此例中，孙贵妃享受了一等母亲的待遇，比同是贵妃的其他女性都要优厚。见夏燮（1799—1875）：《明通鉴》，第5卷，第320—321页；张廷玉：《明史》，第113卷，第3508—3509页（引文摘自《孝慈录》）。
19. 见苏丽叶：《明朝宫女》，第211—214页；张廷玉：《明史》，第113卷，第3515—3516页；谢葆华：《从侍女到太后》，第44—45页（征引高丽文献）。
20. 见张廷玉：《明史》，第113卷，第3509—3511页；仁孝文皇后徐氏：《内训》，收入王云五编：《四库全书珍本·子部》，第103册，第13卷，第21a页；［荷］伊维德与［美］管佩达（Beata Grant）合著：《彤管：帝制中国的女性书写》（*The Red Brush: Writing Women of Imperial China*），第304—319页；张珠玉：《宦官机构司礼监》，第150—155页。
21. 见何乔远：《名山藏》，第30卷，第8a页；张廷玉：《明史》，第113卷，第3511页。

22. 见王崇武:《明成祖朝鲜选妃考》,载《中央研究院历史语言研究所集刊》第4辑(1948):第165—176页;蔡石山:《永乐大帝》(*Perpetual Happiness: The Ming Emperor Yongle*),第193页;毛奇龄(1623—1716):《胜朝彤史拾遗记》,收入《四库全书存目丛书·史部》,第122册,第1卷,第12b页,第13a页。

23. 但是朱棣的确由马皇后抚养长大。见牟复礼:《帝制中国》,第617—618页(琉璃塔在报恩寺中);谢葆华:《妾妇与奴仆制度》,第285页。

24. 1395年张皇后嫁给朱高炽,并诞下三位皇子、一位公主。1404年朱高炽成为太子,共有十位皇子与七位公主,其中九位皇子、四位公主活到成年。见张廷玉:《明史》,第113卷,第3512页;富路德与房兆楹合编:《明代名人传》,第865—868页。

25. 据当时一位学者记载,由于朱高炽的一位同宗意图谋反,张皇后将夫君葬礼暂缓,隐瞒其死讯,并派人召朱瞻基进京,而朱瞻基当时距京城有一月路程;这位同宗于1426年发动叛乱;见﹝美﹞陈学霖(Hok-lam Chan):《建文、永乐、洪熙、宣德朝,1399—1435》("The Chien-wen, Yung-o, Hung-hsi, and Hsuan-te Reigns, 1399-1435"),收入牟复礼与杜希德合编:《明代中国》,第182—304页;张廷玉:《明史》,第113卷,第3512页;毛奇龄:《胜朝彤史》,第2.1b—2a页;林延清:《明朝后妃》,第107—110页。

26. 安放灵牌的仪式称为"袝庙"。宣德皇帝有两位皇子、三位公主。见张廷玉:《明史》,第113卷,第3513—3514页;何乔远:《名山藏》,第32卷,第1b页;谢葆华:《从侍女到太后》,第58页,第69页注78;林延清:《明朝后妃》,第117页。《明史·英宗本纪》及其他文献都说孙皇后是英宗生母。

27. 宣宗之后,仅有一位皇贵妃被授予金宝;见苏丽叶:《明朝官女》,第179—183页,第180—181页;谢葆华:《明代的皇后》,第120—123页,第158—159页;张廷玉:《明史》,第113卷,第3514页;徐一夔(十四世纪):《明集礼》,第19卷,第40卷,第36a页,第37a页。

28. 见谢葆华:《明代的皇后》,第128—129页,第131—132页,第159页。

29. 宣德皇帝有十位妃嫔殉葬,其他数以万计的宫女则遣散回乡,其中包括五十三名朝鲜妃子，她们也被允许归国。

30. 见何乔远：《名山藏》，第30卷，第9b页；第30卷，第10a—10b页；张廷玉：《明史》，第113卷，第3512—3513页；傅维麟（1667年去世）：《明书列传》，收入《明代传记丛刊》，第87卷，第46页。亦见林延清：《明朝后妃》，第109—110页，第112—13页；窦德士：《明代中国》，第39—40页。

31. 孙后1480年去世，享年八十五岁，她被葬于皇陵，神位入驻太庙。见窦德士：《明代中国》，第40页；张廷玉：《明史》，第113卷，第3516页；毛奇龄：《胜朝彤史》，第2卷，第10a页；林延清：《明朝后妃》，第119—120页，第121—123页。

32. 张廷玉：《明史》，第113卷，第3519—3520页；毛奇龄：《胜朝彤史》，第3卷，第3a页。汪皇后诞下两位公主。

33. 宪宗朝时，明朝四大宦官之一的汪直（1379—1462）曾烜赫一时；见张廷玉：《明史》，第113卷，第3520页；第113卷，第3521页；第119卷，第3640—3643页，第121卷，第3673页。

34. 见何乔远：《名山藏》，第30卷，第13a—15b页；张廷玉：《明史》，第113卷，第3516—3517页；林延清：《明朝后妃》，第127页。

35. 见张廷玉：《明史》，第113卷，第3517—3518页；何乔远：《名山藏》，第30卷，第15b—17a页；谢葆华：《明代的皇后》，第158—159页，第169页。

36. 关于下葬事宜，见谢葆华：《明代的皇后》，第161—162页，第168—169页，第168页注75。

37. 见马克梦：《牝鸡无晨》，第138—139页。

38. 见张廷玉：《明史》，第113卷，第3524页；第304卷，第7781—7782页；何乔远：《名山藏》，第30卷，第17b页；谢葆华：《从侍女到太后》，第51页（废黜吴皇后的官方理由是并未生育皇子）；林延清：《明朝后妃》，第146—150页，第155—157页。

39. 见张廷玉：《明史》，第113卷，第3521页；第176卷，第4685页。

40. 见张廷玉：《明史》，第113卷，第3521—3522页；夏燮：《明通鉴》，第33卷，第1258—1259页；沈德符：《万历野获编》，第3卷，第82—84页；谢葆华：《从侍女到太后》，第53页，第67页注63；林延清:《明朝后妃》,第152—155页(谢葆华与林延清的文献来源均为沈德符的记述)。

41. 见张廷玉:《明史》,第168卷,第4525页。
42. 见谈迁(1594—1658):《国榷》,第43卷,第2703页;何乔远:《名山藏》,第30卷,第18a—19a页;毛奇龄:《胜朝彤史》,第4卷,第1ab页。
43. 一些文献称其名为郑金莲,"金莲"是缠足性感女性的通称。见毛奇龄:《胜朝彤史》,第4卷,第6a—7a页;毛奇龄:《武宗外纪》,收入《明武宗外纪》,第11—12页;沈德符:《万历野获编》,第3卷,第86—87页;林延清:《明朝后妃》,第173—174页;谢葆华:《从侍女到太后》,第58页;谢葆华:《妾妇与奴仆制度》,第286—287页。

第四章 自1506至1572年的三位君主

1. 见夏燮:《明通鉴》,第47卷,第1760页;第48卷,第1790—1793页;毛奇龄:《武宗外纪》,第19页。1506年,大臣们抗议皇帝宠幸宦官,并因此受到毒打。见窦德士:《明代中国》,第46页。
2. 另外两部不可或缺的资料是[美]盖杰民(James Geiss):《正德朝,1506—1521》("The Cheng-te Reign, 1506-1521")(以下简作《正德朝》),收入牟复礼与杜希德合编:《明朝》,第403—439页;盖杰民:《正德朝的豹房》("The Leopard Quarter during the Cheng-te Reign")(以下简作《豹房》),载《明史研究》(*Ming Studies*)24(1987):第1—38页。
3. 见张廷玉:《明史》,第114卷,第3529—3530页(夏皇后);毛奇龄:《武宗外纪》,第12—13页;毛奇龄:《胜朝彤史》,第4卷,第9b页。
4. 见毛奇龄:《武宗外纪》,第22页;张廷玉:《明史》,第307卷,第7888页;夏燮:《明通鉴》,第48卷,第1784页;第48卷,第1785—1786页("终日酣酗",出自《明实录》);盖杰民:《豹房》,第5—6页,第14—15页,第18—20页,第20—21页。
5. 这一阴谋可能是捏造的。见盖杰民:《正德朝》,第412页;蔡石山:

《明代宦官》，第103—104页。

6. 见司马迁:《史记》，第95卷，第2659页；张廷玉:《明史》，第307卷，第7890—7891页。

7. 见张廷玉:《明史》，第307卷，第7886页；夏燮:《明通鉴》，第45卷，第1703页；盖杰民:《豹房》，第12页(《实录》与《明通鉴》都未提及武宗为老虎所伤时钱宁在场)。

8. 见张廷玉:《明史》，第188卷，第5000页；第304卷，第7786页。沈德符记载武宗喜好宦官，说那些年轻宦官被称为"老儿当"或"老儿"，见《万历野获编》，第1卷，第820页。亦见高岱(十六世纪中期):《鸿猷录》，第12卷，第6b—7a页；李诩(1505—1593):《戒庵老人漫笔》，第4卷，第133—134页；何良俊(1506—1573):《四友斋丛说》，第6卷，第53页，第54页，第158页。

9. 夏燮:《明通鉴》，第47卷，第1753页，第1776页；第48卷，第1813—1814页；张廷玉:《明史》，第307卷，第7887—7888页；毛奇龄:《武宗外纪》，第27页；盖杰民:《正德朝》，第433页。

10. 见毛奇龄:《武宗外纪》，第13页，第16—17页；张廷玉:《明史》，第191卷，第5072—5073页；第307卷，第7888页；毛奇龄:《胜朝彤史》，第4卷，第10a—11b页；夏燮:《明通鉴》，第46卷，第1729—1730页。一些文献还说马昂最终还是向武宗进献了一名小妾，其弟从而得以升迁(《明史》，第307卷，第7888页;《明通鉴》，第46卷，第1730页)。

11. 见张廷玉:《明史》，第307卷，第7887—7888页；夏燮:《明通鉴》，第47卷，第1781页，以《明实录》为依据；毛奇龄:《武宗外纪》，第22页；毛奇龄:《胜朝彤史》，第4卷，第11b页。她有可能既是娼妓，又是别人的妻子。

12. 这个故事是从不同的文献中拼接而成的：毛奇龄:《胜朝彤史》，第4卷，第11b—12b页；毛奇龄:《武宗外纪》，第22页，第25页；夏燮:《明通鉴》，第48卷，第1809页；盖杰民:《正德朝》，第422页，第430—432页，第435—439页。

13. 见翁山柱砥1891年小说《白牡丹》:第3回，第13页；何梦梅1842年小说《正德游江南》:第5回。

14. 见［澳］费克光（Carney Fisher）：《中选者：明世宗朝廷上的继统与继嗣之争》(*The Chosen One: Succession and Adoption in the Court of Ming Shizong*)（以下简作《中选者》）。

15. 见鲁大维：《明代宫廷与蒙元遗留问题》("The Ming Court and the Legacy of the Yuan Mongols")，收入鲁大维编：《文化、侍臣与竞争》，第365—421页；窦德士：《四季：十六世纪中国一位明朝皇帝及其大学士》(*Four Seasons: A Ming Emperor and His Grand Secretaries in Sixteenth-Century China*)（以下简作《四季》），感谢作者在其书出版之前便与我分享手稿。

16. 1530年，为了让自己作为太后的地位更加名正言顺，蒋太后颁布了《女训》，并与朱元璋马皇后的传记及朱棣徐皇后的《内训》一同传布。

17. 世宗还规定给予生母的祭祀在皇子死后应停止。见张廷玉：《明史》，第113卷，第3523—3524页；第114卷，第3528—3529页；毛奇龄：《胜朝彤史》，第3卷，第10ab页；孙承泽（1592—1676)：《春明梦余录》，第18卷，第209页；谢葆华：《明代的皇后》，第169页；费克光：《中选者》，第51—52页；林延清：《明朝后妃》，第183—186页，第191—197页。

18. 见张廷玉：《明史》，第114卷，第3530页；谢葆华：《明代的皇后》，第169页；沈德符：《万历野获编》，第3卷，第88—89页。

19. 见苏丽叶：《明朝宫女》，第179—183页；谢葆华：《明代的皇后》，第137—141页；我总结了两篇资料中关于这种礼仪的叙述；张廷玉：《明史》，第49卷，第1273—1276页。

20. 在此我要感谢窦德士在2015年4月的私人交流中让我获悉了这些信件，见其即将出版的《四季》；窦德士提醒我注意张璁（字孚敬)《谕对录》中的相关文献，见张璁：《谕对录》，第57卷，第61—62页，第88页，第180—181页。亦见苏丽叶：《明代宫女》，第167页；谢葆华：《明代的皇后》，第132—133页。

21. 见盖杰民：《嘉靖朝，1522—1566》("The Chia-ching Reign, 1522-1566")，收入牟复礼与杜希德合编：《明朝》，第440—510页；张璁：《谕对录》，第57卷，第181—182页；书中也说到世宗提及张皇后健康状况不佳，并敦请皇帝让母亲帮助寻找新女子（感谢孟繁之在这些文献上对我的帮助）；张廷玉：《明史》，第114卷，第3531—3532页。

22. 多年以前，张璁已经敦请皇帝抑制自己的怒气（他提及宫女不小心引起的一场火灾及皇帝对此的震怒）；张璁：《谕对录》，第57卷，第180—181页；窦德士：《四季》。

23. 见张廷玉：《明史》，第114卷，第3531—3532页；何乔远：《名山藏》，第30卷，第27b页；第30卷，第27ab页；毛奇龄：《胜朝彤史》，第5卷，第8ab页；沈德符：《万历野获编》，第18卷，第469—471页；林延清：《明朝后妃》，第211页，第213页。

24. 女子首次行经时的经血亦称"红铅"，人们相信红铅中所包含的阳气最盛，且只有此时如此，男子将其吸收之后将大有裨益。用这种精华制成的丹药还可能包含其他类似童子尿的成分。我曾于2015年5月至6月就此问题请教过魏立德（François Wildt）与吴存存两位教授。

25. 见沈德符：《万历野获编》，第1卷，第803—804页；第3卷，第77—78页；夏燮：《明通鉴》，第62卷，第2438页。

26. 夏燮：《明通鉴》，第64卷，第2494页，第2497页，第2502页，第2511—2512页，第2514页，第2515—2516页；第65卷，第2553页；沈德符：《万历野获编》，第21卷，第547页。

27. 1554年二月杜妃去世，朱载垕的儿子十月出生。见张廷玉：《明史》，第59卷，第1462页；第114卷，第3533—3534页；毛奇龄：《胜朝彤史》，第5卷，第12b—13b页。

28. 陈皇后葬于皇陵。见张廷玉：《明史》，第114卷，第3534页；何乔远：《名山藏》，第30卷，第31ab页；夏燮：《明通鉴》，第64卷，第2515—2516页。

第五章　明朝最后的皇帝们（1573—1644）

1. 见［美］石康（Kenneth M. Swope）：《赐予双刃剑：作为最高军事指挥的万历皇帝》（"Bestowing the Double-Edged Sword: Wanli as Su-

preme Military Commander"），收入鲁大维编：《文化、侍臣与竞争》，第61—115页。
2. 这部文献的题目意为"拨正记录"。有关其他宦官作者，见张珠玉：《宦官机构司礼监》，第158页。
3. 见陆于平（Luk Yu-ping）：《天女与观音：明代中国两位皇后仙者身份的视觉化，(1368—1644)》["Heavenly Mistress and Bodhisattva: Visualizing the Divine Identities of Two Empresses in Ming China (1368-1644)"]（以下简作《天女与观音》），收入［加］美利亚·贝莉·博斯（Melia Belli Bose）编：《亚洲的女性、性别与艺术，1600—1900》（*Women, Gender, and Art in Asia c. 1600-1900*）。在此感谢陆博士与我分享她的文章。
4. 见窦德士：《明代中国》，第53页；林延清：《明朝后妃》，第224—225页。
5. 李太后还产下一位公主。见张廷玉：《明史》，第114卷，第3535—3536页；刘若愚：《酌中志》，第5卷，第27页；夏燮：《明通鉴》，第68卷，第2671—2672页；明太祖：《皇明祖训》，第28ab页；文秉：《先拨志始》，第1卷，第1b—2a页；林延清：《明朝后妃》，第264—265页；［美］黄仁宇（Ray Huang）：《万历十五年》（*1587, A Year of No Significance: The Ming Dynasty in Decline*），第83—85页。更多有关出生及任命的细节，见李国祥与杨昶等编：《明实录类纂》，第615页。
6. 见陆于平：《图画正一道之箓牒：以〈张皇后箓牒卷轴〉(1493) 为案例》["Picturing Celestial Certificates in Zhengyi Daoism: A Case Study of the *Ordination Scroll of Empress Zhang*（1493）"]，载《道教研究学报：宗教、历史与社会》（*Daoism: Religion, History and Society*）第3期（2011）：第17—48页；陆于平：《天女与观音》；［美］韩书瑞（Susan Naquin）：《北京：寺庙与城市生活，1400—1900》（*Peking: Temples and City Life, 1400-1900*），第153—161页；［加］卜正民（Timothy Brook）：《为权力祈祷：佛教与中国晚明社会的士绅社会形成》（*Praying for Power: Buddhism and the Formation of Gentry Society in Late-Ming China*），第79页，第188—189页，第241页，第291页；张廷玉：《明史》，第114卷，第3658—3659页。
7. 1574年，万历皇帝将所有皇帝生母的神位移至奉先殿，并关闭其他前朝供奉这些神位的较小寺院；见孙承泽：《春明梦余录》，第18卷，第209—210页；谢葆华：《明代的皇后》，第158页，第169页。1602年，一位名僧向李太后献药疗其眼疾，为了回报他，李太后让皇帝赏赐他一千两白银。见刘若愚：《酌中志》，第22卷，第202页；谢葆华：《从侍女到太后》，第30—31页。

8. 见李国祥等编：《明实录类纂》，第601页，第608页，第942页；张廷玉：《明史》，第114卷，第3536页（王皇后）；刘若愚：《酌中志》，第22卷，第203页（残酷）。

9. 《明史》并未提及郑贵妃在王氏死后的所作所为。见文秉：《先拨始志》，第1卷，第1ab页；毛奇龄：《胜朝彤史》，第5卷，第20a—21b页；张廷玉：《明史》，第114卷，第3537页；[英]安·帕鲁丹（Ann Paludan）：《明代皇陵》（*The Imperial Ming Tombs*），第143—158页。

10. 见毛奇龄：《胜朝彤史》，第5卷，第21b—22a页；林延清：《明朝后妃》，第27—29页。

11. 王皇后只有一个孩子，即长公主。皇贵妃王氏产下了万历的皇长子及第四位公主（不幸死去）。郑贵妃则产下了第二、三、四位皇子，以及第二、六、七位公主，其中第二、四位皇子都去世了，公主中只有第七位活了下来，即下文将要提到的寿阳公主。另外四位有孩子的妃子中，有两位只有一个孩子，另外一位有两个，还有一位有三个，所以万历皇帝共有十八个孩子（1584年间隔不到两个月，三位女性分别产下第三、四、五位女儿）。见刘若愚：《酌中志》，第22卷，第191页，第201—202页；李国祥等编：《明实录类纂》，第615页；黄仁宇：《万历十五年》，第261页，引自《神宗实录》卷219。

12. 见沈德符：《万历野获编》，第3卷，第97—98页；刘若愚：《酌中志》，第22卷，第193页；文秉：《先拨志始》，第1卷，第1a—2a页；夏燮：《明通鉴》，第72卷，第2819页；林延清：《明朝后妃》，第246—247页。

13. 见刘若愚：《酌中志》，第22卷，第203页；苏丽叶：《明朝皇家婚礼》（"The Imperial Marriages of the Ming Dynasty"），载《远东历史文汇》（*Papers on Far Eastern History*）37（1988年3月）：第15—42页，引自谢务禄《大中国志》（*The History of the Great and Renowned*

Monarchy of China），第120—121页，原文为意大利语。

14. 见沈德符：《万历野获编》，第5卷，第133—134页；刘若愚：《酌中志》，第22卷，第203页（另一个版本说驸马与公主争吵之后离开皇宫）。

15. 万历皇帝曾将吕坤的书赐予郑贵妃一份，而她再印时改书名为《闺范图说》。见刘若愚：《酌中志》，第1卷，第3—4页，引自郑贵妃的序；林延清：《明朝后妃》，第248—249页。

16. 见夏燮：《明通鉴》，第75卷，第2909—2910页；张廷玉：《明史》，第114卷，第3537—3539页；林延清：《明朝后妃》，第254—257页。

17. 本节及关于魏忠贤的材料，来自我的一篇已经发表的论文；见马克梦：《雄壮的宦官：魏忠贤故事探微》("The Potent Eunuch: The Story of Wei Zhongxian")（以下简作《雄壮的宦官》），载《中国文学与文化》(Journal of Chinese Literature and Culture) 1.1—2(2014)：第1—28页。

18. 沈德符：《万历野获编》，第21卷，第548页；刘若愚：《酌中志》，第22卷，第197页。

19. 见班固：《汉书》，第97卷下，第3990页，第3992页。

20. 见沈德符：《万历野获编》，第6卷，第158—159页，第176—178页；刘若愚：《酌中志》，第16卷，第130页；第22卷，第203页；谢葆华：《从侍女到太后》，第38页，第43页。

21. 见何梦梅：《白牡丹》，第5回，第191页；沈德符：《万历野获编》，第6卷，第158页；方汝浩：《禅真后史》，第37回，第280页；曹去晶：《姑妄言》(1730年序)，第8回。

22. 这两位皇子是七位之中唯二存活的；九位公主中，有三位存活了下来。

23. 朱常洛的第一位妻子1613年去世，她被追封为郭皇后。第一位妃子姓王，她产下朱由校和另一位皇子，但后者四岁时不幸夭折。王妃1619年去世，被追封为太后。下文将讨论另一位诞下皇子的妃子。

24. 最终，朱由校还是保证了她的福利，并于1624年封她为康妃。见张廷玉：《明史》，第244卷，第6330页；第114卷，第3541页。

25. 有关魏忠贤与客氏统治的详细研究，见窦德士：《血与史：东林党人及对其的压迫，1620—1627》(Blood and History in China: The Don-

glin Faction and Its Repression, 1620–1627》)。

26. 刘若愚:《酌中志》,第23卷,第208—210页。
27. 这两位宦官中,客氏原先的对食伴侣叫魏朝,他在另一位有权有势的宦官王安(1621年去世)手下办事。王安在朱常洛在位时便已权势煊赫。见张廷玉:《明史》,第305卷,第7816页。
28. 关于魏忠贤更为翔实的讨论,可见马克梦:《雄壮的宦官》。见刘若愚:《酌中志》,第8卷,第44页;第10卷,第52—53页;第14卷,第68—70页,第72页;张廷玉:《明史》,第114卷,第3543页;第305卷,第7816页,第7818页;毛奇龄:《胜朝彤史》,第6卷,第12a页。另一则轶事则说皇帝喝醉了,船翻时失足落入水中;见宋起凤(清代前期):《稗说》,收入《明史资料丛刊》,第2册,第61页;此书为清代前期对晚明轶事的搜集。
29. 见沈榜(晚明):《宛署杂记》,第9卷,第83—84页,此书有关明代北京;刘若愚:《酌中志》,第16卷,第98页;谢葆华:《从侍女到太后》,第29—32页。
30. 见刘若愚:《酌中志》,第14卷,第75—76页;第16卷,第124—125页;窦德士:《血与史》,第41—43页。
31. 这些数字有可能不可靠,尤其是最后成为妃嫔的"五十名"女子数量太多,难以采信。见张廷玉:《明史》,第114卷,第3536页;纪昀:《明懿安皇后外传》(1780年序),收入《丛书集成第三辑》,第86册,第2b—3b页;刘若愚:《酌中志》,第8卷,第44页。我的信息与文献大部分来自苏丽叶:《明代宫女》,第275—279页;亦见谢葆华:《明代的皇后》,第109—110页,第114—120页。
32. 见张廷玉:《明史》,第114卷,第3542—3543页。纪昀以曾在张皇后父亲手下工作的官员张国纪及两位明朝宫廷宦官的叙述为基础,写成该传记。其中一部分与其他文献重叠,包括刘若愚的《酌中志》。见纪昀:《明懿安皇后外传》,第1b—2a页,第6b—7a页;刘若愚:《酌中志》,第8卷,第44页;毛奇龄:《胜朝彤史》,第6卷,第10b页。
33. 见张廷玉:《明史》,第114卷,第3542页;纪昀:《明懿安皇后外传》,第4a—5b页,第6ab页,第7b—8a页;刘若愚:《酌中志》,第8卷,第44页;毛奇龄:《胜朝彤史》,第6卷,第10b页。

34. 见纪昀:《明懿安皇后外传》,第9b页;李逊之(1618—1672年之后):《三朝野纪》,收入《明清史料汇编·三集》,第425—426页(第3卷,第61ab页;本书有1671年序,主要记述了明朝最后三任皇帝治下的政治事件);林延清:《明朝后妃》,第282—288页。

35. 这位明朝宦官名为曹化淳(1568—1662),他劝说皇帝建造皇陵。他的另一个著名事迹则是为李自成打开北京城门。见纪昀:《明懿安皇后外传》,第11ab页,第12a—13a页,第13a—14a页;[美]谢正光(Andrew Hsieh):《新君旧主与遗臣——读木陈道忞〈北游记〉》,载《哲学与思想》3(2003):第186—203页。

36. 有关魏忠贤故事更为详细的介绍,见马克梦:《雄壮的宦官》。

37. 刘若愚写道,有人曾试图将魏忠贤饿死,一名和尚则放走了魏忠贤(《酌中志》,第14卷,第68—69页)。

38. 见长安道人:《警世阴阳梦》;匿名:《梼杌闲评》,近来学者们认为作者为李清(1602—1683)。见[美]李友仁(Paul Vierthaler):《准历史与公众知识:晚明清初野史叙述的社会史》(耶鲁大学2014年博士论文);该文对有关魏忠贤的文学、历史资料做了更为详尽的研究。在此,我感谢作者与我分享他的作品。

39. 见刘若愚:《酌中志》,第15卷,第79页;《梼杌闲评》,第23回,第277页;第38回,第432页。

40. 见长安道人:《警世阴阳梦》,第7回,第35—36页;《梼杌闲评》:第8回,第220—222页;刘云龙(约1595—?),托名"吴越草莽臣":《魏忠贤小说斥奸书》,收入《明代小说辑刊·第一辑》,第747—866页;第2回,第816—817页。

41. 见宋起凤:《稗说》,第59页,第61页,书中讲到魏忠贤向皇帝进献春药,不久皇帝便驾崩了。

42. 见张廷玉:《明史》,第114卷,第3540页;第52卷,第1333页。但这与孙承泽《春明梦余录》中的记载矛盾;见孙承泽:《春明梦余录》,第18卷,第210页。书中说刘淑女的神位并未移入奉先殿。如上文所说,1536年,世宗将两位并非皇后的皇帝生母及一名并非皇后的祖母神位移入奉先殿,她们是宪宗之母周氏、孝宗之母纪氏、世宗祖母邵氏。万历皇帝给予了另外两位女性的神位相同的待遇，即其祖母，亦即隆庆帝生母杜氏、世宗第三位皇后方氏（一位继母）。

43. 这一故事的文献来源如下：张廷玉：《明史》，第114卷，第3543—3545页；毛奇龄：《胜朝彤史》，第6卷，第12a—13b页；李清（1602—1683）：《三垣笔记》，收入李肇翔编：《四库禁书》，第3册，第2307页；叶君远：《吴梅村诗选》，第31—33页（引用吴伟业关于明末的历史轶事《绥寇纪略》）。亦见［美］李惠仪（Li Wai-yee）：《吴伟业诗歌中的历史与记忆》（"History and Memory in Wu Weiye's Poetry"）（以下简作《历史与记忆》），收入［荷］伊维德，李惠仪与［美］魏爱莲（Ellen Widmer）合编：《清初文学中的创伤与超越》（*Trauma and Transcendence in Early Qing Literature*），第99—148页。

44. 据说田妃用宫女而不用宦官来搬椅子。见张廷玉：《明史》，第114卷，第3543—3545页；毛奇龄：《胜朝彤史》，第6卷，第14ab页。

45. 这一故事的文献来源有：叶君远：《吴梅村诗选》，第25—39页；亦见张廷玉：《明史》，第120卷，第3658—3659页；朱权等：《明宫词》，第80页，第84页，第86页，第89页，第92页，第93—94页，第99页。信息均出于王誉昌：《崇祯宫词》；李惠仪：《历史与记忆》，第112—115页。

46. 见张廷玉：《明史》，第114卷，第3544—3545页；第121卷，第3677—3678页；毛奇龄：《胜朝彤史》，第6卷，第15b—16a页；夏燮：《明通鉴》，第90卷，第3474页。

47. 关于中国皇帝的角色，见［荷］艾伦·薇茵格（Ellen Uitzinger），《中国的皇权》（"Emperorship in China"），收入《紫禁城：中华帝国（1644—1911）的宫廷文化》[*De Verboden Stad/The Forbidden City: Court Culture of the Chinese Empires（1644-1911）*]，第71—91页；文中还讲到皇帝的另一角色则是最杰出的文人。

48. 这六位皇帝是宣德、景泰、成化（宪宗）、嘉靖（世宗废黜了两位皇后）、隆庆（他将皇后送走，但没有正式废黜；见张廷玉：《明史》，第114卷，第3534页），以及万历（没能成功）。未能产下皇子并非宪宗与世宗废黜皇后的唯一理由。武宗并没有废后，只是不再见她，他最终也没有子嗣。

49. 见苏丽叶:《明代宫女》,第384页。
50. 另外三位皇帝包括孝宗、世宗和神宗(万历皇帝)。崇祯皇帝本有可能加入这一行列,但是他所面临的问题貌似被轻易解决了。
51. 见牟复礼:《帝制中国》,第590—591页(也提到了奉先殿及对于皇室成员的特殊规定)。
52. 这五位皇帝是朱祁镇/英宗(据传),朱祐樘/孝宗,朱厚照/武宗(据传),朱翊钧/万历,朱常洛/泰昌。
53. 这句话出自《公羊传·隐公元年》。
54. 英宗实际上由妃子所生,后来被皇后养大(如果我们相信孙妃是其生母)。其他所有皇帝都是妃嫔或宫女所生,还有两位(建文帝与嘉靖皇帝)的生母夫君本非皇帝。朱棣是一名未知妃子的儿子。建文帝是朱元璋原太子的儿子,但那位太子不幸去世。景泰皇帝(代宗)是宣德皇帝妃子所生,本不应成为皇帝。宪宗则是英宗妃子产下的。孝宗为宫女所生。隆庆皇帝是世宗妃子的儿子。万历皇帝为宫女所生,泰昌皇帝亦是如此。天启皇帝为泰昌皇帝妃子所生,而崇祯皇帝则由另一位妃子产下。
55. 见苏丽叶:《明代宫女》,第242页;苏丽叶:《明朝灭亡时的皇室女性:1573—1644》("Women in the Imperial Household at the Close of China's Ming Dynasty: 1573-1644"),载《亚太视角》(*Asia Pacific Perspectives*) 12.1 (2013—2014年秋冬):第35页,第133—160页;谢葆华:《明代的皇后》,第172页。

第六章　清朝建立(1636—1722)

1. 见赵尔巽:《清史稿》;张尔田:《清列朝后妃传稿》;唐邦治(1875—1953)编:《清皇室四谱》,收入沈云龙编:《近代中国史料丛刊》,第71册,1923年所编玉牒;《清宫遗闻》,收入小横香室主人:《清朝野史大观》,第1册。英文文献包括[美]恒慕义(Arthur Hummel)编:《清代名人传略》(*Eminent Chinese of the Ch'ing Period*);[美]罗友枝(Evelyn Rawski)的力作:《清代宫廷社会史》(*The Last Em-*

perors: A Social History of Qing Imperial Institutions），第四章（皇家女性）尤为重要；[美]毕德胜（Willard Peterson）编：《剑桥中国史》第9册，第1部分，《1800年以前的清帝国》（The Ch'ing Empire to 1800）（以下简作《清帝国》）；[美]何翠梅（Chuimei Ho）与[美]谢里·A. 琼斯（Cheri A. Jones）合编：《丹佛自然历史博物馆会议记录》（Proceedings of the Denver Museum of Natural History）3.15（1998年11月）特刊，《清代中国皇家宫廷生活》（"Life in the Imperial Court of Qing Dynasty China"）（以下简作《皇家宫廷生活》），第1—134页。其他文献将于下文列明。

2. 见罗友枝：《清代宫廷社会史》，第39—41页，第61—63页；[美]盖博坚（R. Kent Guy）：《谁是满人？书评文章》（"Who Were the Manchus? A Review Essay"），载《亚洲研究期刊》61.1（2002年2月）：第151—164页。

3. 与此相关，清朝限制皇族子弟的继承权，从而解决了明朝遇到的皇族成员数量倍增对财政形成的巨大压力。见罗友枝：《清代宫廷社会史》，第93—95页，第96—126页。

4. 截至乾隆朝，如果没有生子，侧福晋与小妾几乎没有区别。乾隆帝规定，亲王与其他贵族的侧福晋数量从一名到四名不等，妾妇的数量则不受限制。见定宜庄：《满族的妇女生活与婚姻制度研究》（《满族的妇女生活》），第65—66页，第70—71页，第82—101页。

5. 女真人也同样有为新娘出价的习俗。关于满人娶妻的信息，见罗友枝：《清朝皇家婚姻与统治问题》（"Ch'ing Imperial Marriage and Problems of Ruleship"）（以下简作《清朝皇家婚姻》），收入[美]华若璧（Rubie S. Watson）与伊佩霞合编：《中国社会的婚姻与不平等》（Marriage and Inequality in Chinese Society），第170—203页；罗友枝：《清代宫廷社会史》，第129页，第133页，第146—149页，第156页；定宜庄：《满族的妇女生活》。

6. 王佩环：《清宫后妃》，第46—48页。

7. 康熙朝及之后出现的妃嫔等级包括：一名皇贵妃，两名贵妃，四名妃，六名嫔。此四类组成高等级妃子。随后则有贵人、常在、答应、庶妃，每一等级并无固定人数。除了皇贵妃、贵妃、妃，"淑妃"这一等级在清朝初期也曾出现。侧妃于康熙朝之前出现过，之后便不再出现。见唐邦治：《清皇室四谱》；赵尔巽：《清史稿》，第214卷，第8897页；王佩环：《清宫后妃》，第90—99页；北京故宫博物院。

8. 见罗友枝：《清代宫廷社会史》，第132页，第140—142页。

9. 关于包衣与宦官，见罗友枝：《清代宫廷社会史》，第5章；[美]陶博（Preston Torbert）：《康雍乾内务府考：关于其组织与主要职能的研究，1662—1796》（*The Ch'ing Imperial Household Department: A Study of Its Organization and Principal Functions, 1662-1796*）（以下简作《康雍乾内务府考》），第1—80页；[美]柯启玄（Norman A. Kutcher）：《未言的密谋：清朝圆明园宦官征召研究》（"Unspoken Collusions: The Employment of Yuanming Yuan Eunuchs in the Qianlong Period"）（以下简作《未言的密谋》），载《哈佛亚洲研究杂志》（*Harvard Journal of Asiatic Studies*）70.2（2010）：第449—495页；[美]肖恩·伊丽莎白·马蒙（Shaun Elizabeth Marmon）：《伊斯兰社会的宦官与神圣边界》（*Eunuchs and Sacred Boundaries in Islamic Society*）。

10. 这位福晋被追封为皇后。见赵尔巽：《清史稿》，第214卷，第8900页；第217卷，第9000页；王佩环：《清宫后妃》，第167—184页。第三位福晋名叫孟古姐姐。努尔哈赤共有十七位妻子，二十四个孩子。

11. 有人称是其他人而非努尔哈赤想置阿巴亥于死地；《清实录》说她善妒，但《清实录》曾有修改，所以并完全不可信。见赵尔巽：《清史稿》，第214卷，第8900页（阿巴亥后来称作"大妃"）；张尔田：《清列朝后妃传稿》，第1卷，第16b页；中国第一历史档案馆：《满文老档》，第14卷，第134—137页；恒慕义：《清代名人传略》，第302—304页，第594—599页。据《满文老档》（有关满洲十七世纪前半的编年体史书）记载，努尔哈赤想将自己的福晋处死，但由于她的孩子尚幼，努尔哈赤最终饶恕了她，只是与她分居。也有人相信是衮代而非阿巴亥与代善有染。亦见沈阳故宫博物院：《盛京皇宫》，第159—164页；[美]陆西华（Gertraude Roth Li）：《1644年前的清朝立国》（"State Building before 1644"），收入毕德胜编：《清帝国》，第9—72页。

12. 见王佩环：《清宫后妃》，第19—23页（引自《清实录》及其他满语资料）。

13. 她葬于北京附近的东陵。见［美］M. 让·盖茨（M. Jean Gates）与房兆楹：《孝庄文皇后》（"Hsiao-chuang Wen Huang-hou"），收入《清代名人传略》，第300—301页；铁玉钦：《沈阳故宫轶闻》，第123—129页；吕思勉：《史学四种》，第61页（感谢孟繁之教授提醒我注意这则文献）；赵尔巽：《清史稿》，第238卷，第9496—9497页（吕思勉先祖吕宫的传记，吕宫痛斥"人道俱绝"后辞官，吕思勉猜测先祖之所以这么说是要让太后打消念头）。

14. 见沈阳故宫博物院：《盛京皇宫》，第70—80页；王佩环：《清宫后妃》，第185—196页；张尔田：《清列朝后妃传稿》，第1卷，第43a页，第44a页；赵尔巽：《清史稿》，第214卷，第8904页。

15. 顺治帝有八位皇子、六位公主，其中只有四位皇子与一位公主活到成婚的年龄。见赵尔巽：《清史稿》，第214卷，第8905—8907页，第8908—8909页；王佩环：《清宫后妃》，第218—237页；M. 让·盖茨：《董鄂妃》，收入《清代名人传略》，第301—302页；《清代名人传略》，第255—259页。吴伟业的诗题为《清凉山赞佛诗》。

16. 关于继承人的筛选，见［美］吴秀良（Silas H. L. Wu）：《康熙储位斗争纪实》（*Passage to Power: K'ang-hsi and His Heir Apparent, 1661-1722*）。

17. 见赵尔巽：《清史稿》，第214卷，第8902—8903页。另一名女性长辈是其父的第二位皇后，即孝惠太后。1717年孝惠太后去世，享年七十七岁，康熙帝同样在其身边照顾。其他女性长辈还包括儿时照顾他的保姆；见吴秀良：《康熙储位斗争纪实》，第17页。

18. 有关康熙帝的兴趣及活动，见［美］史景迁（Jonathan Spence）：《康熙：重构一位中国皇帝的内心世界》（*Emperor of China: Self-Portrait of K'ang-Hsi*）（以下简作《康熙》）。

19. 孝昭皇后起初是"妃"，1677年被封为皇后，1678年去世，年仅二十岁，且并无生育。孝懿皇后（康熙帝母舅之女）1677年时为贵妃，1683年产下一女，但这位公主不幸夭折。1672年产下皇子的是惠妃。见赵尔巽：《清史稿》，第214卷，第8910—8911页；张尔田：《清列朝后妃传稿》，第1卷，第86b页；徐广源：《溯影追踪：皇陵旧照里的清史》，第152页；罗友枝：《清代宫廷社会史》，第137页。

20. 见康熙帝：《圣祖仁皇帝庭训格言》，收入王云五编：《四库全书珍本·八集》，第132册；《论语》，第16节，第13则。《庭训格言》中有提及《论语》的相关章节。见［美］梅欧金（Eugenio Menegon）：《康熙帝与徐日升的胡子:〈庭训格言〉中汉语、满语及其他三种欧洲语言的记述》（"Kangxi and Tomás Pereira's Beard: An Account from *Sublime Familiar Instructions*, in Chinese and Manchu with Three European Versions"），载《中国评论周报》（*China Heritage Quarterly*）25（2011年3月）：第1—8页。

21. 汉族男孩六岁开始接受教育，而满人直到康熙帝治下才采用这一制度，在宫中为皇子、皇孙、皇侄设立学堂。皇子、皇孙十四五岁时，皇帝为他们拣选妻子。新皇帝即位后，他已婚的兄弟必须搬出皇宫。见罗友枝：《清代宫廷社会史》，第117—120页；史景迁：《康熙》，第119—139页，尤其注意第119—122页、第124—125页。

22. 见史景迁：《康熙》，第45—46页；柯启玄：《未言的密谋》，第458页注26，第469页注55。

23. 见史景迁：《康熙》，第129页。

24. 见《论语》，第10章，第24则，"车中不内顾"。

25. 见罗友枝：《皇家葬礼：明清帝王及丧葬礼仪》（"The Imperial Way of Death: Ming and Ch'ing Emperors and Death Ritual"）（以下简作《皇家葬礼》），收入［美］华琛（James Watson）与罗友枝合编：《晚期帝制中国与现代中国的丧葬礼仪》，第228—253页，尤见第248—249页。

26. 见唐邦治：《清皇室四谱》，第10b—16b页；吴秀良：《康熙储位斗争纪实》，第113—114页。

27. 孝懿皇后的妹妹佟佳氏是贵妃，1743年七十六岁时去世，并无生育。她于康熙帝死后被尊为皇贵妃。孝昭皇后钮祜禄氏没有生育，她的妹妹1681年被册封贵妃，1683年生下皇十子胤䄉，1685年产下一女，但未满一岁便夭折。孝诚皇后赫舍里氏的妹妹1691年产下一子，但她于1696年去世，死后被追封为平妃。郭络罗氏姐妹中较长者为宣妃，1685年她产下第三个孩子，1733年去世，她所生的三个孩子都是皇子，前两位存活了下来。她的妹妹被封为贵人，产下一女，并存活了下来，但产下的皇子却不幸夭折。郭络罗氏姊妹中的妹妹去世日期不详。见张尔田：《清列朝后妃传稿》，第1卷，第101ab页；唐邦治：《清皇室四谱》，第13b页。

28. 雍正帝将王氏升为妃，她的三个儿子都夭折了。见吴秀良：《康熙储位斗争纪实》，第114—115页；张尔田：《清列朝后妃传稿》，第1卷，第99ab页；唐邦治：《清皇室四谱》，第13a页。

29. 定妃活到九十七岁，是康熙妃子中寿命最长的，她产下了康熙帝的皇十二子胤祹。见吴秀良：《康熙储位斗争纪实》，第114页。

30. 据慈禧太后的一位侍女说，宫中女性采用一种缠足方式使得脚部变平，脚趾紧紧并拢一起，没有脚趾（尤其是第二个脚趾）能够比其他的突出，不过这一缠足习俗的起源及影响程度则并不清楚。见吴秀良：《康熙储位斗争纪实》，第115—116页；康熙帝：《圣祖仁皇帝庭训格言》，第49b—50a页；［荷］艾伦·薇清格（Ellen Uitzinger）：《宫廷女性的鞋子》（"Court Lady's Shoes"），收入《紫禁城》，第211—212页；金易与沈义羚合著：《宫女谈往录》，第124页。

31. 她们的名字在玉牒中并未出现。在其他我参考过的谱系中，徐常在亦未出现。见史景迁：《康熙》，第157—162页；信件原件见《掌故丛编》，收入《中国少数民族古籍集成》，第17册，第2a，3b，4a页。

32. 见唐邦治：《清皇室四谱》，第2卷，第14a页；《清宫遗闻》：第1卷，第12—13页。

33. 见罗友枝：《清代宫廷社会史》，第281页，第288页，第290—293页；吴秀良：《康熙储位斗争纪实》，第124页；徐广源：《溯影追踪》，第163—164页。章佳氏有两位女儿。

第七章　从雍正到咸丰（1722—1861）

1. 见徐广源：《溯影追踪》，第153页；下文将讨论其他相关轶事。

2. 见《清宫遗闻》，第1卷，第21—22页，第31—32页；更多信息见吴秀良：《康熙储位斗争纪实》。

3. 见［美］曾小萍（Madeleine Zelin）：《雍正朝》（"The Yung-zheng Reign"），

收入毕德胜编:《清帝国》,第183—229页。

4. 见徐广源:《溯影追踪》,第400—401页。成为太后之前,她的头衔是熹贵妃。

5. 雍正帝其他妃子中有两位各有四个孩子。一位是下面将要提到的敦肃皇贵妃年氏(1725年去世),另一位是后来晋升为齐妃的李氏,1739年去世。见张尔田:《清列朝后妃传稿》,第107b—108a页;王佩环:《清宫后妃》,第238—242页;《清宫遗闻》,第1卷,第36页。

6. 2011年中国电视连续剧《甄嬛传》对雍正帝的死做了很大改动,名为甄嬛的妃子与另一位妃子联手将皇帝毒死,并在其驾崩前一刻告诉他,自己生育的双胞胎的生父是皇帝的异母兄弟。

7. 见《清宫遗闻》,第1卷,第30—31页;[瑞士]安如峦(Roland Altenburger):《剑或针:中国古典小说中的女侠》(The Sword or the Needle: The Female Knight-Errant (Xia) in Traditional Chinese Narrative)(以下简作《剑或针》),第287—320页;杨乃济:《雍正帝死于丹药中毒说旁证》,收入其《紫禁城行走漫笔》,第141—155页。在此感谢孟繁之教授为我提供关于道教丹药的材料。

8. 在电视连续剧《甄嬛传》中,甄嬛在雍正帝发现年羹尧密谋叛乱后趁机整垮了年氏。年妃亦称敦肃皇贵妃,生于1715年;见罗友枝:《清代宫廷社会史》,第292页;唐邦治:《清皇室四谱》,第2卷,第18a页。

9. 见《蒋友仁书信》("Lettre de Père Benoit"),收入[法]M. L. 艾姆(M. L. Aimé)编:《关于亚洲、非洲与美洲的说明性与探奇性信函》(Lettres édifiantes et curieuses concernant l'Afrique et l'Amérique),第210页(法国传教士蒋友仁,1715—1774)。

10. 见[美]亚历山大·伍德赛德(Alexander Woodside):《乾隆朝》("The Ch'ien—lung Reign"),收入毕德胜:《清帝国》,第230—309页;[美]康无为(Harold Kahn):《帝王眼中的君主统治:乾隆朝的印象与实际》(Monarchy in the Emperor's Eyes: Image and Reality in the Ch'ien–lung Reign)(以下简作《帝王眼中的君主统治》);[美]欧立德(Mark C. Elliott):《乾隆帝:天子,世人》(Emperor Qianlong: Son of Heaven, Man of the World)(以下简作《乾隆帝》)。

11. 见《清宫遗闻》，第1卷，第43页（"汝若为皇子"，此叙述未必可靠）；欧立德：《乾隆帝》，第39—40页，第47—48页。
12. 见罗友枝：《皇家葬礼》，第245—246页；罗友枝：《清代宫廷社会史》，第273页；欧立德：《乾隆帝》，第36—39页；《清宫遗闻》，第1卷，第48页。
13. 1731年，孝贤皇后产下皇三女固伦和敬公主，这位公主也是她唯一活到成年的孩子。见赵尔巽：《清史稿》，第214卷，第8916—8917页；王佩环：《清宫后妃》，第251—260页；《清宫遗闻》：第1卷，第42页；欧立德：《乾隆帝》，第41—44页。
14. 另一个版本的故事则讲到乾隆帝请名妓上船后，皇后上书批评皇帝。见赵尔巽：《清史稿》，第214卷，第8917—8918页；王佩环：《清宫后妃》，第261—269页；《清宫遗闻》，第1卷，第42—43页；徐广源：《溯影追踪》，第215页；欧立德：《乾隆帝》，第44—46页。
15. 1795年魏佳氏死后被追封为孝仪皇后，其子亦于该年正式成为太子。1731年富察氏生下皇次女，但降生后便夭亡了。高氏死后被追封为慧贤皇贵妃，嘉庆时诏命将其姓"高氏"改为"高佳氏"。淑嘉皇贵妃生育皇子集中于1739年至1752年（皇四子永珹、皇八子永璇、皇九子、皇十一子永瑆），其中皇九子夭折。其他后妃中，纯惠皇贵妃生育三个孩子，忻贵妃戴佳氏生育两人，三位嫔妃各产下一人，其余后妃则没有生育。见赵尔巽：《清史稿》，第214卷，第8918页；张尔田：《清列朝后妃传稿》，第2卷，第18b—23b页（第284—294页）。
16. 下葬顺序以1752年去世的孝贤皇后为首，接下来为富察氏与高氏两位皇贵妃。之后为1757年下葬的来自朝鲜的淑嘉皇贵妃，最后是1775年去世的魏佳氏。见徐广源：《溯影追踪》，第193—196页。
17. 见唐邦治：《清皇室四谱》，第2卷，第23b—24a页。
18. ［美］何翠梅：《十八世纪一位皇帝的饮馔：乾隆帝及其侍从》（"Food for an 18th-Century Emperor: Qianlong and His Entourage"），收入何翠梅与谢里·A.琼斯合编：《皇家宫廷生活》，第73—93页。
19. 见王佩环：《清宫后妃》，第270—291页；［美］米华健（James Millward）：《乾隆帝宫廷中的一名维吾尔族穆斯林：香妃的意义》（"A Uyghur Muslim in Qianlong's Court: The Meanings of the Fragrant

Concubine"），载《亚洲研究期刊》53.2(1994年5月)：第427—458页。

20. 见［美］杰安迪（Andrew Jacobs）:《中国的社会和谐传言》（"In China, Myths of Social Cohesion"），载《纽约时报》（*New York Times*），2014年8月18日。在此感谢兰迪·哈克（Randi Hacker）提醒我注意这篇文章。

21. 见袁枚:《随园诗话》，第867—868页；康有为:《帝王眼中的君主统治》，第255页，第55—56页（转生的故事，引自《清宫历史演义》第9回）；欧立德:《乾隆帝》，第154—157页；《清宫遗闻》：第1卷，第45—46页。关于和珅与一名伶人的情事，见张次溪:《清代燕都梨园史料》，第251页。

22. 1774年嘉庆帝与喜塔腊氏成婚，她在十八世纪八十年代产下三个孩子。第二位皇后钮祜禄氏在1793年至1805年也产下三个孩子，直到道光帝统治末期才去世，1853年葬于嘉庆帝皇陵西侧的一座陵墓。另一位妃子如妃亦姓钮祜禄氏（1787—1860），1810年嘉庆帝掌权伊始进宫，1805年至1814年产下三个孩子，直至1860年才去世，是嘉庆帝后妃中寿命最长的。其他后妃在1779年（嘉庆帝皇长子降生，但后来夭折）及1789年间产下孩子，这都在颙琰成为皇帝之前。见张尔田:《清列朝后妃传稿》，第2卷，第34a页；罗友枝:《清代宫廷社会史》，第20—21页；徐广源:《溯影追踪》，第438—439页。

23. 康有为:《帝王眼中的君主统治》，第59页（引自《清宫历史演义》，第9回）。这部电视剧名为《金枝欲孽》，其中的情节还包括安嫔发现皇后杀害其祖母后进行复仇；一场直捣皇宫的叛乱中，那名御医试图与华嫔一同逃走，但后者拒绝离开，最终皇后将二人杀害。1813年真的有一场暴乱侵入皇宫，未来的道光帝还杀死了两名反贼。

24. 一位被降级的妃嫔在道光帝在位时便去世了。另有四位妃嫔1874年在慈禧、慈安太后的要求下得以晋升。被降级的妃嫔包括1840年至1844年生下三个女儿的彤贵妃（1877年去世）；1825年至1831年产下两位公主、一位皇子的祥妃（1861年去世）。祥妃的父亲犯有贪污罪，尽管文献并未给出她降级的原因。见于善浦:《道光后妃怨女多》，载《紫禁城》，第1期（1994）：第18—21页。

25. 道光帝的发妻1827年葬于皇陵，但由于皇陵有所损坏，道光帝下令建造新的陵墓，1835年将妻子葬于新陵。第二位孝慎皇后佟佳氏（1792—1833）1813年生下皇长女。第三位孝全皇后钮祜禄氏（1808—1840）除了生育了继承人，还有两位公主，并在1834年被册封为皇后。博尔济吉特氏有两位皇子、一位公主。其他妃嫔，例如和妃纳喇氏（1836年去世）1808年时第一次产下皇长子（1831年去世），庄顺皇贵妃乌雅氏（1822—1866）1840年至1845年产下三位皇子、一位公主。除了孝慎皇后的一个孩子以及孝全皇后的三个孩子，其他孩子都是妃嫔所生。见罗友枝：《清代官廷社会史》，第138页；徐广源：《溯影追踪》，第456—461页，第465页。

26. 咸丰帝的发妻在他继位前一年去世，亦是1865年与他一同葬于皇陵的唯一后妃。见罗友枝：《清代官廷社会史》，第192页。

第八章　慈禧太后（1835—1908）

1. 见［美］柯娇燕（Pamela Crossley）：《摇摆不定的中心——1800年后的中国：一部阐释史》（*The Wobbling Pivot, China since 1800: An Interpretive History*），第89页，第93页，第107页，第118—119页，第142页；柯娇燕：《马蜂窝之内》（"In the Hornet's Nest"），张戎（Jung Chang）《慈禧太后：启动现代中国的皇妃》（*Empress Dowager Cixi: The Concubine Who Launched Modern China*）（以下简作《慈禧太后》）书评，载《伦敦书评》（*London Review of Books*），2014年4月17日，第9—10页。
2. 关于这一转折的精彩总结，见［美］沙培德（Peter Zarrow）：《帝国之后：中国国家概念的转变，1885—1924》（*After Empire: The Conceptual Transformation of the Chinese State, 1885-1924*）。
3. 见［英］濮兰德（John Bland）与［英］贝克豪（Edmund Backhouse）合著：《太后治下的中国》（*China under the Empress Dowager: Being the History of the Life and Time of Tz'u Hsi, Compiled from State Papers and the Private Diary of the Comptroller of Her Household*）；［美］凯瑟琳·卡尔（Katherine Carl）：《美国女画师的清宫回忆》；［美］萨

拉·康格（Sarah Pike Conger）：《北京信札：尤与太后及中国女性相关》（以下简作《北京信札》）；德龄：《清宫二年记》；何荣儿的回忆录见金易与沈义羚合编：《宫女谈往录》，该部分还有简缩法文译本，见董强：*Mémoires d'une Dame de Cour dans la Cité Interdite*。其他文献包括俞炳坤等著：《西太后》；王佩环：《清宫后妃》，第292—329页；［美］斯特林·西格雷夫（Sterling Seagrave）：《龙夫人：中国末代太后的传奇人生》（*Dragon Lady: The Life and Legend of the Last Empress of China*）（以下简作《龙夫人》），本书虽然未运用中文或满文资料，但征引的文档资料亦颇丰富；［美］李雨航与［荷］宋汉理（Harriet Zurndorfer）合编：《通过艺术品生产重新思考慈禧太后》（"Rethinking Empress Dowager Cixi through the Production of Art"），载《男女》14.1（2012）：第1—20页，该文总结了过去以及近来关于慈禧太后的观点，且征引宏富（亦见此关于慈禧太后专刊中的其他文章）；张戎：《慈禧：开启现代中国的皇太后》。

4. 见［法］巴斯蒂（Marianne Bastid）：《清末对皇族权威的官方理解》（"Official Conceptions of Imperial Authority at the End of the Qing Dynasty"），收入［美］S. R. 施拉姆（S. R. Schram）编：《中国国家权力的基础与限制》（*Foundations and Limits of State Power in China*），第147—185页。

5. 这部选集名为《治平宝鉴》。见邝兆江（Luke S. K. Kwong）：《重构百日维新：1898年的人物、政治与思想》（*A Mosaic of the Hundred Days: Personalities, Politics, and Ideas of 1898*），第20—34页。

6. 见罗友枝：《清代宫廷社会史》，第274—276页。

7. 见《清宫遗闻》，第1卷，第81—82页。晚清海关总税务司赫德爵士（Sir Robert Hart，1835—1911）也有关于皇帝性生活的描写，描述他男女通吃，还提及皇帝身染淋病；见斯特林·西格雷夫：《龙夫人》，第126页，第134页（引自赫德爵士）。

8. 1879年，同治帝与孝哲皇后一起下葬。同年，慈安太后与慈禧太后的陵墓建成；见徐广源：《溯影追踪》，第258页，第309页。

9. 见［美］郭安瑞（Andrea Goldman）：《文化中的政治：戏曲表演与清都社会》（*Opera and the City: The Politics of Culture in Beijing*,

1770—1900）（以下简作《文化中的政治》），第214—217页及书中其他各处。

10. 《清宫遗闻》：第1卷，第83页；唐邦治：《清皇室四谱》，第2卷，第37a页；赵尔巽：《清史稿》，第214卷，第8931页。

11. 见柯启玄：《未言的密谋》，第457页，第461页，第475页，第480—481页。

12. 见［英］司登得（Goerge Carter Stent）：《中国宦官》，第143—184页；于云瀚：《阉宦》，第7—14页，第27页；信修明等编：《太监谈往录》，第218—219页；一位阉割专家对于宦官私下净身的详细描述，见金易与沈义羚合编：《宫女谈往录》，第105—111页。书中提到被净身者被绑起来以防止疼痛引发剧烈活动，被净身者服用大麻制成的药剂来麻醉自己（但没有减缓疼痛的效果）。

13. 宦官们希望与自己的阳物一同下葬，不过如果原来的宝贝不复存在，代替品也能说得过去。据说考古学家们在北京宦官墓穴中曾发现檀香木制作的假阴茎，但这些物件被丢弃了，因为在政治动荡时期它们属于敏感物品（2013年4月与北京大学李零教授通过第三方进行的私人交流）。见信修明等编：《太监谈往录》，第216页；司登得：《中国宦官》，第169—170页，第172—173页；［法］马蒂农（Jean-Jacques Matignon）：《封闭的中国：迷信、罪案与贫困》（*La Chine hermétique: superstitions, crime, et misère*，以下简作《封闭的中国》；原书1898年首次出版，书名为《迷信、罪案与贫困》[*Superstitions, crime, et misère*]），第229页，注1（这名宦官在马蒂农进行下一步之前便消失了）；金易与沈义羚合编：《宫女谈往录》，第109—110页。

14. 马蒂农介绍，如果在二十岁左右净身，宦官们"往往"会失去体毛，但关于这点并无强有力的证据；见马蒂农：《封闭的中国》，第243页；关于更多明清两朝宦官的信息，见马克梦：《雄壮的宦官》；柯启玄：《未言的密谋》，第459页，注29；第474页，注67；第475页，第482页；叶晓青：《四海升平：戏曲与清朝皇家宫廷》（*Ascendant Peace in the Four Seas: Drama and the Qing Imperial Court*），第129—130页，第133页。我感谢陆大卫（David Rolston）为我提供这本书及相关资料。

15. 见金易与沈义羚合编:《宫女谈往录》,第278页,第324页;亦见此书的法文译本,董强:*Mémoires d'une Dame de Cour dans la Cité Interdite*,第176—177页;斯特林·西格雷夫:《龙夫人》,第175页;德龄:《清宫二年记》,第113—115页,第198页,第268页,第291页,第373页。
16. 见王佩环:《清宫后妃》,第320页;《清宫遗闻》,第1卷,第115—117页;金易与沈义羚合编:《宫女谈往录》,第75—76页,第301—302页。
17. 见赵尔巽:《清史稿》,第214卷,第8932页。
18. 见萨拉·康格:《北京信札》,第279页。
19. 见王佩环:《清宫后妃》,第316—329页(引自《故宫周刊》1930年特刊);《清宫遗闻》,第1卷,第106—107页;信修明等编:《太监谈往录》,第231—233页;金易与沈义羚合编:《宫女谈往录》,第326—329页。
20. 金易与沈义羚合编:《宫女谈往录》,第33—34页;法译本,第140—41页;德龄:《清宫二年记》,第63页。
21. 见德龄:《清宫二年记》,第123页;金易与沈义羚合编:《宫女谈往录》,第20—21页。
22. 见金易与沈义羚合编:《宫女谈往录》,第52—57页。
23. 见信修明:《太监谈往录》,第84—85页;耿进喜与朱季潢合著:《太监谈慈禧》,收入俞炳坤等编:《西太后》,第237—249页。据司登得叙述,大部分宦官都吸食鸦片;见《中国宦官》,第169页,第180页。
24. 见斯特林·西格雷夫:《龙夫人》,第461—463页和第560—561页注;于善浦:《慈禧陵被盗记》,收入俞炳坤等编:《西太后》,第287—291页;徐广源:《溯影追踪》,第265—266页,第296页,第300页,第304页。
25. 见濮兰德与贝克豪合著:《太后治下的中国》,第184页,第264页。
26. 见 [美] 简·斯托(Jan Stuart):《皇族的光辉形象》("Imperial Images of Grandeur"),收入罗友枝与 [英] 杰西卡·罗森(Jessica Rawson)合编:《三位皇帝治下的中国,1662—1795》(*China: The*

Three Emperors, 1662-1795)(以下简作《中国》),第66—75页。

27. 更多关于绘画及照片的资料,见俞炳坤等编:《西太后》,第156—157页,第224—236页;德玲:《清宫二年记》,第225页;李雨航:《身为女神:慈禧太后的观音扮相》("Oneself as a Female Deity: Representations of Empress Dowager Cixi as Guanyin"),载《男女》14.1(2012):第75—168页;王正华:《面向公众:慈禧太后1904年左右的肖像》("'Going Public': Portraits of the Empress Dowager Cixi, circa. 1904"),载《男女》14.1(2012):第119—176页;吴盛青:《国体性别:晚清与民国时期珍妃(1876—1900)与赛金花(1872—1936)形象的激增》["Gendering the Nation: The Proliferation of Images of Zhen Fei(1876-1900)and Sai Jinhua(1872-1936)in Late Qing and Republican China"],载《男女》11.1(2009):第1—64页。

28. 德玲:《清宫二年记》,第43页,第68页,第99—100页,第109—111页,第115页,第150页,第159页。

29. 见萨拉·康格:《北京信札》,第41页,第221页;凯瑟琳·卡尔:《美国女画师的清宫回忆》,第6页,第19—20页,第94页,第101页,第132页,第161页;[美]陈凯莘(Liana Chen):《作为剧作家的慈禧太后:重新创造晚清宫廷戏剧》("The Empress Dowager as Dramaturg: Reinventing Late-Qing Court Theatre"),载《男女》14.1(2012):第21—46页;[美]何伟亚(James Hevia):《英国的课业:19世纪中国的帝国主义教程》(*English Lessons: The Pedagogy of Imperialism in Nineteenth-Century China*),第262页;郭安瑞:《文化中的政治》。

30. 见耿进喜与朱季潢合著:《太监谈慈禧》,收入俞炳坤等编:《西太后》,第247页;德玲:《清宫二年记》,第68页;王佩环:《清宫后妃》,第292—293页;徐广源:《溯影追踪》,第261—262页。

31. 林文庆本是一名医生,在苏格兰接受教育后回到新加坡,成为一名社会活动家,创办了一所女子学校,后来曾担任厦门大学校长。

32. 见[法]乔治·苏利·德莫朗(Georges Soulié de Morant):《慈禧:义和团的皇后》(*T'seu Hsi: Impératrice des Boxers*)(以下简作《慈禧》),第3—6页。其本姓"苏利",1917年后加上了"德莫朗"。

33. 德莫朗以及一部1916年的民国小说都提到裸身的慈禧太后与皇帝的

初夜。见《清宫遗闻》，第1卷，第70页，第112页；德莫朗：《慈禧》，第29—31页；蔡东藩：《慈禧太后演义》，第4回；司登得：《中国宦官》，第159页，第170—172页，第174—175页；胡富（Fu Hu）著，孟乔治（George Meng）译：《清宫故事》（Tales of the Qing Court），第261—262页。见康无为：《帝王眼中的君主统治》，第52—55页。正如康无为写道，传说这一惯例甚至包括皇帝会给出是否要将精液"留在"女性体内的指示。如果皇帝决定不将精液留在其体内，宦官便会挤压这名女子的身体，从而使精液流出。

34. 见金易与沈义羚合编：《宫女谈往录》，第40—42页；林文庆（笔名Wen Ching）：《从内部发生的中国危机》（The Chinese Crisis from Within），第75—76页，第88—89页；濮兰德与贝克豪合著：《太后治下的中国》，第79页；斯特林·西格雷夫：《龙夫人》，第101页，第267—271页；乔治·苏利·德莫朗：《慈禧》，第18—20页。张戎称慈禧太后与安德海坠入爱河，但其引用的证据并不明晰；见张戎：《慈禧太后》，第83—84页（引自翁同龢的日记）。

35. 见林文庆：《从内部发生的中国危机》，第149页，第150页，第153页；濮兰德与贝克豪合著：《太后治下的中国》，第74页，第83—84页；舒拉：《慈禧私厨西膳房》，收入俞炳坤等编：《西太后》，第151—155页；蔡东藩：《慈禧太后演义》，第17回。

36. 见休·特雷弗·罗珀（Hugh Trevor-Roper）：《隐秘生活：贝克豪爵士之谜》（A Hidden Life: The Enigma of Sir Edmund Backhouse）（以下简作《隐秘生活》），第34页，第249—256页；斯特林·西格拉夫：《龙夫人》，第14—15页。《清史稿》并无宦官的专章，只是简略提了一下李莲英。

37. 见乔治·苏利·德莫朗：《慈禧》，第157—160页，第198页。

38. 萨拉·康格、凯瑟琳·卡尔和德龄在彼此的书中出现，她们的描述亦多有重合。但德莫朗记载，德龄并未从卡尔画肖像的报酬中为李莲英抽头，李便在慈禧太后面前诋毁德龄。太后下令德龄姐妹自杀，不过她们逃往上海。见金易与沈义羚合编：《宫女谈往录》，第40—42页，第125页；凯瑟琳·卡尔：《美国女画师的清宫回忆》，第125页；乔治·苏利·德莫朗：《慈禧》，第197—198页。

39. 见濮兰德与贝克豪合著：《太后治下的中国》，第440页；乔治·苏利·德莫朗：《慈禧》，第156—157页，第197页。
40. 见《清宫遗闻》，第1卷，第112—113页；濮兰德与贝克豪合著：《太后治下的中国》，第409页，注414；乔治·苏利·德莫朗：《慈禧》，第199页；斯特林·西格拉夫：《龙夫人》，第434—439页；休·特雷弗·罗珀：《隐秘生活》，第238页，第257—258页；蔡东藩：《慈禧太后演义》，第40回。德莫朗称，依据安德海的叙述，慈禧太后准备了鸩杀咸丰帝的毒药；见乔治·苏利·德莫朗：《慈禧》，第53—56页。
41. 见［美］陈美凤（Lisa Tran）：《宫中妃嫔：二十世纪中国的婚姻与一夫一妻制》(*Concubines in Court: Marriage and Monogamy in Twentieth-Century China*)。
42. 第一位是乾隆的妃子，即嘉庆帝的生母，她在去世后被追封为皇后。第二位是嘉庆帝的主妻，生下了道光帝。
43. 作为仆人，辛者库包衣地位更低，一位辛者库在康熙朝成为妃子。见罗友枝：《清代宫廷社会史》，第131页，第147页；陶博：《康雍乾内务府考》，第54页。
44. 见罗友枝：《清代宫廷社会史》，第102—103页。
45. 将妃嫔升为皇后的皇帝包括（不包括皇帝死后妃嫔升为太后的）顺治帝、康熙帝（两次）、乾隆帝、嘉庆帝、道光帝。
46. 见罗友枝：《清朝皇家婚姻》，第188—189页。
47. 见罗友枝：《清代宫廷社会史》，第128页，第133页，第182—183页，第296—297页，第299页；罗友枝：《盛世：康熙、雍正、乾隆三朝的中国》("The Prosperous Age: China in Kangxi, Yongzheng, and Qianlong Reigns")，收入罗友枝与杰西卡·罗森合编：《中国》，第22—40页。
48. 在其他场合下，慈禧太后曾带领妃嫔举行仪式来送走掌管天花的女神，并在其亡夫的生日与祭日进行祭祀。见罗友枝：《清代宫廷社会史》，第205页，第214页，第218—219页，第226—227页，第266—267页，第288页。关于承天皇后的重生仪式，见马克梦：《牝鸡无晨》，第261页。
49. 对于这一修辞的杰出研究，见安如峦：《剑或针》。

50. 曹雪芹:《红楼梦》,第2回。这部小说1791年首次刊印发行。

第九章　定义女性统治者

1. 除了男子的不足,我们还可以加上他们的疾病或死亡等因素。见[英]朱迪斯·赫林(Judith Herrin):《无与伦比的影响力:拜占庭时期的女性与帝国》(*Unrivalled Influence: Women and Empire in Byzantium*)(以下简作《无与伦比的影响力》),第185页。
2. 见保琳·斯塔福德:《皇家女性的描绘》,第145页。凯瑟琳·德·美第奇(Catherine de Medici, 1519-1589)是赫林所总结规律的著名例证。由于去世的亨利二世的三个儿子都不成才,她便开始统治。见[美]南希·戈德斯通(Nancy Goldstone):《竞争的女王们:凯瑟琳·德·美第奇、其女玛格丽特·德·瓦卢瓦,以及轰动整个王国的背叛》(*The Rival Queens: Catherine de Medici, Her Daughter Marguerite of Valois, and the Betrayal That Ignited a Kingdom*)。其他女性直接继承统治权的例子包括十七世纪朝鲜、十二世纪耶路撒冷拉丁王国、拜占庭帝国、中古后期斯堪的纳维亚、十五世纪的卡斯蒂利亚王国、十六世纪的苏格兰、十八世纪的沙俄;见安妮·J. 达根:《导论》("Introduction"),收入达根编:《中古欧洲的女王与女王统治》,第xv—xxi页,第xxii页。
3. 见[英]安德鲁·哈纳姆(Andrew Hanham):《布兰登堡-安斯巴赫的卡罗琳与汉诺威家族的英化》("Caroline of Brandenburg-Ansbach and the 'Anglicisation' of the House of Hanover")(以下简作《布兰登堡-安斯巴赫的卡罗琳》),收入克拉丽莎·坎贝尔·奥尔编:《欧洲的女王身份》,第276—299页。
4. 见[美]艾莉森·班克斯·芬利(Ellison Banks Findly):《努尔汗:印度莫卧儿帝国的女王》,第111页,第122页;丽莎·巴拉班利拉:《神秘盛宴中的贝吉母女儿们》,第135—136页;安妮·J. 达根:《导论》,第xviii页;朱迪斯·赫林:《无与伦比的影响力》,第3页(拜占庭法律保护精英阶层女子财产的拥有及管理权);[美]弗洛拉·爱德维·S. 卡普兰（Flora Edouwaye S. Kaplan）:《非洲皇家内宫政治：尼日利亚首都贝宁皇廷中与世隔绝的女性》（"Politics in an African Royal Harem: Women and Seclusion at the Royal Court of Benin, Nigeria"），收入安妮·沃瑟尔编:《王朝之仆》，第115—136页；[美] 苏珊·托比·埃文斯（Susan Toby Evans）:《妾妇与衣服：阿兹特克宫廷与殖民地时期墨西哥的女性与编织》（"Concubine and Cloth: Women and Weaving in Aztec Palaces and Colonial Mexico"），收入安妮·沃瑟尔编:《王朝之仆》，第215—231页。

5. 见丽莎·巴拉班利拉:《莫卧儿帝国中的皇家身份》，第102页；鲁比·拉尔:《家庭生活与权力关系》，第128—137页。

6. 约翰·卡密·帕森斯:《家庭、性与权利》，第6页；安妮·J. 达根:《导论》，第xvi—xvii页；[英] 林赛·修斯（Lindsey Hughes）:《沙俄的叶卡捷琳娜一世：彼得大帝之妻》（"Catherine I of Russia, Consort to Peter the Great"）（以下简作《沙俄的叶卡捷琳娜一世》），收入克拉丽莎·坎贝尔·奥尔编:《欧洲的女王身份》，第131—154页。

7. 来自欧洲的另一个典例是中古时期的弈棋游戏，其中"脆弱的国王需要更为灵活的皇后加以保护"。弈棋游戏从阿拉伯世界传入欧洲时，"皇后"取代了"臣子"。见[英] 凯伦·普瑞特（Karen Pratt）:《早期法语文学中的女王形象》（"The Image of the Queen in Old French Literature"），收入安妮·J. 达根编:《中古欧洲的女王与女王统治》，第235—259页）；[美] 凯瑟琳·诺伯格（Kathryn Norberg）:《凡尔赛女性，1682—1789》（以下简作《凡尔赛女性》），收入安妮·沃瑟尔编:《王朝之仆》，第191—214页。

8. 见杰罗恩·杜丹:《权力的神话》，第156页。亦见杰罗恩·杜丹:《王朝：一部权力的全球史，1300—1800》（*Dynasties: A Global History of Power, 1300–1800*），写作本书时我并未阅读此书，因为其出版时本书已付样。

9. 见克拉丽莎·坎贝尔·奥尔:《导言》，收入其编:《欧洲的女王身份》，第1—15页；丽莎·巴拉班利拉:《莫卧儿帝国中的皇家身份》，第9页。

10. 见丽莎·巴拉班利拉:《莫卧儿帝国中的皇家身份》，第100—101页；皮尔斯:《皇家内室》。

11. 迎娶出身低微的女性并产子这种模式是明清小说中的常见母题，小说中常常将出身上层的主妻描绘得狡猾奸诈，并常常没有生育。只有出身低微的妾或侍女产下子嗣，成为继承人。见马克梦：《吝啬鬼、泼妇、一夫多妻者》(*Misers, Shrews and Polygamists: Sexuality and Male-Female Relations in Eighteenth-Century Chinese Fiction*)，第66—69页，第75—81页。德川幕府时期，妾妇除非生下将军的继承者，不然一辈子都是奴仆；见［日］畑尚子：《内闱奴仆：将军大奥内的女性》("Servants of the Inner Quarters: The Women of the Shogun's Great Interior")，收入安妮·沃瑟尔编：《王朝之仆》，第172—190页。

12. 见林赛·修斯：《沙俄的叶卡捷琳娜一世》，第134—135页。两位女性统治者之间还有一些男性沙皇。

13. 在路易十四统治期间，认祖归宗的私生子享有继承权，尽管没有一个真的继承了皇位。见杰罗恩·杜丹：《权力的神话》，第140—142页；［英］马克·布莱恩特（Mark Bryant）：《伴侣、女族长与大臣：秘密伴侣曼特农夫人，1680—1715》("Partner, Matriarch, and Minister: Mme de Maintenon of France, Clandestine Consorts, 1680–1715")（以下简作《伴侣、女族长与大臣》），收入克拉丽莎·坎贝尔·奥尔编：《欧洲的女王身份》，第77—106页；凯瑟琳·诺伯格：《凡尔赛女性》，第203页，第204页。

14. 卡罗琳女王后来临死时在床榻上劝夫君再娶，乔治二世深受感动，并答道："不，我只会再有情妇。"卡罗琳女王不无讽刺地答道："谢天谢地，那便无妨！"见安德鲁·哈纳姆：《布兰登堡-安斯巴赫的卡罗琳》，第291页；［英］露比·莉莉安·帕西瓦尔·阿克尔（Ruby Lillian Percival Arkell）：《安斯巴赫的卡罗琳：乔治二世的女王》(*Caroline of Ansbach: George the Second's Queen*)，第254—255页，第290—291页。

15. 见安妮·J. 达根编：《中古欧洲的女王与女王统治》，第xx页，第xxi页；［美］卡罗琳·莱文（Caroline Levine）：《国王的心与胃：伊丽莎白一世性与权力的政治》(*The Heart and Stomach of a King: Elizabeth and the Politics of Sex and Power*)（以下简作《国王的心与胃》），第65页，第67页，第146页；［英］丽莎·希尔顿（Lisa Hilton）：《伊丽

莎白一世》(*Elizabeth I*)。

16. 见［英］保罗·E. J. 汉莫（Paul E. J. Hammer）:《"绝对无上的女王大人"：伊丽莎白一世及其男宠们，1581—1592》("'Absolute and Sovereign Mistress of Her Grace': Queen Elizabeth I and Her Favorites, 1581-1592")（以下简作《"绝对无上的女王大人"》），收入［英］J. H. 艾略特（J. H. Elliott）与［英］L. W. B. 布洛克里斯（L. W. B. Brockliss）合编:《宠臣的世界》(*The World of the Favourite*)，第38—53页。

17. 见卡罗琳·莱文:《国王的心与胃》，第66—90页；保罗·E. J. 汉莫:《"绝对无上的女王大人"》，第50页。

18. 在女爵的例子中，第一位男宠在其家族败落时被取代。女爵是萨丁岛国王的母亲，也是西班牙及法国国王的曾祖母。见［英］罗伯特·奥罗斯科（Robert Oresco）:《萨伏依-内摩尔的玛利亚·乔万娜·巴蒂斯塔（1644—1724）：女儿、妃子及萨伏依的摄政》("Maria Giovanna Battista of Savoy-Nemours (1644-1724): Daughter, Consort, and Regent of Savoy")，收入克拉丽莎·坎贝尔·奥尔编:《欧洲的女王身份》，第16—55页。

19. 见萨拉·M. 兰勃特:《女王或配偶》，第155页。

20. 见约翰·卡密·帕森斯:《家庭、性与权利》，第7页。

21. 见［英］保琳·斯塔福德（Pauline Stafford）:《爱玛：十一世纪女王的权力》("Emma: The Powers of the Queen in the Eleventh Century")，收入安妮·J. 达根编:《中古欧洲的女王与女王统治》，第3—23页。

22. 见保琳·斯塔福德:《爱玛：十一世纪女王的权力》，第10—12页。

23. 汉朝皇后拥有财产，但有关其可能经济活动的信息则比较匮乏；与戴梅可（Michael Nylan）2014年12月8日的私人交流。有关十六至十七世纪萨菲王朝的女性，见［美］法莉巴·扎琳巴夫-沙尔（Fariba Zarinebaf-Shahr）:《阿尔达比勒圣城中萨菲王朝女性的经济活动》("Economic Activities of Safavid Women in the Shrine-City of Ardabil")，载《伊朗研究》(*Iranian Studies*) 31.2（1998）：第247—261页。

24. 见约翰·卡密·帕森斯:《家庭、性与权利》，第4页；安妮·J. 达根:《导论》，第xviii页。

25. 中世纪以后，欧洲的女王来自欧洲其他国家的皇室，情妇则通常来自地位较低的精英阶层。在伊朗的恺加王朝，统治者从有权势的氏族及其他贵族中挑选临时妻子。见［美］洛伊斯·贝克（Lois Beck）与［美］吉蒂·纳莎（Guity Nashat）合编：《1800年至伊斯兰共和国期间的伊朗女性》（Women in Iran from 1800 to the Islamic Republic）（以下简作《伊朗女性》），第51页。
26. 伊朗恺加王朝的临时妻子能够谈判聘礼的数量及婚姻持续的长短，中国的妾妇则对这种情况想都不敢想。见本书《绪论》及洛伊斯·贝克与吉蒂·纳莎合编：《伊朗女性》，第49—60页。
27. 正如《绪论》中提到的，奥斯曼帝国允许奴隶出身的妃嫔只产下一个儿子，之后其生育生涯便宣告结束。
28. 见［美］金滋炫（Ja Hyun Kim Haboush）：《消逝的朝鲜王朝女性：文本的匿名性与主体的历史性》（"The Vanished Women of Korea: The Anonymity of Texts and the Historicity of Subjects"）（以下简作《消逝的朝鲜王朝女性》），收入安妮·沃瑟尔编：《王朝之仆》，第280—298页。
29. 七十岁时，曼特农夫人询问告解神父，自己是否仍需与国王行房——这在中国则很难被知晓。日本平安时期的女性撰写日记。一位朝鲜王朝的侍女（或者一群侍女）留下了宫廷史中的一则珍贵记录；见金滋炫：《消逝的朝鲜王朝女性》，第280—298页。关于中国皇家后妃的书写举隅，见伊维德与管佩达合编：《彤管》。关于曼特农夫人，见马克·布莱恩特：《伴侣、女族长与大臣》，第82页。
30. 关于男性缠足，见清朝小说《镜花缘》；明清有关悍妇的小说也描写了女性对男子一举一动的监视。
31. 还有人认为身为女性的撒切尔夫人将会在危机带来的压力中崩溃，例如1981年囚禁在北爱尔兰的共和党囚徒集体绝食示威事件。见［英］乔纳森·弗里德兰（Jonathan Freedland）：《不为人知的麦琪》（"The Unknown Maggie"），评［英］查尔斯·摩尔（Charles Moore）：《撒切尔夫人正传：从格兰瑟姆到福克兰群岛》（Margaret Thatcher: The Authorized Biography: From Grantham to the Falklands），载《纽约书评》（New York Review of Books），2013年9月26日，第66—70页。

32. 根据某种达尔文主义对于一夫多妻制统治的理解,一夫多妻的统治者有许多儿子会被认为是"繁殖成功"的典型案例,这同时与皇室及文化的成功相关联。大规模征聘、奴役女性被称为"益处迁移",即基因库的优势重组。根据这种观点,皇室成功的一个关键证明便是一夫多妻的统治者比其他较为逊色的男性拥有更多竞争优势。见华尔德·沙伊德尔:《性与帝国》,第255—324页。

33. 见洛伊斯·贝克与吉蒂·纳莎合编:《伊朗女性》,第51—60页。

34. 见安妮·沃瑟尔:《王朝之仆》,第14页。

35. 据说忽必烈有两队女子,每队六人,服侍皇帝三晚;见本书关于元朝的第二章。见安妮·沃瑟尔:《王朝之仆》,第14页;于敏中(1714—1780):《日下旧闻考》,第34卷,第527页;孙诒让(1848—1908):《周礼正义》,第552页。《日下旧闻考》由皇室资助,是对朱彝尊(1629—1709)《日下旧闻》的扩充。

36. 朱权等:《明宫词》,第142页(引自自清程嗣章的《明宫词》)。

37. 见刘昫等:《旧唐书》,第91卷,第2929—2951页(桓彦范的传记。桓彦范后来被韦皇后的同盟武三思处死,因为他指控韦皇后与武三思通奸)。

38. 朱迪斯·赫林:《无与伦比的影响力》,第185页。

附 录

部分重要后妃一览表

宋　朝

赵匡胤（太祖）	杜太后（太祖、太宗生母）
	宋皇后
	花蕊夫人
赵光义（太宗）	李皇后
	李夫人
赵恒（真宗）	刘皇后
	杨淑妃、李宸妃
赵祯（仁宗）	郭皇后、曹皇后
	尚美人、杨美人、张贵妃
赵曙（英宗）	高皇后
赵顼（神宗）	向皇后
	朱德妃
赵煦（哲宗）	孟皇后、刘皇后
赵佶（徽宗）	王皇后、郑皇后
	刘贵妃（两位）、崔妃、王贵妃、韦贤妃、乔贵妃
	李师师
赵构（高宗）	吴皇后
	潘贤妃、张贵妃、刘贵妃
赵昚（孝宗）	夏皇后、谢皇后
赵惇（光宗）	李皇后
赵扩（宁宗）	杨皇后
赵昀（理宗）	谢皇后
	贾贵妃、闫贵妃

（续表）

赵禥（度宗）	全皇后
	杨淑妃

金　朝

完颜亶（熙宗）	悼平皇后
完颜亮（海陵王）	徒单皇后
	大元妃
	阿里虎、定哥、石哥、弥勒、高修仪、察八、莎里古真、叉察
完颜雍（世宗）	乌林答皇后
完颜璟（章宗）	刘妃、李师儿、郑妃、贾承御
完颜珣（宣宗）	王皇后

元　朝

拖雷	唆鲁禾帖尼夫人
忽必烈（世祖）	察必皇后、南必皇后
真金太子	阔阔真皇后
铁穆耳（成宗）	卜鲁罕皇后
海山（武宗）、爱育黎拔力八达（仁宗）生母	答己太后
图帖睦尔（文宗）	卜答失里皇后
妥欢贴睦尔（顺帝）	伯颜忽都皇后、完者忽都皇后

明　朝

朱元璋（太祖/洪武）	马皇后
	郭妃（两位）、胡妃、李妃、孙妃
朱棣（成祖/永乐）	徐皇后
	权贵妃、王贵妃、吕婕妤、吕妃
朱高炽（仁宗/洪熙）	张皇后
朱瞻基（宣宗/宣德）	胡皇后、孙皇后
	吴贤妃
朱祁镇（英宗/正统、天顺）	钱皇后
	周贵妃
朱祁钰（景泰）	汪皇后、杭皇后
朱见深（宪宗/成化）	吴皇后、王皇后
	万贵妃、纪淑妃、邵贵妃

(续表)

朱祐樘（孝宗/弘治）	张皇后
朱厚照（武宗/正德）	夏皇后
	王妃、刘美人
朱厚熜（世宗/嘉靖）	陈皇后、张皇后、方皇后
	曹端妃、尚寿妃、杜康妃
朱载垕（穆宗/隆庆）	陈皇后
	李贵妃
朱翊钧（神宗/万历）	王皇后
	郑贵妃、刘昭妃、王荣妃
朱常洛（光宗/泰昌）	李妃、刘淑女
朱由校（熹宗/天启）	张皇后
	王良妃、段纯妃
	保姆客氏
朱由检（思宗/崇祯）	周皇后
	田贵妃、袁贵妃、费氏

清　朝

皇太极（太宗/崇德）	布木布泰
	海兰珠
福临（世祖/顺治）	孝惠皇后
	董鄂妃
玄烨（圣祖/康熙）	孝诚皇后、孝昭皇后、孝懿皇后
	荣妃、德妃、张庶妃、慧妃、端嫔、兆佳氏、郭络罗氏姐妹、王庶妃、卫良妃、章佳敬嫔
胤禛（世宗/雍正）	孝敬皇后
	熹妃、年贵妃
弘历（高宗/乾隆）	孝贤皇后、乌拉那拉皇后
	魏贵妃、高妃、汪惇妃、高佳皇贵妃
颙琰（仁宗/嘉庆）	孝淑皇后、孝和皇后
旻宁（宣宗/道光）	孝慎皇后、孝全皇后
	静皇贵妃（孝静皇后）
奕詝（文宗/咸丰）	孝贞皇后（慈安）、孝钦皇后（慈禧）
载淳（穆宗/同治）	孝哲皇后（嘉顺）

部分参考文献

中文部分

班固:《汉书》,北京:中华书局,1962。

毕沅:《续资治通鉴》,北京:中华书局,1988。

蔡东藩:《慈禧太后演义》,杭州:浙江人民出版社,1980。

蔡絛:《铁围山丛谈》,北京:中华书局,1983。

曹去晶:《姑妄言》,台北:台湾大英百科股份有限公司,1997。

长安道人:《警世阴阳梦》,沈阳:春风文艺出版社,1985。

陈述:《全辽文》,北京:中华书局,1982。

丁传靖:《宋人轶事汇编》,台北:商务印书馆,1966。

定宜庄:《满族的妇女生活与婚姻制度研究》,北京:北京大学出版社,1999。

范晔:《后汉书》,北京:中华书局,1995。

方汝浩:《禅真后史》,杭州:浙江古籍出版社,1987。

房玄龄等编:《晋书》,北京:中华书局,1974。

冯梦龙:《醒世恒言》,台北:世界书局,1973。

高承:《事物纪原》,台北:商务印书馆,1966。

高岱:《鸿猷录》,台北:新兴书局,1977。

葛洪:《西京杂记全译》,成林与程章灿译,贵阳:贵州人民出版社,1993。

何建章:《战国策注释》,北京:中华书局,1996。

何良俊:《四友斋丛说》,北京:中华书局,1983。

何乔远:《名山藏列传》,台北:明文书局,1991。

纪昀:《明懿安皇后外传》,《丛书集成三编》第86册,台北:新文丰出版社,1996。

金易与沈义羚:《宫女谈往录》,香港:江源文化企业,1991。

康熙:《圣祖仁皇帝庭训格言》,王云五编:《四库全书珍本八集》第132册,台北:商务印书馆,1978。

孔颖达:《礼记正义》,《十三经注疏》第6册,北京:北京大学出版社,1999。

李百药:《北齐书》,北京:中华书局,1972。

李焘:《续资治通鉴长编》,北京:中华书局,1979—1995。

李诩:《戒庵老人漫笔》,北京:中华书局,1997。

李延寿:《北史》,北京:中华书局,1974。

——.《南史》,北京:中华书局,1975。

李有棠:《金史纪事本末》,北京:中华书局,1980。

李直:《皇宋十朝纲要》,台北:文海出版社,1967。

林延清:《明朝后妃与政局演变》,北京:人民文学出版社,2014。

刘若愚:《酌中志》,北京:北京古籍出版社,1994。

刘向:《绘图列女传》,台北:正中书局,1971。

刘昫:《旧唐书》,北京:中华书局,1975。

吕思勉:《史学四种》,上海:上海人民出版社,1980。

路振:《乘轺录》,收入姜少虞编:《宋朝事实类苑》,上海:上海古籍出版社,1981。

罗慷烈编:《周邦彦清真集笺》,香港:三联书店,1985。

毛奇龄:《明武宗外纪》,上海:上海书店,1982。

——.《胜朝彤史拾遗记》,《四库全书存目丛书·史部》第122册,台南:庄严文化事业有限公司,1996。

明太祖:《皇明祖训》,《四库全书存目丛书·史部》第264册,台南:庄严文化事业有限公司,1996。

欧阳修:《新五代史》,北京:中华书局,1974。

欧阳修与宋祁合编:《新唐书》,北京:中华书局,1975。

情颠主人:《绣榻野史》,台北:双笛国际出版社,1995。

《清宫遗闻》,收入小横香室主人编:《清朝野史大观》第1册,上海:上海书店,1981。

沈榜:《宛署杂记》,北京:北京古籍出版社,1983。

沈德符:《万历野获编》,北京:中华书局,1980。

沈约:《宋书》,北京:中华书局,1974。

沈阳故宫博物院:《盛京皇宫》,北京:紫禁城出版社,1987。

司马光:《涑水记闻》,台北:世界书局,1962。

司马光:《资治通鉴》,台北:世界书局,1974。

司马迁:《史记》,北京:中华书局,1989。

宋濂:《元史》,北京:中华书局,1976。

宋起凤:《稗说》,《明史资料丛刊》第2册,南京:江苏人民出版社,1982。

孙承泽：《春明梦余录》，上海：上海古籍出版社，1993。

孙诒让：《周礼正义》，北京：中华书局，1987。

丹波康赖：《医心方房内》，东京：江户文学选，1976。

谈迁：《国榷》，北京：中华书局，1958。

唐邦治编：《清皇室四谱》，《近代中国史料丛刊》第71册，台北：文海出版社，1967。

《梼杌闲评》，北京：人民文学出版社，1983。

铁玉钦：《沈阳故宫轶闻》，沈阳：春风文艺出版社，1984。

脱脱等编：《宋史》，北京：中华书局，1985。

脱脱等编：《金史》，北京：中华书局，1975。

王佩环：《清宫后妃》，沈阳：辽宁大学出版社，1993。

魏收：《魏书》，北京：中华书局，1974。

文秉：《先拨始志》，台北：崇文出版社，1968。

文莹：《续湘山野录》，北京：中华书局，1984。

翁山柱砥与何梦梅：《白牡丹》，《正德游江南》，长沙：岳麓书社，2004。

叶君远：《吴梅村诗选》，北京：人民文学出版社，2000。

吴任臣：《十国春秋》，北京：中华书局，1983。

吴相湘：《晚清宫廷与人物》，台中：文星书店，1964。

夏燮：《明通鉴》，台北：世界书局，1962。

信修明等编：《太监谈往录》，北京：紫禁城出版社，2010。

徐广源：《溯影追踪：皇陵旧照里的清史》，北京：人民文学出版社，2014。

徐煊：《金凤外传》，收入《学林漫录》第15册，北京：中华书局，2000。

徐一夔：《明集礼》，台北：商务印书馆，1978。

薛磊：《元代宫廷史》，北京：百花文艺出版社，2008。

叶隆礼：《契丹国志》，台北：广文书局，1968。

叶绍翁：《四朝闻见录》，北京：中华书局，1989。

俞炳坤等：《西太后》，北京：紫禁城出版社，1985。

于敏中：《日下旧闻考》，北京：古籍出版社，1981。

于云瀚：《阉宦》，天津：百花文艺出版社，2005。

宇文懋昭：《大金国志》，台北：广文书局，1968。

查继佐：《罪惟录列传》，《明代传记丛刊》第 85 册，台北：明文书局，1991。

张邦炜：《婚姻家族史论》，北京：人民出版社，2003。

张璁（孚敬）：《谕对录》，台南：庄严文化事业有限公司，1996。

张尔田：《清列朝后妃传稿》，台北：文海出版社，日期不明。

张廷玉：《明史》，北京：中华书局，1974。

赵尔巽：《清史稿》，北京：中华书局，1976。

中国第一历史档案馆：《满文老档》，北京：中华书局，1990。

周密：《武林旧事》，杭州：浙江人民出版社，1984。

周清源：《西湖二集》，杭州：浙江人民出版社，1981。

朱权等：《明宫词》，北京：古籍出版社，1987。

西文部分

Balabanlilar, Lisa. "The Begims of the Mystic Feast: Turco-Mongol Tradition in the Mughal Harems." *Journal of Asian Studies 69.1* (2010): 123–147.

———. *Imperial Identity in the Mughal Empire: Memory and Dynastic Politics in Early Modern South and Central Asia*. New York: Palgrave, 2012.

Bauer, Wolfgang, ed. *Studia Sino-Mongolica*. Wiesbaden: Verlag, 1979.

Beck, Lois, and Guity Nashat. *Women in Iran from 1800 to the Islamic Republic*. Urbana: University of Illinois Press, 2004.

Birge, Bettine. "Levirate Marriage and the Revival of Widow Chastity in Yuan China." *Asia Major*, 3rd ser., 8.2 (1995): 107–146.

Bland, John, and Edmund Backhouse. *China under the Empress Dowager: Being the History of the Life and Time of Tz'u His. Compiled from State Papers and the Private Diary of the Comptroller of Her Household*. Revised ed. Peking: Henri Vetch, 1939.

Bossler, Beverly Jo. *Courtesans, Concubines, and the Cult of Female Fidelity: Gender and Social Change in China, 1000-1400*. Harvard-Yenching Institute Monograph Series 83. Cambridge, MA: Harvard University Press, 2013.

———. "Gender and Empire: A View from Yuan China." *Journal of Medieval and Early Modern Studies* 34.1 (2004): 197–223.

———. "Gender and Entertainment at the Song Court." In *Servants of the Dynasty: Palace Women in World History*, edited by Anne Walthall, 261–79. Berkeley: University of California Press, 2008.

Brosius, Maria. "New out of Old? Court and Court Ceremonies in Achaemenid Persia." In *The Court and Court Society in Ancient Monarchies*, edited by A. J. S. Spawforth, 17–57. Cambridge: Cambridge University Press, 2007.

Bryant, Mark. "Partner, Matriarch, and Minister: Mme de Maintenon of France, Clandestine Consort, 1680–1715." In *Queenship in Europe, 1660–1815: The Role of the Consort*, edited by Clarissa Campbell Orr, 77–106. Cambridge: Cambridge University Press, 2004.

Cahill, Suzanne Elizabeth. *Transcendence and Divine Passion: The Queen Mother of the West in Medieval China.* Stanford, CA: Stanford University Press, 1993.

Carl, Katherine. *With the Empress Dowager of China.* New York: Century Company, 1906.

Chaffee, John. *Branches of Heaven: A History of the Imperial Clan of Sung China.* Cambridge, MA: Harvard University Press, 1999.

——. "The Rise and Regency of Empress Liu (969–1033)." *Journal of Sung-Yuan Studies* 31 (2001): 1–25.

Chang, Jung. *Empress Dowager Cixi: The Concubine Who Launched Modern China.* New York: Knopf, 2013.

Chaussende, Damien. *La Chine au XVIIIe siècle.* Paris: Les Belles Lettres, 2013.

Ch'en Shou and Sung-chich P'ei. *Empresses and Consorts: Selections from Chen Shou's Records of the Three States with Pei Songzhi's Commentary,* translated by Robert Joe Cutter and William Gordon Crowell. Honolulu: University of Hawai'i Press, 1999.

Chuimei Ho and Cheri A. Jones, eds. *Life in the Imperial Court of Qing Dynasty China. Proceedings of the Denver Museum of Natural History* 3.15 (November 1998): 1–134.

Chung, Priscilla Ching. *Palace Women in the Northern Song 960–1126.* Leiden: E. J. Brill, 1981.

Conger, Sarah Pike. *Letters from China, with Particular Reference to the Empress Dowager and the Women of China.* Chicago: A. C. McClurg, 1909.

Crone, Patricia. *The Nativist Prophets of Early Islamic Iran: Rural Revolt and Local Zoroastrianism.* Cambridge: Cambridge University Press, 2012.

Crossley, Pamela. *The Wobbling Pivot, China since 1800: An Interpretive History.* Malden, MA: Wiley-Blackwell, 2010.

Crump, James. *Chan-Kuo Ts'e.* Ann Arbor: Center for Chinese Studies, University of Michigan, 1996.

Dardess, John W. *Blood and History: The Donglin Faction and Its Repression, 1620–1627.* Honolulu: University of Hawai'i Press, 2002.

———. *Conquerors and Confucians: Aspects of Political Change in Late Yuan China*. New York: Columbia University Press, 1973.

———. *Ming China, 1368–1644: A Concise History of a Resilient Empire*. Lanham, MD: Rowman & Littlefield, 2012.

———. "Shun-Ti and the End of Yuan Rule in China." In *Alien Regimes and Border States, 907–1368*, edited by Herbert Franke and Denis Crispin Twitchett, 561–586. Vol. 6 of *The Cambridge History of China*. Cambridge: Cambridge University Press, 1994.

De Morant, Georges Soulié. *T'seu His: Impératrice Des Boxers*. Paris: Editions You-feng, 1997.

Duggan, Anne J., ed. *Queens and Queenship in Medieval Europe: Proceedings of a Conference Held at King's College London, April 1995*. Woodbridge, UK: Boydell Press, 1997.

Duindam, Jeroen. *Myths of Power: Norbert Elias and the Early Modern European Court*. Translated by Lorris S. Granger and Gerard T. Moran. Amsterdam: Amsterdam University Press, 1994.

Dunnel, Ruth W. "The His Hsia." In *Alien Regimes and Border States, 907-1368*, edited by Herbert Franke and Denis C. Twitchett, 154–214. Vol. 6 of *The Cambridge History of China*. Cambridge: Cambridge University Press, 1994.

Ebrey, Patricia Buckley. *Emperor Huizong*. Cambridge, MA: Harvard University Press, 2014.

———. "Empress Xiang (1046-1101) and Biographical Sources beyond Formal Biographies." In *Beyond Exemplar Tales: Cultural Politics and Women's Biography in China*, edited by Hu Ying and Joan Judge, 193–211. Berkeley: University of California Press, 2011.

———. *The Inner Quarters: Marriage and the Lives of Chinese Women in the Sung Period*. Berkeley: University of California Press, 1993.

Elliott, Mark C. *Emperor Qianlong, Son of Heaven, Man of the World*. New York: Longman, 2009.

Findley, Ellison Banks. *Nur Jahan, Empress of Mughal India*. New York: Oxford University Press, 1993.

Franke, Herbert, and Denis Crispin Twitchett, eds. *Alien Regimes and Border States, 907–1368.* Vol. 6 of *The Cambridge History of China.* Cambridge: Cambridge University Press, 1994.

Garland, Lynda. *Byzantine Empresses: Women and Power in Byzantium, AD 527–1204.* London: Routledge, 1999.

Geiss, James. "The Cheng-te Reign, 1506–1521." In *The Ming Dynasty*, edited by Frederick W. Mote and Denis Crispin Twitchett, 403–39. Vol. 7, part 1, of *The Cambridge History of China.* Cambridge University Press, 1988.

——. "The Leopard Quarter during the Cheng-te Reign." *Ming Studies* 24 (1987): 1–38.

Goodman, Byrna, and Wendy Larson, eds. *Gender in Motion: Divisions of Labor and Cultural Change in Late Imperial and Modern China.* Lanham, MD: Rowman & Littlefield, 2005.

Goodrich, L. Carrington, and Zhaoying Fang, eds. *Dictionary of Ming Biography, 1368–1644.* New York: Columbia University Press, 1976.

Guisso, R. W. L. "The Reigns of Empress Wu, Chung-Tsung, and Jui-Tsung (684–712)." *Sui and T'ang China*, 589–906, edited by Denis Twitchett and John Fairbank, 290–332. Vol. 3, part 1, of *The Cambridge History of China.* Cambridge: Cambridge Unversity Press, 1979.

Guy, R. Kent. "Who Were the Manchus? A Review Essay." *Journal of Asian Studies* 61.1 (2002): 151–164.

Hambly, Gavin, ed. *Women in the Medieval Islamic World: Power, Patronage, and Piety.* New York: St. Martin's Press, 1998.

Hanham, Andrew. "Caroline of Brandenburg-Ansbach and the 'Anglicisation' of the House of Hanover." In *Queenship in Europe 1660–1815: The Role of the Consort*, edited by Clarissa Campbell Orr, 276–299. Cambridge: Cambridge University Press, 2004.

Herrin, Judith. *Unrivalled Influence: Women and Empire in Byzantium.* Princeton, NJ: Princeton University Press, 2013.

——. *Women in Purple: Rulers of Medieval Byzantium.* Princeton, NJ: Princeton University Press, 2001.

Hocart Arthur M. *Kingship*. London: Oxford University Press, 1927.

Holloway, Steven W., ed. *Orientalism, Assyriology and the Bible*. Sheffield, UK: Sheffield Phoenix Press, 2006.

Holmgren, Jennifer. "Empress Dowager Ling of the Northern Wei and the T'o-Pa Sinicization Question." *Papers on Far Eastern History* 18 (1978): 123–170.

——. "Family, Marriage and Political Power in Sixth Century China: A Study of the Kao Family of Northern Ch'i, c. 520–550." *Journal of Asian History* 16.1 (1982): 1-50.

——. "Imperial Marriage in the Native Chinese and Non-Han State, Han to Ming." In *Marriage and Inequality in Chinese Society*, edited by Rubie S. Watson and Patricia Buckley Ebrey, 58–96. Berkeley: University of California Press, 1991.

——. "Marriage, Kinship and Succession under the Ch'i-tan Rulers of the Liao." *T'oung Pao* 72 (1986): 44–91.

——. "Observations on Marriage and Inheritance Practices in Early Mongol and Yuan Society, with Particular Reference to the Levirate." *Journal of Asian History* 20.2 (1986): 127–192.

Hsiao, Ch'i-ch'ing. "Mid-Yüan Politics." In *Alien Regimes and Border States, 907–1368*, edited by Herbert Franke and Denis Crispin Twitchett, 490–560. Vol. 6 of *The Cambridge History of China*. Cambridge: Cambridge University Press, 1994.

Hsieh Bao Hua. *Concubinage and Servitude in Late Imperial China*. Lanham, MD: Lexington Books, 2014.

——. "Empress' Grove: Ritual and Life in the Ming Palace." *Jindai Zhongguo funüshi yanjiu* 11 (2003): 99-187.

——. "From Charwoman to Empress Dowager: Serving Women in the Ming Palace." *Ming Studies* 42 (2000): 26–80.

Hu Ying and Joan Judge, eds. *Beyond Exemplar Tales: Cultural Politics and Women's Biography in China*. Berkeley: University of California Press, 2011.

Hughes, Lindsey. "Catherine I of Russia, Consort to Peter the Great." In *Queenship in Europe, 1660–1815: The Role of the Consort*, edited by Clarissa

Campbell Orr, 131–154. Cambridge: Cambridge University Press, 2004.

Hummel, Arthur, ed. *Eminent Chinese of the Ch'ing Period*. Washington, DC: U.S. Government Printing Office, 1943.

Idema, Wilt L., and Beata Grant. *The Red Brush: Writing Women of Imperial China*. Cambridge, MA: Harvard University Press, 2004.

Johnson, Linda Cooke. *Women of the Conquest Dynasties: Gender and Identity in Liao and Jin China*. Honolulu: University of Hawai'i Press, 2011.

Kahn, Harold. *Monarchy in the Emperor's Eyes: Image and Reality in the Ch'ien-Lung Reign*. Cambridge, MA: Harvard University Press, 1971.

Kutcher, Norman A. "Unspoken Collusions: The Employment of Yuanming Yuan Eunuchs in the Qianlong Period." *Harvard Journal of Asiatic Studies* 70.2 (2010): 449–495.

Lal, Ruby. *Domesticity and Power in the Early Mughal World*. New York: Cambridge University Press, 2005.

Lambert, Sarah M. "Queen or Consort: Rulership and Politics in the Latin East, 1118–1228." In *Queens and Queenship in Medieval Europe*, edited by Anne J. Duggan, 153–69. Woodbridge, UK: Boydell Press, 1997.

Lau Nap-yin, and Huang K'uan-chung. "Founding and Consolidation of the Sung Dynasty under T'ai-tsu (960–976), T'ai-tsung (976–997), and Chen-tsung (997–1022)." In *The Sung Dynasty and Its Precursors, 907–1279*, edited by Denis Twitchett and Paul Jakov Smith, 206–278. Vol. 5, part 1, of *The Cambridge History of China*. Cambridge: Cambridge University Press, 2009.

Lee, Huishu. *Empresses, Art, and Agency in Song Dynasty China*. Seattle: University of Washington Press, 2010.

Levin, Carole. *The Heart and Stomach of a King: Elizabeth I and the Politics of Sex and Power*. Philadelphia: University of Pennsylvania Press, 1994.

Li Yuhang and Harriet Zumdorfer. "Rethinking Empress Dowager Cixi through the Production of Art." *Nan Nü: Men, Women and Gender in Early and Imperial China* 14.1(2012):1–20.

Ling, Xiaoqiao. "*Hailing Yishi* (Retrieved History of Hailing): A Landscape of Debauchery and Barbarity." Paper presented at the Association for Asian Studies Conference, 2014.

Llewellyn-Jones, Lloyd. *King and Court in Ancient Persia 559 to 331 BCE*. Edinburgh: Edinburgh University Press, 2013.

Luk Yu-ping. "Heavenly Mistress and Bodhisattva: Visualizing the Divine Identities of Two Empresses in Ming China (1368–1644)." In *Women, Gender, and Art in Asia, c. 1600-1900*, edited by Melia Belli Bose. London: Ashgate, 2016.

Marmon, Shaun Elizabeth. *Eunuchs and Sacred Boundaries in Islamic Society*. New York: Oxford University Press, 1995.

Matignon, Jean-Jacques. *La Chine hermétique: Superstitions, crime, et misère*. Paris: Librairie orientaliste Paul Geuthner. 1936.

McGrath, Michael. "The Reigns of Jen-tsung (1022–1063) and Ying-tsung (1063–1067)." In *The Sung Dynasty and Its Precursors, 907–1279*, edited by Denis Twitchett and Paul Jakov Smith, 279–346. Vol. 5, part 1, of *The Cambridge History of China*. Cambridge: Cambridge University Press, 2009

McMahon, Keith. *Misers, Shrews and Polygamists: Sexuality and Male-Female Relations in Eighteenth-Century Chinese Fiction*. Durham, NC: Duke University Press, 1995.

———. "The Potent Eunuch: The Story of Wei Zhongxian." *Journal of Chinese Literature and Culture* 1.1–2 (2014): 1–28.

———. "Women Rulers in Imperial China." *Nan Nü: Men, Women and Gender in China* 15.2 (2013): 179–218.

———. *Women Shall Not Rule: Imperial Wives and Concubines in China from Han to Liao*. Lanham, MD: Rowman & Littlefield, 2013.

Mernissi, Fatima. *The Forgotten Queens of Islam*. Translated by Mary Jo Lakeland. Minneapolis: University of Minnesota Press, 1993.

Millward, James. "A Uyghur Muslim in Qianlong's Court: The Meanings of the Fragrant Concubine." *Journal of Asian Studies* 53.2 (1994): 427–458.

Molen, J. R., and E. Uitzinger, eds. *The Forbidden City: Court Culture of the Chinese Emperors (1644–1911)*. Rotterdam: Museum Boymans-van Beuningen, 1990.

Morris, Ian, and Walter Schneider, eds. *The Dynamics of Ancient Empires: State*

Power from Assyria to Byzantium. Oxford: Oxford University Press, 2009.

Mote, Frederick W. *Imperial China 900-1800*. Cambridge, MA: Harvard University Press 1999.

Mote, Frederick W., and Denis Twitchett, eds. *The Ming Dynasty, 1368−1644*. Vol. 7, part 1, of *The Cambridge History of China*. Cambridge: Cambridge University Press, 1988.

Nelson, Sarah M., ed. *Ancient Queens: Archaeological Explorations*. Walnut Creek, CA: Altamira Press, 2003.

Norberg, Kathryn. "Women of Versailles, 1682−1789." In *Servants of the Dynasty: Palace Women in World History*, edited by Anne Walthall, 191−214. Berkeley: University of California Press, 2008.

Nylan, Michael. "Golden Spindles and Axes: Elite Women in the Achaemenid and Han Empires." In *The Sage and the Second Sex: Confucianism, Ethics, and Gender*, edited by Li Cbenyang, 199−222. Chicago: Open Court. 2000.

———. "The Rhetoric of 'Empire' in the Classical Era of China." In *Conceiving the Empire: China and Rome Compared*, edited by Fritz-Heiner Mutschler and Achim Mittag 39−64. Oxford: Oxford University Press, 2008.

Oakley, Francis. *Kingship: The Politics of Enchantment*. Malden, MA: Blackwell, 2006.

Orr, Clarissa Campbell, ed. *Queenship in Europe, 1660−1815: The Role of the Consort*. Cambridge: Cambridge University Press, 2004.

Ouyang Xiu. *Historical Records of the Five Dynasties*. Translated by Richard L. Davis. New York: Columbia University Press, 2004.

Owen, Stephen, ed. *An Anthology of Chinese Literature: Beginnings to 1911*. New York: W. W. Norton, 1996.

Paludan, Ann. *The Imperial Ming Tombs*. New Haven, CT: Yale University Press, 1981.

Parsons, John Carmi. "Family, Sex, and Power: The Rhythms of Medieval Queenship." In *Medieval Queenship*, edited by John Carmi Parsons, 1−11. New York: St Martin's Press 1993.

———, ed. *Medieval Queenship*. New York: St. Martin's Press 1993.

Peirce, Leslie P. *The Imperial Harem: Women and Sovereignty in the Ottoman Empire*. New York: Oxford University Press, 1993.

Peterson, Willard, ed. *The Ch'ing Empire to 1800*. Vol. 9, part 1, of *The Cambridge History of China*. Cambridge: Cambridge University Press, 2002.

Pratt, Karen. "The Image of the Queen in Old French Literature." In *Queens and Queenship in Medieval Europe*, edited by Anne Duggan, 239–259. Woodbridge UK: Boydell Press, 1997.

Princess Der Ling. *Two Years in the Forbidden City*. 1911. San Francisco: Chinese Materials Center, 1977.

Rawski, Evelyn. "Ch'ing Imperial marriage and Problems of Rulership." In Marriage and Inequality in Chinese Society, edited by Rubie S. Watson and Patricia Buckley Ebrey, 170–203. Berkeley: Uruversity of California Press, 1991.

———. "The Imperial Way of Death: Ming and Ch'ing Emperors and Death Ritual." In *Death Ritual in Late Imperial and Modern China*, edited by James Watson and Evelyn Rawski, 228–253. Berkeley: University of California Press, 1990.

———. *The Last Emperors: A Social History of Qing Imperial Institutions*. Berkeley: University of California Press, 1998.

Rawski, Evelyn, and Jessica Rawson, eds. *China: The Three Emperors, 1662–1795*. London: Royal Academy of Arts, 2005.

Rayfield, Donald. *Edge of Empires: A History of Georgia*. London: Reaktion Books, 2012.

Robinson, David M. *Bandits, Eunuchs, and the Son of Heaven: Rebellion and the Economy of Violence in Mid-Ming China*. Honolulu: University of Hawai'i Press, 2001.

———. *Culture, Courtiers, and Competition: The Ming Court (1368–1644)*. Cambridge, MA: Harvard University Press, 2008.

Rossabi, Morris. "Khubilai Khan and the Women in His Family." In *Studia Sino-Mongolica*, edited by Wolfgang Bauer, 153-180. Wiesbaden: Verlag, 1979.

———. "The Reign of Khubilai Khan." In *Alien Regimes and Border States, 907–1368*, edited by Herbert Franke and Denis Crispin Twitchett, 414-489. Vol. 6

of *The Cambridge History of China*. Cambridge: Cambridge University Press, 1994.

Scheidel, Walter. "Sex and Empire: A Darwinian Perspective." In *The Dynamics of Ancient Empires: State Power from Assyria to Byzantium*, edited by Ian Morris and Walter Scheidel, 255–324. Oxford: Oxford University Press, 2009.

Seagrave, Sterling. *Dragon Lady: The Life and Legend of the Last Empress of China*. New York: Knopf, 1992.

Segalen, Victor. *René Leys*. Paris: Gallimard, 2000.

Solvang, Elna K. "Another Look 'Inside': Harems and the Interpretation of Women." In Orientalism, Assyriology and the Bible, edited by Steven W. Holloway, 374–398. Sheffield, UK: Sheffield Phoenix Press, 2006.

Sommer, Matthew H. "Making Sex Work: Polyandry as a Survival Strategy in Qing Dynasty China." In *Gender in Motion: Divisions of Labor and Cultural Change in Late Imperial and Modern China*, edited by Byrna Goodman and Wendy Larson, 29–54. Lanham, MD: Rowman & Littlefield, 2005.

Soulliere, Ellen. "The Imperial Marriages of the Ming Dynasty." *Papers on Far Eastern History* 37 (1988): 15–42.

——. "Palace Women in the Ming Dynasty." Ph.D. diss., Princeton University, 1987.

——. "Women in the Imperial Household at the Close of China's Ming Dynasty: 1573–1644." *Asia Pacific Perspectives* 12.1 (2013–14): 133–160.

Spawforth, A. J. S., ed. *The Court and Court Society in Ancient Monarchies*. Cambridge: Cambridge University Press, 2007.

Spence, Jonathan. *Emperor of China: Self-Portrait of K'ang-Hsi*. New York: Vintage, 1975.

Stafford, Pauline. "Emma: The Powers of the Queen in the Eleventh Century." In *Queens and Queenship in Medieval Europe: Proceedings of a Conference Held at King's College London, April 1995*, edited by Anne Duggan, 3–23. Woodbridge, UK: Boydell Press, 1997.

——. "The Portrayal of Royal Women in England, Mid-Tenth to Mid-Twelfth Centuries." In *Medieval Queenship*, edited by John Carmi Parsons, 143–167.

New York: St Martin's Press, 1993.

Stent, G. Carter. "Chinese Eunuchs." *Journal of the North China Branch of the Royal Asiatic Society*, n.s., 11 (1877): 143–184.

Ting Ch'uan-ching. *A Compilation of Anecdotes of Sung Personalities*. Translated by Djang Chu and Jane C. Djang. Taipei: St. John's University Press, 1989.

Torbert, Preston. *The Ch'ing Imperial Household Department: A Study of Its Organization and Principal Functions, 1662–1796*. Cambridge, MA: Harvard University Press, 1977.

Tougher, Shaun. *The Eunuch in Byzantine History and Society*. London: Routledge, 2008.

Trevor-Roper, Hugh. *A Hidden Life: The Enigma of Sir Edmund Backhouse*. London: Macmillan, 1976.

Tsai, Henry. *The Eunuchs in the Ming Dynasty*. Albany, NY: SUNY Press, 1996.

———. *Perpetual Happiness: The Ming Emperor Yongle*. Seattle: University of Washington Press, 2001.

Turner, Ralph V. *Eleanor of Aquitaine: Queen of France, Queen of England*. New Haven, CT: Yale University Press, 2009.

Twitchett, Denis, and Paul Jakov Smith, eds. The Sung Dynasty and Its Precursors, 907–1279. Vol. 5, part 1, of *The Cambridge History of China*. Cambridge: Cambridge University Press, 2009.

Vierthaler, Paul. "Quasi-History and Public Knowledge: A Social History of Late Ming and Early Qing Unofficial Historical Narratives." Ph.D. diss., Yale University, 2014.

Von Ess, Hans. "The Imperial Court in China." In *The Court and Court Society in Ancient Monarchies*, edited by A. J. S. Spawforth, 233–266. Cambridge: Cambridge University Press, 2007.

Walthall, Anne, ed. *Servants of the Dynasty: Palace Women in World History*. Berkeley: University of California Press, 2008.

Wang, Cheng-hua. "'Going Public': Portraits of the Empress Dowager Cixi, circa 1904." *Nan Nü: Men, Women and Gender in China* 14.1(2012):119–176.

Weatherford, J. McIver. *The Secret History of the Mongol Queens: How the

Daughters of Genghis Khan Rescued His Empire. New York: Crown, 2010.

Wen Ching (Lim Boon-keng). *The Chinese Crisis from Within*. London: Grant Richards, 1901.

Wu, Silas H. L. *Passage to Power: K'ang-hsi and His Heir Apparent, 1661–1722*. Cambridge, MA: Harvard University Press, 1979.

Yang, Lien-sheng. "Female Rulers in Imperial China." *Harvard Journal of Asiatic Studies* 23 (1960-1961): 47–61.

出版后记

宫廷后妃,一直是最引人兴趣的历史领域之一,电视剧、电影也对这类题材青睐有加,谈及中国历代后宫轶事,从小学生到退休的爷爷奶奶,几乎每个人都能聊两句。然而,历史上的宫廷后妃,真的只有争风吃醋、勾心斗角吗?

作者马克梦(Keith McMahon)是一位出色的汉学家,能够熟练使用中文,自如地查阅古籍文献。他充分利用官修史书和时人笔记小说,兼及当代国内外学者的优秀研究成果,梳理了宋朝至清朝历代后妃的经历与事迹,围绕一夫多妻制下的后宫关系和女性统治两个焦点,考察不同朝代选拔宫廷女性时的不同倾向、她们的品阶与晋封、她们与宦官的关系等主题,探讨了宫廷后妃的生活和她们面临的各种困难与挑战。后妃在古代中国宫廷中既依附皇帝而存在,但在某些关键时刻又能发挥帝王一般的作用或者主导皇位继承人的选择,她们是柔弱的女子,是坚韧的母亲,也是强势的政治家。同时,作者也关注了古代皇帝们作为统治者之外,常被人忽视的儿子、父亲、夫君的角色。

值得注意的是,作者在横向上还将古代中国的后宫与同时代其他文化中的女王统治及皇室婚姻进行比较,纵向上也讨论了一夫多妻制与一妻多夫制的差异。

在做深入的学术研究之前,作者坚持的首要原则是避免使用晦涩的学术术语,从千头万绪却重复、有限的大量叙述中整理出简单的故事,并将其讲好。因此,这也是一本专业学者梳理的历朝后妃逸闻集。

图书在版编目（CIP）数据

天女临凡：从宋到清的后宫生活与帝国政事 /（美）马克梦著；辛兆坤译. -- 北京：九州出版社, 2021.1（2023.12 重印）

ISBN 978-7-5108-9785-6

Ⅰ.①天… Ⅱ.①马…②辛… Ⅲ.①宫廷—生活—中国—宋代-清代 Ⅳ.① K240.7

中国版本图书馆 CIP 数据核字 (2020) 第 221608 号

Celestial Women: Imperial Wives and Concubines in China from Song to Qing
by Keith McMahon
Copyright © 2016 by Rowman & Littlefield
Published by agreement with the Rowman & Littlefield Publishing Group through the Chinese Connection Agency, a division of The Yao Enterprise, LLC.

著作权合同登记号：图字 01-2021-0334

天女临凡：从宋到清的后宫生活与帝国政事

作　　者	[美]马克梦 著　辛兆坤 译
责任编辑	周　春
出版发行	九州出版社
地　　址	北京市西城区阜外大街甲 35 号 (100037)
发行电话	（010）68992190/3/5/6
网　　址	www.jiuzhoupress.com
印　　刷	天津雅图印刷有限公司
开　　本	889 毫米 ×1194 毫米　32 开
印　　张	12
字　　数	269 千字
版　　次	2021 年 3 月第 1 版
印　　次	2023 年 12 月第 7 次印刷
书　　号	ISBN 978-7-5108-9785-6
定　　价	72.00 元

★ 版权所有　侵权必究 ★